Rahel Varnhagen

Ein Lebensbild aus ihren Briefen

I0651776

Verone

Rahel Varnhagen

Ein Lebensbild aus ihren Briefen

1st Edition | ISBN: 978-9-92500-008-1

Place of Publication: Nikosia, Cyprus

Erscheinungsjahr: 2015

TP Verone Publishing House Ltd.

Briefe von Rahel Varnhagen (1771-1833).

Rahel Varnhagen

Ein Lebensbild aus ihren Briefen

---

1 7 9 9

bis

1 8 3 2

Rahel

(nach einem Relief von Friedr. Tieck)

RAHEL VARNHAGEN

Männer werden durch Taten und Werke berühmt, Frauen durch ihre Gefühle. Und so ist es das Herz, die Quelle aller Gefühle, das den auserwählten Frauen Unsterblichkeit verleiht, aber während die einen ihre duftende Rosenkrone vom „tändelnden und nur leicht verwundenden Amor" erhielten — jenem Gotte der heiteren Liebe, wie sie das achtzehnte Jahrhundert kennt — empfingen die andern den Kranz der bittern Myrte vom „lebensgefährlichen Eros" — dessen ernstere Gestalt die Liebe annahm, als ein neues Jahrhundert voll gärender Ideen sich aus den Ruinen alter Anschauungen erhob. Und während jene Liebe ihre Triumphe der hinreißenden Wirkung körperlicher Reize verdankt und im Sinnlichen ihre Erfüllung findet, steht diese dem Geiste näher und sieht sich in der geistigen Vermählung tiefer befriedigt als in jeder körperlichen Hingabe. Die Trümmer des Ancien Regime. verschütteten die Altäre der Liebesgöttin; das bürgerliche Zeitalter, dem die Revolution den Weg bereitet hatte, erhob die Geistessouveräne auf das verödete Piedestal, die mit dem Manne gemeinsam und ebenbürtig für den Sieg der neuen Gedanken kämpfte, die wie er Träger der höchsten geistigen Kultur ihrer Zeit, die daneben aber auch fähig war, in einer großen starken Leidenschaft vollkommen aufzugehen, voll Hoffnung, „so geliebt zu werden, wie sie selbst liebte: mit einer Liebe, die die ganze Persönlichkeit des Mannes, seine menschliche, geradeso wie seine männliche Wesensart umfaßt." Eine Frau dieser Art zu sein, Vorbild der Mitwelt, der sie vorauseilte, Wegbereiterin den kommenden Generationen, war R a h e l geboren, — „Rahel, das erste, große, moderne Weib der deutschen Kultur und die Erste, die ihrer Ursprünglichkeit sich vollbewußt war". Rahel — dieser Name, dem kein unsterbliches Werk, keine überraschende Leistung Glanz verleiht, wird hier zum Inbegriff des mit höchstem Wahrheitsmute seinem Ich lebenden Weibes, unvergeßlich dadurch, daß er eine die Zeit überragende Persönlichkeit deckt. So eng versponnen Rahel in das geistige Weben ihrer Zeit, so sehr gefesselt sie von kulturellen Interessen, ist doch die Liebe die bewegende Kraft ihres Daseins und ihr Herz ist mächtiger Leidenschaft fähig.

Im friderizianischen Berlin wurde Rahel 1771 als Tochter des Bankiers Levin-Markus, dessen Kinder später den Namen Robert annahmen, geboren. Mehr noch als in der christlichen Familie übte damals in der jüdischen der Vater als angestammtes Recht seine Gewaltherrschaft aus und dieser Trieb, in Rahels Vater zu höchster Potenz entwickelt, macht die Jugend des überaus zarten und schwachen, anfangs kaum lebensfähigen Kindes zum Martyrium. Die ihr angeborene große physische Empfindsamkeit, die mit der seelischen in engstem Zusammenhang steht, und die durch eine Aufeinanderfolge von Krankheiten noch verstärkt wird, verläßt sie auch in ihren späteren Jahren nicht, wo sie eben so oft die Ursache ihrer Leiden als ihres Glückes ist, denn ihr verdankt sie auch jene höchste Empfänglichkeit für alle sinnlichen Eindrücke, jene Fähigkeit, auf die leisesten Schwingungen eines Gedankens, auf das zarteste Fernbeben einer neuen Idee mit der Feinheit eines Seismographen zu reagieren. Dem Vater, der in seinen Kreisen das Ansehen eines Mannes von glänzender Intelligenz und scharfem Witz genoß, der sich aber in seinem Kampfe gegen die Individualität seiner Kinder, und besonders gegen die unbeugsame Selbständigkeit Rahels, bis zu Handlungen roher Gewalt erniedrigte, — ihm gelingt es nicht, den Widerstand des um sein Persönlichkeitsrecht ringenden Mädchens zu brechen. Sie wollte sich nicht von ihm nach seinem Ebenbilde formen lassen, sondern nach eigenem Gesetz sich entwikkeln, und so, im „Schmelzofen der Betrübnis", unter dem Druck der väterlichen Ungnade und Härte, wurde sie „eine Persönlichkeit wie in Bronze gegossen" und „ein Wille wie gehärteter Stahl", wurde sie, die sie war: Rahel, der die Großen ihrer Zeit huldigten, Rahel, die „Thyrsusschwingerin der Zeitgedanken", die mit dreißig Jahren schon im Mittelpunkt der geistigen Bewegung in Deutschland steht.

Weder Schönheit noch irgend ein Talent halfen ihr, sich diese Position zu erobern und in der noch steifen, intoleranten Preußenhauptstadt Berlin ist ihre jüdische Abstammung nicht eben ein Geleitbrief zu glänzendem Aufstieg. Zwar hatte Friedrich der Große den Geist der Gedankenfreiheit und Toleranz gehegt und für allgemeine Aufklärung gesorgt und „er gab jeder Pflanze Raum in seinem sonnezugelassenen Lande". Er hatte den bisher verachteten und verfolgten Juden ihre Menschenrechte eingeräumt und in ihnen das Nationalgefühl geweckt, das sie sich eins fühlen ließ mit dem Volke, unter dem sie wohnten. Dieses Nachlassen des ständigen Druckes von außen ließ auch innerhalb ihres Kreises etwas wie eine Befreiung aus geistiger Enge wirksam werden. In kluger Erkenntnis, daß Bildung und Wissen ihre Position festigen und stärken könne und den Einzelnen wie die Gesamtheit mächtiger mache, strebten sie nach dem Besitz dieser geistigen Güter in gleichem Eifer, den sie bis dahin auf den Erwerb materieller Werte verwandt hatten. Moses Mendelssohns Aufklärungsarbeit trug ihre Früchte, und nun erst fielen wirklich die letzten Ghettomauern, die der orthodoxe jüdische Geist ängstlich gehütet hatte. In diese schon gereinigte Atmosphäre wehte die französische Revolution, Friedrichs fortschrittliche Bestrebungen vollendend, den Geist des Weltbürgertums. Den jüdischen Bürgern öffnete sich der Weg in die Gesellschaft und es dauerte nicht lange, so traten auch sie an Führerstelle. So lagen die Dinge, als Rahel sich aus den Fesseln väterlichen Zwanges befreit sah und ganz sich selbst, ihrer Persönlichkeit leben konnte. In ihrer Dachstube in der Jägerstraße, deren sie sich später noch gern und mit glücklicher Innigkeit erinnert, versammelt sich um sie der Kreis ihrer Freunde und die Blüte der Intelligenz. Rahels Salon wie der ihrer Rivalin, der schönen Henriette Herz, stellen gleichsam neutrales Gebiet vor, aus dem der sonst noch herrschende Kastengeist verbannt war. In diesem kleinen Freistaat des Geistes, zwischen den höfischen und den bürgerlichen Zirkeln, deren Privilegium die Langeweile war, finden sich, eine verfeinerte, edlere Boheme: Prinzen, Adlige, Dichter, Gelehrte, Diplomaten, Schauspieler und Schauspielerinnen zusammen, hier suchen die ausländischen Repräsentanten der Künste und der Wissenschaften Fühlung mit ebenbürtigen Geistern und fruchtbare Verbindungen werden hier angeknüpft oder vertieft. Rahels Salon steht im Zeichen Goethes. Sie ist eine der Ersten, die seine Bedeutung und Größe erkennt, die ihn versteht und für ihn und sein Werk wirkt. Sie vermittelt ihren Freunden die nähere Kenntnis der Schöpfungen ihres Abgotts. Goethe ist das Thema ihrer Gespräche und ihres Briefwechsels mit den Intimen, wie Brinckmann, Wilhelm von Burgsdorf und David Veit, mit dem sie eine Freundschaft verbindet, die seinerseits sich zu innigerem Gefühl vertiefte. Es ist nicht blinde, feminine Schwärmerei, was sie dem

Meister von Weimar entgegenbringt, sondern eine tiefe Verehrung, die aus dem Erleben seiner Werke und aus der Erkenntnis seiner Ideen geboren ward. Und auch sonst gilt ihr nur, was vor der Schärfe ihres Geistes besteht, den zu üben sich ihr in einem so ausgewählten Kreise wie dem ihrigen immer Gelegenheit bietet. Zu ihren Vertrauten zählen Schleiermacher und Fichte, Fouqué, Chamisso und die beiden Schlegel, Wilhelm von Humboldt und Friedrich Gentz, später auch Heinrich Heine, dem sie eine „liebreiche Freundin" ward und der ihr dankbar für die „unermüdlichste Teilnahme" und Sorge in jener Zeit seiner „jugendlichen Übermüten, in jener Zeit, als die Flamme der Wahrheit" ihn „mehr erhitzte als erleuchtete," den Zyklus „Heimkehr" in seinem „Buch der Lieder" zueignete. Ein Überlebender des Ancien Regime. dessen Geist schon in den Salons der Lespinasse und der Du Deffand brilliert hatte, der an den Höfen Friedrichs des Großen und Ludwigs des Fünfzehnten heimisch gewesen, gesellte sich hier den Männern des neuen Jahrhunderts, Fürst Karl Josef von Ligne, und auch der preußische Hof war in dieser Zentrale der Intelligenz vertreten durch jenen würdigen Neffen des Weisen von Sanssouci, jenen Prinzen Louis Ferdinand von Preußen, der, hocherhaben über den dem Geistigen abholden und in Genußsucht versunkenen Offiziersstand seiner Zeit, ein Liebhaber der Künste und der Wissenschaften und dabei doch ein glänzender, mutvoller Reitergeneral war. In Rahel fand er eine aufrichtige Freundin und die Vertraute, bei der er Trost suchte nach den Ernüchterungen seiner Liebesabenteuer, die mit stillen klugen Worten die Schmerzen linderte, die ihm die Flatterhaftigkeit seiner Geliebten, Pauline Wiesel, bereitete. Rahel gab ihm, obschon altersgleich, jene Wärme und Güte, jenes fast mütterliche Gefühl, das im vollkommenen Verstehen und Achten der Natur des andern seinen Ursprung hat, und betrauerte, als er, im Kampf um das Erbe seines großen Oheims, zu stolz, um zu fliehen, sich in der unglücklichen Schlacht bei Saalfeld von französischen Husaren niederhauen ließ, ihn als „den menschlichsten Prinzen seiner Zeit".

Rahel wird fünfundzwanzig Jahre alt, ehe sie, die bisher nur Gefühle der Freundschaft und Kameradschaft kennt, von einer tieferen Leidenschaft ergriffen wird. Ihre erste Liebe ist der um ein Jahr jüngere Graf Karl von Finckenstein, der Sohn des preußischen Staatsministers. Sie sehen sich, beide glühende Liebhaber der Musik, zuerst in der Oper, dann begegnen sie sich im Laufe des Winters verschiedentlich in der Gesellschaft. Finckenstein ist von Rahels Wesen hingerissen und von ihrer Persönlichkeit gefangen genommen, sie ist von seiner Anmut und von seiner aristokratischen Feinheit geblendet und ihre lebhafte Phantasie vervollkommnet ihn zum Ideal des liebenswerten Mannes. Sie träumt von einer Seelengemeinschaft mit dem Manne, der wie sie Goethe und die Musik liebte, der mit seinem Natursinn begabt und mit äußerster Empfindsamkeit ausgestattet war. Mündlich und brieflich versichert er sie seiner „ewigen" und unverbrüchlichen Treue und er weint vor Glück, als er die Gewißheit hat, daß sie ihn liebe. Das junge Paar verlobt sich und die nun folgende Zeit ist die glücklichste in Rahels Leben. Über Rahels Verhältnis zu Finckenstein äußert sich Varnhagen, ihr späterer Gatte, der von sich selbst sagen kann, daß er alles von ihr wisse, was ein Mensch von dem andern wissen könne, folgendermaßen in den „Denkwürdigkeiten des eigenen Lebens": „Rahel gehörte zu den seltenen Wesen, denen die Natur und das Geschick die Gabe zu lieben nicht versagt hatten. Was dazu gehörte, was daraus entstehen mußte, wenn die Weihe der höchsten Empfindung diesen Geist und diesen Sinn vereinend ergriff, sie emporzuheben, sie zu zerschmettern, das konnte ein Dichtungskundiger ahnden; doch übertrafen die Einblicke, die mir wurden, alles was ich zu ahnden fähig gewesen war. Die Glut der Leidenschaft hatte hier überschwänglich die edelste Nahrung gefunden und aufgezehrt; anderes Leid und anderer Untergang erschien dagegen gering und kaum noch mitleidswert. Eine erste Neigung hatte Graf Karl von Finckenstein erweckt, und durch jahrelange Bewerbung gesteigert; allen Hindernissen zum Trotz war eine förmliche Verbindung so gut wie gewiß, als ein edles Selbstbewußtsein gegen die Mißgunst des Geschickes mutig hervortrat, ihr keine zweideutige Gabe danken, sondern nur die reinste annehmen wollte, dem Freunde alle schon geknüpften Bande gelöst in die Hand legte zu freiem Schalten, alle Zusagen für nichtig erklärte, um sie nur durch ganz freien Entschluß rein und vollständig oder gar nicht wieder zu erhalten. Der Erfolg allerdings rechtfertigte die Probe, denn der Freund, schwach und unsicher, bestürmt von Verwandten, welche damals noch auf Standesgleichheit zu halten suchten, gegen sein besseres Innere hart, hatte die schlechte Stärke, die dargebotene Großmut anzunehmen. Der Bruch wurde lebenslang als schmerzliche Kränkung empfunden, doch weder persönlich angerechnet, noch je bereut." Wie in diesen Zeilen schon angedeutet, beweist sich der in seiner Liebe zu Rahel so beseligte Finckenstein doch als zu charakterschwach, als es gilt, sein Glück gegen den Widerstand seiner Mutter und seiner Schwestern, in deren Gesellschaft er auf dem väterlichen Gute zu Madlitz in der Mark Brandenburg lebt, zu verteidigen. Sein weiches Gemüt findet nicht die Energie zum Kampfe, sein Sinn wird unsicher, und er beichtet Rahel seine Verlegenheit, sein Schwanken, und legt schließlich die Entscheidung in ihre Hand. Ihr Einfluß auf ihn, ihre geistige Überlegenheit war so bedeutend, daß sie ihn leicht hätte bestimmen können, in diesem Zwiespalt sich auf ihre Seite zu stellen, und vielleicht hätte es dazu nicht einmal des sanftesten Zwanges bedurft; aber kaum hat Rahel seine Zweifel bemerkt, ihn schwankend gesehen, als sie sich vollkommen von ihm zurückzieht und ihn sich selbst überläßt, auf jeden Einfluß auf seine Entschließungen verzichtend. Frei und einzig aus seinem Innern heraus soll er sich entscheiden, doch Finckenstein ist zu schwach für diese Belastungsprobe, er hätte der führenden Hand, des stärkenden Wortes bedurft, um in diesem Konflikt das Rechte zu wählen. Hilflos wie er war, wirft er sich in die Arme seiner Familie und ist damit für Rahel verloren, wie diese für ihn, denn nie verwand ihre wahrhaft edle Seele, die den Geliebten gern als Sieger aus diesem Kampfe gegen die kleinlichen Bedenken der Seinen hätte hervorgehen sehen, diese tiefe Demütigung, die noch empfindlicher gemacht wurde durch zahllose Ungeschicklichkeiten des wankenden Grafen. So groß und leidenschaftlich, ja so verblendet ist ihre erste Liebe, daß sie den Mann, der die erschütternden Aufschreie ihres bittersten Schmerzes mit „himmlischer Ruhe" empfängt und den es unaussprechlich glücklich macht, sich so geliebt zu sehen, nicht hassen, nicht verachten kann; mit Größe trägt sie das ihr auferlegte Leid. Finckenstein hatte nicht den Mut, nicht die Entschiedenheit, vollkommen mit ihr zu brechen; noch immer waren seine Briefe Briefe der Liebe, während sie die Zeit seines Fernseins, seiner Reise zum Kongreß in Rastadt und seines Aufenthaltes als Mitglied der preußischen Gesandtschaft in Wien, dazu benutzen will, ihn zu vergessen.

Erst im Februar 1800 hat sie sich soweit zur Klarheit durch-
gerungen, daß sie ihm ihren Absagebrief schicken kann. Aber
noch elf Jahre später, als Finckenstein bei einer Begegnung
mit Rahel den Wunsch äußert, sie möge seine Frau kennen
lernen, brechen die Wunden bei ihr auf und sie nennt ihn
bei sich „ihren Mörder", und wenn sie auch glaubt, ihm nie
verzeihen zu können, sie tat es doch in ihrer großen Güte, in
ihrem allesumfassenden Verstehen der menschlichen Natur.

In Paris, wohin sie im Sommer 1800 reiste, lernt Rahel
den acht Jahre jüngeren Hamburger Advokaten Wilhelm
B o k e l m a n n kennen. Eben hat sie eine schwere Krankheit, in die der Bruch mit Finckenstein sie stürzte, überwunden, und neue Sympathien, die aufkeimen, geben ihr
wieder einen Schimmer von Hoffnung. Zwischen ihr und
Bokelmann entspinnt sich eine leidenschaftslose, aber innige
und herzliche Freundschaft. Sie weiß, daß dieser Verbindung
keine Dauer beschieden sein kann, denn verschiedene Lebens-
wege sind ihnen gewiesen, und ihre Wunden sind noch zu
frisch, um etwas für sich fordern oder wünschen zu können.
Sie bescheidet sich, das Liebliche „blühen zu sehen", und sie
beide finden sich in jenem Vertrauen, das eine Vorstufe
leidenschaftlicherer Liebe ist und das ihr Empfindungen ein-
flößt, die sie aus ihrer Gebrochenheit aufzurichten vermögen
und sie in eine glückliche Stimmung versetzen. Bokelmanns
Abreise nach Spanien endet das Idyll, das dann in einem
eifrig gepflegten Briefwechsel noch eine Zeit lang seine Fort-
setzung findet. Rahel glaubt ihre Seele zur Ruhe empor-
geläutert und sich zufrieden, da ihr Gemüt sein Gleichgewicht
gefunden und ihr Geist seine Schnellkraft wieder gewonnen.
Aber nicht lange hält diese Seelenstimmung bei ihr an, denn
eine neue Leidenschaft bemächtigt sich ihrer ganz, und diesmal

liebt die im Schmerz Gereifte mit aller Kraft der Seele und der Sinne.

Im Jahre 1802 lernt Rahel den Legationssekretär der spanischen Gesandtschaft in Berlin kennen, Don Raphael d'Urquijo, den Neffen des Ministers dieses Namens, aus Bilbao gebürtig. Varnhagen schildert Rahels Leidenschaft für den Südländer, in dem Schadow das Urbild für seinen „Polyklet" fand, als eine Tragödie voll Glück und Qualen: „Kaum war Urquijo bei Rahel eingeführt, als in beiden gegenseitig die lebhafteste Neigung erwachte. Er hatte ein liebenswürdiges, natürliches Benehmen, ein wohlgebildetes Äußere, das ungemein ansprach, ein tiefes leidenschaftliches Gefühl im Grunde des Herzens. Die Zeiten der ersten Annäherung und Versicherung waren sehr glücklich; zart und innig, und auch geistig belebend, entwickelte sich die wahrste Liebe. Eine in Biscaya zurückgelassene Jugendverbindung, welcher das Gewissen Urquijos länger als sein Herz anhing, warf einen Schatten in die neue, gab jedoch nur Anlaß, diese von Rahels Seite in edler Reinheit und Erhebung zu zeigen, bis weitere Nachrichten und Einsichten den anfangs noch treuherzig Betörten von einer Last befreiten, welche von der Zurückgebliebenen schon früher abgeworfen war. Doch leider wußte Urquijo anderer Anfechtungen seines Landes sich nicht ebenso leicht zu entäußern. Für den Spanier war Eifersucht ein Glaubensartikel der Liebe. Er hatte nicht Geisteskraft genug, diesen Zug und Drang zu bemeistern, das Törichte und Verkehrte seines Mißtrauens einzusehen. Unsägliche Qualen und Verwirrungen entstanden aus dieser Leidenschaft des Unsinns, welche einer mangelhaften Stelle der Liebe entspringt, und jeden Rest von dieser nach und nach verzehrt. Rahel ging so weit, allen ihren Umgang plötzlich abzubrechen, auf das Land zu ziehen und niemanden zu sehen, als Urquijo; aber auch das befriedigte ihn nicht. Dazu kam, daß seine Freunde, besonders Graf Casa=Valencia, der sich mit eigener Bewerbung Raheln vergebens genähert hatte, Urquijo absichtlich aufregten, ja so weit gingen, ihm geradezu vorzusagen, so viel Geist und Klugheit wie Rahel besitze, könne er sich doch unmöglich beimessen, und so könne er nicht anders als der Betrogene sein. Unter wechselnden Stürmen vergingen so anderthalb schreckliche Jahre. Die Wahrhaftigkeit, Entschiedenheit und Leidenskraft Rahels brachten es im Jahre 1804 zum Bruch. Rahel hat diesen nie verwunden. Diese Leidenschaft, ihre Wendung, Urquijo selbst, blieben ihr ein stetes Problem, ihr Gemüt immerdar davon erfüllt." Die Liebe ist verschieden nach den Breitengraden unter denen sie erblüht und Urquijo kannte nur die Liebe Spaniens, so mußte ihm für die Liebe einer Rahel, wenn auch morgenländische Glut in ihrer Leidenschaft brannte, das volle Verständnis fehlen. Ihre Natur war Harmonie und Klarheit, doch konnte er sich wohl nur eine Liebe voll Eifersucht und Wildheit vorstellen und sah darum in dem, was Rahel ihm als ihr Bestes entgegenbrachte, Gleichgültigkeit und Kälte. Nur wenige der Briefe, die zwischen Rahel und Urquijo, der außer seiner Muttersprache nur noch das Französische beherrschte, gewechselt wurden und die in ihrer Leidenschaftlichkeit nach Varnhagens Meinung nur in den ebenfalls vernichteten Briefen der Frau von Houdetot an Rousseau ein Gegenstück haben konnten, nur wenige dieser Briefe sind als Dokumente einer so ungewöhnlich starken Liebe erhalten geblieben; die übrigen gerieten 1813, nachdem sie lange in Varnhagens Verwahrung gewesen, in Verlust und sind wahrscheinlich vernichtet worden. Doch aus den wenigen, erhalten gebliebenen Stücken erkennt man, wie ganz anderer Art Rahels Liebe zu Urquijo ist als die zu Finckenstein. Beide Männer mögen Rahel geliebt haben, so sehr sie es vermochten, aber an Rahels Fähigkeit, zu lieben, reichten sie nicht heran. So konnte denn Rahel später sagen, daß sie bisher allein geliebt habe. In einem Briefe an Varnhagen, am 20. Juni 1808, schreibt sie über ihr Verhältnis zu Urquijo: „Einmal lebt' ich ganz für Einen Menschen. Ich liebt' ihn bis zur Tollheit! denn er, sein A n b l i c k, war mir das Jetzt und das Künftige — und in einem Sinne blieb es wahr — auch gedacht' ich in meiner Seele, ihn nicht zu verlassen. Aber auch das war ihm falsch: denn wie seh' ich nun; geliebt war ich nicht von ihm; und von Freundschaft wußte er auch nichts." Und in einem Briefe vom 15. September 1808 schreibt sie: „Ich scheue mich etwas, Dir meine Briefe an Urquijo zu geben! Weil darin meine größte Türpitüde an's Licht gebracht ist: so erniedrigend darf man sich auch in der größten Leidenschaft nicht von Schmerz auseinanderzerren und herum s c h l e p p e n lassen: jetzt weiß ich es, und dies ist die eine ganze Hälfte der Ursache, warum ich wohl lieben, aber nie wieder einer langwierigen Leidenschaft im Bösen — im Guten wird es immer nur Liebe — in mir Nahrung geben werde, und kann. Ich habe das Feige und Verderbte immer darin erkannt, aber redlich, erlaube hier das Wort, geübt: man ergiebt sich der Liebe; guter, oder schlechter, wie einem Meere, und nun bringt Glück, Kräfte oder Schwimmkunst Dich über, oder es verschlingt Dich als sein. Drum sagt Goethe: „Wer sich der Liebe v e r t r a u t, hält er sein Leben zu Rath?" Bedenke aber, wenn Du die Briefe liest, daß Urquijo nie sagte, er liebe mich nicht, ewig bei mir war, nur meine Liebe nicht glaubte, sie aber durch seine nie zu erfaſſende Eiferſucht bis zum Grade der Raſerei reizte. „Je t'aime, mais je ne t'estime pas", ſagte er tauſend- und tauſendmal. Und ſo konnte er meine Leidenſchaft bis zur Durchſichtigkeit auseinander zerren. „Je t'estime, mais je ne t'aime plus", ſagte er den letzten Monat: und da packt' ich mordgewaffnet mein eigen Herz, mit meiner Hand; und ging; wie aus dem Leben. Denn ich wußte, es war wie zu einem ſchwarzen Tod: und ſchrieb ſelbſt: ich w ä h l e die Verzweiflung, die ich nicht kenne! Es war ein langes Morden. Und es entſtand eine W ü ſt e, die ſchrecklicher, als Schmerz, Riß, und Vermiſſen des Geliebten iſt. Table mich, wie ich die feige Niedrigkeit table. Aber dies bedenke: und daß die Natur in ihn — und in mich zu dieſem Zauber — einen Zauber für mich gelegt hatte, wogegen das hellſte Be- wußtſein des Denkens nicht ſ ch n e l l genug arbeiten konnte. Der E i n d r u ck war ſtärker. Dies iſt Liebe: und daß doch nur die Ehrfurcht vor dem Würdigen, das Verabſcheuen des Unſinns und der Niedrigkeit, alſo ein Eid in Zorn, mir den Muth zum Mord gab; der allmächtige Gott, wenn er mein Bewußtſein kennt, weiß, daß es einer war. Nun lies die Briefe! Heute bekommſt Du ſie. Sieh das ſchöne Wetter! Ich wundere mich über alles, wenn ich d a v o n ſpreche; daß ich mich freue, daß ich noch liebe. Adieu, Du Lieber. Doppelt und mächtiger drücke ich Dich nach dieſer Erzählung an mein Herz! „Ja wohl die Liebe unſterblich iſt." So lange man lebt gewiß. Liebe mich auch! Rahel." Wie ſehr Rahel dieſen Mann geliebt hat, geht aus der Größe ihrer Enttäuſchung hervor. Ellen Key, in ihrem klugen Buche über die Rahel, meint, der Konflikt in den Beziehungen der beiden Liebenden habe ſeine Urſache darin, daß Rahel dem Geliebten den nach der Anſchauung eines Südländers einzig überzeugenden Lie-

besbeweis schuldig geblieben sei: die restlose körperliche Hingabe, und in einem ihrer Briefe an Pauline Wiesel, die in
erotischer Beziehung keinerlei Hemmungen kennt, klingt etwas
wie Reue darüber, daß sie sich aus Mangel an Mut der
Liebe nicht ganz hingegeben hat. Doch zu ungleich sind ihrer
beiden Naturen, zu wesensverschieden ihre Temperamente,
als daß jene Hingabe ein vollkommenes Glück hätte sichern
können, und letzten Endes scheitert ihre Liebe an diesem Unterschied. Wollte sie ihre Menschenwürde, ihre Persönlichkeit
wahren, mußte sie sich von ihm trennen — und sie überließ
ihn seinem Schicksal. 1813 begegnet sie ihm als Flüchtling
in Prag. „Er nahm ein berlinisches Mädchen, die erst seine
Geliebte gewesen, als seine Frau mit nach Spanien; sie war
leichten Wandels, betrog ihn, aber beherrschte ihn auch, und
er hatte zu ihr das blindeste, zufriedenste Vertrauen, indem
er selbst Rahel'n noch in Prag mit aller Überzeugung ver-
sicherte, diese Geliebte (er hatte sie damals noch nicht ge-
heiratet) würde es nicht überleben, wenn er ihr untreu würde,
oder stürbe! Furchtbar, — hier, am falschen Ort, betrogen
und geleitet, glaubte er der Lüge, bei Rahel der heiligen
Wahrheit nicht!" (Varnhagen.)

Mit dieser neuen Leere im Herzen, wendet sich Rahel eifri-
ger wieder ihren geistigen Interessen zu. Sie führt ihr Herz
„voll schlechtbehandelter Liebe" langsam zu seinem „eigenen
innern Land" zurück und erfährt, daß es „Klarheit und Glück
in und durch uns selbst gibt". Und nun folgt eine Zeit, wo
sie willig ihre Persönlichkeit, ihr Ich aufgibt und aufgeht im
großen Allgemeinen, in der Not der Zeit, in der Not des
Landes und des Volkes. Trotz ihres Weltbürgergefühls er-
weist sich Rahel in den Napoleonkriegen als glühende Patri-
otin. Zwar bleibt sie frei von jedem Nationalhaß, doch ist sie

voll Liebe für ihr leidendes Land. Nur eines kann sie, muß sie hassen: den Krieg. Es bricht für sie „ein Fest des Gutes-Tuns" an und sie ist die Unermüdlichste, als es gilt, den Armen zu helfen, die Verwundeten und Kranken zu pflegen, den Hilflosen Trost zu spenden. Alles ist ihr der Mensch. „Rahels soziale Anschauung," sagt Ellen Key, „verband den Idealismus, der die Zukunft schafft, mit dem Realismus, der die Gegenwart gestaltet . . . Rahel kann mit Wahrheit sagen, daß kein Dogma, kein Vaterland, keine Liebe ihr Gerechtigkeitsgefühl bestechen kann, und sie betont, daß es gerade die große Aufgabe der Frauen sein sollte, die Seele ihrer männlichen Freunde zu sein, sie dazu anzueifern, zum Besten der Menschen zu handeln. Sonst sind die Frauen, meint Rahel, nur ein schwerer Ballast in der Gesellschaft." Auch Rahel träumt, wie ihre Zeitgenossin Bettina, von einer Veredelung der Völker und von einer Vergeistigung des gesellschaftlichen Lebens, von einer neuen, reineren Menschlichkeit, und sie meint: „Es wird eine Zeit kommen, wo Nationalstolz ebenso angesehen wird wie Eigenliebe und andere Eitelkeit und Krieg wie Schlägerei... Die Wissenschaft ist's, die ein Kommen, Sehen und Siegen bedarf. Es weiche die rohe Kraft der armen Völker! — Die Welt ist nicht mehr so roh, daß die Taten sie gestalten und sie denken lehrten; dies müssen unsere besten Denker und Dichter tun: die Edelsten der Nation."

Rahel hat das Gefühl, in einem „Durchgangspunkt zu besseren Zuständen" zu leben, und dies Gefühl entspringt nicht der vagen Hoffnung einer der Wirklichkeit abgekehrten Idealistin, sondern es schöpft seine Berechtigung aus dem Vorhandensein und Wirksamwerden einer großen geistigen Bewegung, die damals sich des deutschen Volkes bemächtigt hatte. Waren doch die neunziger Jahre des achtzehnten Jahrhunderts das eigentliche literarische Lebensalter der Deutschen. Alle Bildung war wesentlich literarisch und mit philosophischer Gründlichkeit befestigt. Nicht mehr das Privilegium einzelner kleiner Kreise war Bildung, sondern Allgemeingut des Volkes, des Bürgertums, dem jenseits des Rheines die französische Revolution einen höheren Rang erobert hatte, dessen Selbstbewußtsein geweckt und gestärkt worden war. Selbst in die Familie war ein geschäftiges literarisches Leben eingedrungen. Die Entwicklung der Schriftsteller, Dichter und Philosophen, verfolgte man von Messe zu Messe, den Veröffentlichungsterminen ihrer neuen Werke, mit einer Spannung, die andere Völker auf ihre Eroberungen und Grenzerweiterungen verwandten. „Es war die Pfingstfeier der Nationalliteratur, die durch große Geister ihre Auferstehung erlebte." Das Publikum bildete sich nach seinen Schriftstellern. Der Boden war fruchtbar für eine tüchtige geistige Bildung, es war eine Zeit großer literarischer Ideenbewegung, und diese war vor allem von Rahel miterzeugt worden. Sie, deren Ideen der Zeit voraus waren, durfte mehr als jeder andere auf eine Weiterentwicklung in diesem Sinne hoffen, an eine Höherentwicklung der menschlichen Gesellschaft glauben. „Gott helfen in seinen Kreaturen", lautete ihr Grundsatz, und sie sehnte sich nach der „gerechten, frommen, reinseligen, wahrhaft inneren Gleichstellung der Menschen". Den Verbrüderungsgedanken, den die Revolution in die Gemüter gepflanzt hatte, veredelte Rahel im Ideenübereinklang mit Fichte und Saint-Simon und unter dem Einfluß dieser beiden, deren höchstes Streben die Menschenveredelung war, „obgleich Fichte mehr die individuelle, Saint-Simon mehr die sozialen Bedingungen derselben betonte und

obgleich die beiden großen Geister auf verschiedenen Wegen
die Menschen diesem Ziele zuzuführen strebten." Man sieht
Rahel hier im engsten Zusammenhang mit ihrer Zeit, einer
Zeit, die von zwei Revolutionen eingerahmt ist, einer Zeit,
an deren Schwelle Rousseau und an deren Ende Saint-
Simon steht, Saint-Simon, der Rousseau erklärte, die neue
Zeit einsegnete und die Juli-Revolution als den faktischen
Sieg der Intelligenz bewirkte. Wie Rahel, die als Jüdin
geboren und bei ihrer Vermählung mit Varnhagen zum
Christentum übertrat, in ihrer sich selbst gebildeten, dem
Dogma abholden Religion der Mystik zuneigte und Angelus
Silesius bewunderte, so verehrte sie auch Saint-Simon, und
wie sie von der Wirkung seiner Lehre eine Umformung des
sozialen Lebens erwartete, so erhoffte sie von ihr auch eine
neue Religion. In ihrer altchristlichen Mystik war sie eine
Wahlverwandte Saint-Simons, dessen neues Christentum
wohl überhaupt einen Glauben der Welt an Gott als Basis
aufstellte, aber das Hauptprinzip bildet doch die allgemeine
Verbrüderung, welche, um rechte Christen zu sein, alle Menschen ihre Anstrengungen auf die geistige, sittliche und leibliche Veredelung der größten und ärmsten Klasse richten lassen
muß. Der Saint-Simonismus sollte das neue Christentum
der Gesellschaft sein; er sollte die staatliche und gesellschaft-
liche Repräsentativregierung sein, während der Liberalismus
nur einen Übergang bildete zwischen Feudalität und einer
neuen Zeit, der Periode der Industrie. — „Die Religion,
die Rahel sich selbst geschaffen hatte, war ein Gottesglaube,
der zuweilen ganz alttestamentarische Ausdrucksformen der
leidenschaftlichen Anrufung und des Jubels annahm," aber
ihr kindlicher Gottesglaube glitt oft in ein pantheistisches All-
gefühl hinüber. „Leben," heißt es bei ihr, „ist die große Ur-

essenz, woraus alles quillt, mit oder ohne unser Zutun." Ihr religiöses Fühlen spielte hinüber in ihr soziales, in ihr politisches Denken. Aus der Ehrfurcht vor dem Menschlichen entsprang ihre Menschenliebe, und Menschenliebe ist der Quell demokratischen Empfindens. Sie fand in der zeitgenössischen Philosophie eine Situation vor, die dieses Gefühl wissenschaftlich fundierte. Kant begann und organisierte die Spekulation über das Absolute; damit entrückte er den Menschen vollständig der Welt und spornte den menschlichen Geist einzig und allein an, das Mysterium der Gottheit zu überraschen. Fichte wurde schon menschlicher; er ging vom Ich aus, vom Individuum, das er zum ersten Platz in der Geschichte berief; Schelling stellte die Natur neben die Gottheit; der Mensch wurde nun wieder der zweite Faktor der Geschichte, was genau der allmählich unter der Restauration zur Mode gemachten Verächtlichkeit gegen das Volkselement entsprach. Schelling war ein reiner Reaktionär der Geschichte, für ihn war das Volkselement Nichts, eine ideenlose Masse, ein Teig, den man kneten mußte, wie es gerade beliebt war. Hegel zuerst ergriff die Geschichte in ihrer wahren Strömung; er setzte die Idee auf den Thron und die Idee war das Volkselement, war die Freiheit. Seine Philosophie war der einzige Pulsschlag, den die junge, sich von nun an bildende Demokratie besaß, mindestens derjenige, der wirkliche Lebenstätigkeit bewirkte. Während um Rahel herum die Männer, die einst stürmisch die französische Revolution als einen Akt der Befreiung begrüßten, in der Reaktionsperiode von ihren Ideen abfielen, blieb sie den Idealen ihrer Jugend treu und befruchtete mit ihren Gedanken die Generation des Jungen Deutschlands.

Zum dritten Mal naht der Gereiften die Liebe und bringt ihr die Erfüllung dessen, was sie bisher vergeblich ersehnte.

Ellen Key sieht in den drei Liebesgeschichten der Rahel die typischen Grundformen der weiblichen Erotik: Liebe zur eigenen Liebe, Liebe zum Manne, Liebe zur Liebe des Mannes. Der Mann, den sie nun lieben lernt und dem sie Lebensgefährtin im tiefsten Sinne des Wortes wird, ist der vierzehn Jahre jüngere Varnhagen von Ense. Schon früher hat er Rahel flüchtig kennen gelernt, aber erst 1808 wagt er, sich ihr zu nähern, und aus der Bewunderung, die ihn für sie erfaßt, bildet sich bald das tiefere Gefühl der Liebe. Anfangs ist es nur Interesse an der geistigen Regsamkeit des jungen Mannes, das Rahel an ihn fesselt, bald aber fühlt sie „Dankbarkeit für seine Sympathie" und, da sie sich von ihm verstanden sieht wie von keinem zuvor, kann sie sich der neu erwachenden Liebe nicht versagen. „Du bist der einzige in der Welt," gesteht sie ihm, „der mich je liebte, der mich behandelte, wie ich andere. Ja, ich bekenne es Dir gerne, mit dem ganzen Drang der Erkenntlichkeit: von Dir lernte ich geliebt sein, und Du hast Neues in mir geschaffen. Nicht Eitelkeit ist es, die ewig mein Wesen mit Befriedigung durchdringt, Du wirst es wissen, Du! — bei dessen rechter Vorstellung die Thränen mir in die Augen bringen — es ist das endliche, gesunde, kräftige, wahre, wirkliche Empfangen der Seele. Sie nimmt und gibt, und so wird mir ein wahres Leben geboren! Freue Dich, wenn Du wirklich etwas von mir hältst, und mein Leben und Sein für ein außerordentliches nimmst: Du hast es zu einem menschlichen gestempelt." Neunzehn Jahre ist sie ihm in glücklicher Liebe verbunden. Varnhagen schildert die erste Zeit ihres Zusammenseins in folgender Weise: „Unendlich reizend und fruchtbar war diese Erstlingszeit eines begeisterten Umganges, in welchem auch ich die besten Güter zum Tausche brachte, die ich besaß ... Unser

Vertrauen wuchs mit jedem Tag ... Weit entfernt, Billigung für alles zu finden, vernahm ich manchen Tadel, und anderes Mißfallen konnt ich unausgesprochen erraten; nur fühlte ich wohl, daß die Teilnahme für mich dabei nicht litt, sondern eher wuchs, und bei diesem Gewinn konnte mir alles übrige nichts anhaben ... Mir war vergönnt, in das reichste Leben zu blicken ... Dieses Leben erschien unzerstörbar jung und kräftig, nicht nur von seiten des mächtigen Geistes, der in freier Höhe über den Tageswogen schwebte, sondern auch das Herz, die Sinne, die Adern, das ganze leibliche Dasein war wie in Frische und Klarheit getaucht, und die reinste erquickende Gegenwart stand herrschend mitten zwischen erfüllter Vergangenheit und hoffnungsreicher Zukunft ..." Auch diese Liebe war in ihren Anfängen nicht ohne Konflikte und Kämpfe. Varnhagen stand zwischen zwei Frauen, aber Herz und Geist entschieden für Rahel. Während der Kämpfe um die Befreiung Deutschlands stand Varnhagen als Offizier im Felde. Nicht lange nach ihrer Vermählung wurde er zur Unterstützung Hardenbergs in diplomatischer Sendung zum Kongreß nach Wien gesandt und hier wurde Rahel Mittelpunkt eines Salons, in dem die internationale Welt verkehrte und in dem, wie Varnhagen berichtet, nichts vertreten und bezweckt wurde, als das „allgemein Menschliche und die freieste Betrachtung desselben". Auf die Unstäte ihrer ersten fünf Ehejahre, die eine Folge von Varnhagens Diplomatenberuf war, folgte erst im Oktober 1819 feste Ansiedelung und Ruhe in Berlin. Hier starb Rahel im Jahre 1833, nachdem sie erkannt hatte, daß „nicht unsere erste, wie das Sprichwort heißt, sondern unsere letzte Liebe die wahre ist: die nämlich, die alle Kräfte dazu nimmt."

Rahels bedeutendste Tat war ohne Zweifel ihr Wirken und

Werben für den Größten seines Volkes, für Goethe, zu einer
Zeit, als besonders der deutsche Norden noch wenig von
diesem erhabenen Geiste wußte und er noch geringes Verständnis fand, als man ihm und den Ewigkeitswerten in
seinen Werken noch ephemere literarische Erscheinungen vor-
zog. Aber auch noch eine „posthume" Mission war ihr beschieden: als ihr Gatte Varnhagen nach ihrem Tode 1835 in
drei Bänden jene Auswahl ihrer Briefe und Tagebücher unter dem Titel: Rahel, Ein Buch des Andenkens für ihre
Freunde — veröffentlichte, wirkten ihre in diesen Briefen nie-
dergelegten Gedanken und Ideen nicht nur als eine Offenbarung ihrer geistigen Bedeutung und Größe, sondern sie
wurden zu Fanal und Leitstern der Männer des Jungen
Deutschland. Hatte sie schon den nüchternen Grillparzer zu
begeistern vermocht, daß er sagte: „Auf der ganzen Welt
hätte mich nur eine Frau glücklich machen können, und das ist
Rahel!", so nennt Heine sie die „geistreichste Frau des Uni-
versums", bezeichnet seine Bekanntschaft mit ihr als den Be-
ginn einer neuen Lebensepoche, ihr Heim als sein Vaterland
und sie selbst als seine „Patronin"; er will ein Hundehals-
band tragen das die Inschrift trägt: „Ich gehöre Frau Varnhagen." Laube nennt ihre Briefe das offenherzigste Buch in
der Literatur Deutschlands und sie selbst „Rahel, die Wahr-
haftige!" Gutzkow übernahm Gedanken und Äußerungen
Rahels in seinen Roman „Wally die Zweiflerin" und bewundert an ihr die „höhere Empfänglichkeit". In einer trefflichen Charakteristik ihrer Persönlichkeit schreibt Gustav Kühne: „Rahel stellt in ihrer Person die Emanzipation des den-
kenden Weibes dar, denn sie hat offenbar, was die Frau als
denkendes Wesen durch einsame Gesondertheit und überlegene
Geisteskraft erreichen kann, und zugleich besaß diese Denker-

Frau die weiblichste Seele, eine Seele voll von jener mit-fühlenden Zärtlichkeit, durch die sie in erster Linie und immer und überall die Herzenströsterin war." Und Theodor Mundt läßt seinen Nachruf in folgenden Worten ausklingen: „Sie gehörte der großen ewigen Weltentwicklung an, in der sie mitlebte, und in diesem höchsten Sinne ist der Ertrag ihres Geistes, obwohl durch keine bleibende Form unter den Men-schen verherrlicht, doch dauernd und unverlierbar."

Rahels Briefe

BRIEFE RAHELS AN FINCKENSTEIN

Wie ift Dir, lieber Karl. Da Schweigen tausend anderem Schweigen fo ähnlich ift, als fich die Worte find, die nichts von dem ausdrücken was in mir vorgeht, fo will ich wieder reden. Ich will Dich bloß fragen, wie es Dir möglich ift, mir nicht mehr zu fchreiben — (kennft Du den Unterfchied nicht, daß es gar nichts wäre, wenn ich D i r nicht gefchrieben hätte? Du bift überhaupt der handelnde Theil; Du bift a n g e b e t e t —) meine Exiftenz kannft Du nicht vergeffen haben; aber wie ich bin! — Warum bift Du denn fo verftockt? D a s, fchriebft Du mir in fo vielen leeren, düftern Monaten — oder erinnerft Du Dich nicht, daß fie f ü r m i ch fo find. Weißt Du, ich kann mir gar den Eindruck nicht denken, den diefer Brief auf Dich machen mag: denn ich glaubte nicht, daß Du Dich fo von mir entfernen könteft, und da ich einmal falfch glaubte, nun weiß ich nichts mehr. Ich führe hier ein fchönes Amt; ich fchreibe eigentlich einen defolirten Liebesbrief; das war mir nur noch übrig gelaffen! Aber fei ruhig, ich fchrieb ihn nur mir, nicht Dir. Ich zeig' Dir nur was ich leide: was einem einmal beforgten Weibe (D u weißt, ob ich kleinmüthig, mißtrauifch, gewöhnlich, weibifch-weiblich bin) durch die Seele gehen muß (ach nein, glaub' es nicht, ich zeig' es Dir nicht, das vermag keiner), was Du mich haft leiden machen, ohne daß es in Dir fo war. Hätteft Du bei allen Diners nicht e i n e Migraine vorfchützen können, und mir ein liebendes Wort haben fchreiben können, wovon ich gelebt haben würde: fo ftarb ich. Befinne Dich einmal: d a s kannst Du nicht für mich thun? Nun was denn? Sag' mir einmal, an was soll ich denken — um n i c h t zu verzweifeln. Du sprichst doch immer von Sehnsucht; ich sag' Dir, ich sterbe aus Sehnsucht, aus reiner Sehnsucht. Keine Hoffnung, kein Ruhepunkt, keine Aussicht. Weißt Du, ich wünsche Dich sogar h i e r : ich will alle diese Leiden (was ich, so wahr Gott lebt, für unmöglich hielt) noch einmal tragen, nur Dich sehen. Bist Du hier, so bist Du's nicht für mich; und wirst bald wieder weg: und dann — dann bring' mich um, das ist das Einzige, was Du für mich thun kannst. Ich bitte Dich! schreib' mir, ich soll so nicht mit Dir reden, sag' mir kalt, Du könnest den Ton nicht leiden, weis' mich von Dir: und es wird e t w a s s e i n; ich werde von Dir bleiben m ü s s e n. Thu' mir etwas ganz Schlechtes....

Berlin, den 4. September 1799.

Möchte die ewige Gerechtigkeit mir vergönnen, daß ich vernehmlich die Wahrheit sage, wie ich sie stark in meiner Seele fühle! Einmal habe ich dem, was ich für Recht erkenne, das ungeheuerste Opfer gebracht, welches Menschen zu bringen fähig sind. Nur ich kann es beurtheilen, und ich wünsche einen Gott an meiner Seite, der es auch kann: Menschen wissen von einander nichts. Es ist mir nicht gelungen: dem Schicksal selbst schien es nicht zu gefallen, es nahm es nicht an; und ganz schleuderte es mich auf die Stelle zurück, wo ich Kraft in mir aufgeregt hatte, es bringen zu können. Nie thue ich dergleichen wieder: das gelobe ich Dir bei dem, was Dir das f u r c h t b a r H e i l i g s t e sein mag! so wie ich es mir gelobt habe. Nur Einmal kann es den Göttern gefallen, wenn man sich vernichtet, aus Achtung für das

Heiligſte; zum zweitenmal kann es nie der Ruf von einem Gotte ſein! zum zweitenmal t h u e i ch e s n i e! — So wahr ich mir meine Exiſtenz nicht abläugnen kann, ſo wahr als ich es einmal gethan habe! Ich werde nie wieder die Erſte ſein, die ſich von Dir trennt, und wenn Himmel und Hölle, die Welt und Du ſelbſt, mir gegenüber ſteht. Thätig — werde ich nie mehr ſein; leiden will ich alles. Dieſer Brief iſt das letzte Thätige, was je Deine Augen von mir ſehen, oder ein Sinn von Dir ſoll ergründen können. Es iſt ein Vorſchlag. Es ſpricht ihn die Vernunft, die Klugheit, die Tugend ſogar. Mein Herz, mich ſelbſt, vernehme ich nicht dabei: dies ſchweigt, und ich kann ihm ſelbſt nicht nachſpüren, wenn ein höheres Intereſſe ſpricht. Ich beſchwöre Dich beim Glück von Karolinen, — Höheres kenne ich Dir nicht, — ſei ſtark und wahr.

Du haſt mir geſagt, Fräulein von Berg liebt Dich. Dazu muß ſie Hoffnung haben. Sie iſt jung, hübſch, liebenswürdig, reich; alles vereinigt ſich für ſie; ihr Glück wäre das Deinige, und das Glück, die Zufriedenheit beider Familien. Ich habe nichts dem entgegenzuſetzen, was man nennen könnte; und ich ſchweige. Fühlſt Du, weißt Du in irgend einer Tiefe Deiner Seele den Wunſch, den Vorſatz, den Gedanken, Dich mit ihr vereinigen zu wollen, ſo kehre ihn heraus; und thue es gleich. Das bleibt Dir für mich zu thun übrig. Dazu fordere ich Dich zum letztenmale auf. In ein, in zwei, in drei Jahren, wäre es niedrig und ſchlecht. Dann — hielt' ich mich für eine vom Schickſal Angeſpiene; und ſtehe nicht mehr für mich ſelbſt; — was Menſchen immer können ſollten. Dann — bin ich keiner mehr. Unterſuche Dich, habe Muth! Stehe nicht mit jedem Fuß auf einem anderen Ufer. Schreite über. Ich kann nicht mehr für Dich handeln. Einmal konnte ich es nur. Noch ist es Zeit. Du bleibst einen oder zwei Tage länger in Drehnow, alles arrangirt sich. Halte es für keine Drohung. Kenntest Du meine Seele! Den Kelch, den mir mein Gott reicht, ich will ihn leeren; selbst nur nehm' ich ihn nicht wieder. Ich habe tief in Deine Seele gesehen, und jedes Wort von Dir senkt sich tief in die meinige, jede leise Zuckung Deines Herzens weiß ich zu deuten. „Wer hätte das denken sollen!" sagtest Du die Nacht vom 1. September; Du dachtest an den Anfang unserer Bekanntschaft, und fühlst Dich geschlossen durch sie: Du bist es nicht. Frei bist Du, wenn Du den Muth hast es zu sein. — Ich habe beim ganzen Brief nicht geweint; keine Thräne, kein Wort, keine Nachricht solltest Du von mir hören. Jetzt sprach ich zu Dir wie etwa eine Verwandte von ihrer lieben Angehörigen; ich will für mich sorgen. Es sprach Deine Freundin nicht. Ich will Dich ermahnen, mich nicht so unglücklich zu machen, als es Dir möglich ist. Nicht erst in zwei, drei, vier Jahren thue es. Sei stark! und erschrecke nicht; und verstehe jedes Wort. Mehr habe ich Dir nicht zu sagen. O! Verstehe es! Keinen zweiten Gedanken, keine zweite Alternative weiß ich in meiner Seele aufzubringen. Dies ist das Letzte, und es ist nicht schlecht. Habe Muth. Ich empfehle mich Dir nicht! keinem Gott! Nichts. Kein Gebet ist in meiner Seele. Ein völliger Stillstand. —

Berlin, den 30. Oktober 1799.

Vor einer Viertelstunde brachte mir Vetter Deinen Brief und Wiesel's Einlage. Du hast mich nun völlig vernichtet — möcht' ich gern sagen — aber mein Fluch ist, nur zu vergehen. Selbst die K l u g h e i t hätte Dir verbieten sollen,

Prinz Louis Ferdinand von Preußen

die elende Klugheit, mir s o l ch einen Brief zu schicken! ...
D e n wagst Du mir mit Wiesel's zu schicken? Mit eines
fremden Menschen Brief, der besser ist? „R a t h e st" Du
mir wirklich nach Wien zu kommen? Nun ich bedanke mich!
— Der elendesten, abgelegtesten Maitresse, die man aus der
vierten, fünften Hand auf eine zeitlang genommen hat, läßt
man sich herab sich mehr zu verstellen, wie Du es gegen mich
gethan hast, wenn sie übermäßige Prätensionen machte.
Fürchte nichts: meine Armuth verbietet mir zu kommen, und
hab' ich je das Vermögen — ich meine nicht Geld, die Kraft
dazu mein' ich überhaupt — so käm' ich weil ich w o l l t e;
weil ich Dich sehen wollte; von Dir ließ' ich mich nicht abhalten: ob ich mir gleich nicht einbilden könnte Deinetwegen
zu kommen. Du hast wieder einmal auf mich getreten.
Glaube nicht, daß ich mir etwas einbilde! Ich ließ Vetter
Deinen lesen, und sagte nichts als: „hätt' ich ihn doch nur
nicht gelesen, und ich hätt's auch nicht gethan, wenn nicht
auf der Adresse gestanden hätte von geschwind abgeben."
Darauf antwortet mir Vetter in seiner Unschuld: „Nun,
neues haben Sie doch nicht erfahren. Der Brief ist doch nur
gleichgültig." Ich bin des Todes, dies fehlte nur noch! Ich
wollte ihn nicht lesen, den Brief: wie ich mich jeden zu lesen
fürchte. Du wirst ihn Dir nicht erinnern; Du wirst denken,
er ist in der Geschwindigkeit geschrieben, und alles hier schon
verabredet gewesen; ich sei nur jetzt so empfindlich und wund.
Aber Du kannst es Dir nicht denken: und daß Du es nicht
kannst — ach, das ist mein Unglück, dies enthält alles. O, er
war so kalt, so herzerdrückend. Er that mir s o weh! Ach
Gott! ich will und mag nicht mehr mit Dir richten noch
klagen, diesen Eindruck schrieb ich Dir medizinisch, damit Du
mir nicht wieder weh thun sollst: und weil es mich soulagirt

daß Du den Schmerz kennst, den Du mir machst. Aber bald
— ich fühle, werd' ich schweigen — denn unser Verhältniß
wird ein abgetragenes — und wer merkt dies mehr und mehr
als ich. Ich schrieb gleich, damit der Brief mir ähnlich sei.
Adieu! Nachts um 1 Uhr. Wenn Du mir mehr s o l c h e
Briefe schickst, schreib' ich Dir gar nicht mehr: damit alle
Kommunikation unter uns aufhört. Weil meine zerstörte Gesundheit es nicht länger erlaubt. Ich habe eine Art von
Nervenfieber, und muß j e t z t — die ich es im Sommer
meiner häuslichen Umstände halber nicht konnte — baden;
heute nahm ich das erste Bad. Dir wird es nicht schaden:
denn Du verstellst Dich doch nur in Dir selbst. Mich betrügst
Du nicht länger. Wie schämtest Du Dich nicht, mir mit
W i e s e l' s B r i e f d e n zu schicken. Einem fremden Krä-
mer aus Wittenberg, den ich irgend einmal gesehen hätte,
würde ich einen besseren geschrieben haben, einen der mehr
Theilnahme verräth. „Wenn Du noch hieher zu kommen ge-
denkst." Fürchte nichts, aber hoffe auch nichts. Das ver-
rätherische Geschick wird Dir beistehen, und ich werde nicht
kommen k ö n n e n. Aber w e n n ich kann, komm' ich. Überhaupt wirst D u mich n i e abhalten irgendwo hinzugehen.
Das hoffe n i c h t. Und darum a l l e i n wünsch' ich mir
weiter zu leben. Sag' Dir selbst keine Ausreden vor! Du
schreibst mir manchmal gut, redest mir gut zu, aber immer
wenn Du präpariert bist; läßt Du Dich gehen, kommt solch ein
Brief. Wenn Du mich in V e r z w e i f l u n g s i e h e s t, hast
Du Mitleid mit mir; sage nichts. Untersteh' Dich nicht diesen
Brief für gemein zu halten! Ich k ö n n t e Dir sagen, was ich
für e l e n d halte! F ü r c h t e Dich aber auch nicht! Du sollst
Dein gehöriges loisir in W i e n h a b e n. V i e l solche Briefe
bekommt mein Karl nicht mehr. So wahr ich Dich liebte!!!

AUS RAHEL'S TAGEBUCH

Herbst 1799.

Hab' ich darum nie ein vollständiges Gebäude von Glückseligkeit um mich gesehen, weil ich mich nicht vollständig irren
kann? Nur wenn ich mir mit Bewußtsein Harmonie in das
Wüste schaffen konnte, war mir wohl, oder wenn ich die Kraft
dazu zusammengeschafft fühlte: nie wenn sich das Äußere
durch Umstände wie eine Glückseligkeitsfestung um mich stellte.

Alles, was noch erfunden werden soll, ist schon da; erkannt
muß es nur werden. Welch ein Gedanke voll Angst! — daß
das alles um mich her ist, daß ich mitten drin lebe, und es
nur wie furchtbar todte Massen mir begegnen kann, und ich
nichts erkenne, wenn ich mich noch so furchtbar abängstige;
mir auch wirklich die reichste Erndte der Erkenntniß würde;
es wäre nur so viel als jetzt, denn was zurückbleibt, ist unendlich. — Aber das Unendliche bleibt nicht zurück, — denn
was wir schon wissen, enthält auch Unendliches. Dies ist das
Leben. Wer dies nicht findet, lebt nicht; und wer dies ver-
mißt, fühlt wenigstens, daß er stirbt.

Auch wenn wir weise sind, sind wir nicht geschickt. Welch
ein krüppelhafter Zustand ist es, uns an Vorstellungen, denen
wir schon die Gestalt von uns bekannten Freuden gegeben
haben, so arm zu fühlen! Sie sind gewiß neben mir, die Freuden, die ich mit öder Angst nicht gewahr werden kann; wenn
diese Schmerzenszeit vorbei sein wird, werd' ich mich nach ihr
zurücksehnen m ü s s e n. Dann wird es hochstämmig dastehen,
was ich jetzt nicht gewahr werden kann. Klug bin ich jetzt auch,
nur nicht geschickt, und dann — werd' ich wieder närrisch

sein, und denken, Du hätteſt es ſehen können —, das werd'
ich nicht. Aber jetzt iſt es wehmütig und ängſtlich —. Jedes
Morgen wird Heute — das Grab, das umſonſt gefürchtete
Grab, iſt nicht einmal ein ſicheres Ende.

Die Lüge iſt ſchön, wenn wir ſie wählen; und ein wichti-
ger Theil unſerer Freiheit. Erniedrigend aber, wenn wir
dazu gezwungen ſind. Lügen wir aber ganz ohne Bewußtſein,
ſo ſind wir gewiß albern.

Es ſind privilegirte Seelen, königliche Geiſter, die lange
unſchuldig bleiben; das Gemeine nur ſchwer faſſen, und immer wieder vergeſſen.

Auch alles was wir ſ i n d, h a b e n wir nur; wenn wir das
empfinden, ſind wir dankbar; bis zur Demuth beſchämt; wenn
wir bedenken, daß es eben ſo gut einem Anderen hätte werden können; voll Wonne, daß es uns ward.

Liebe thut wohl. Man merkt es gleich, wenn ſie einem entzogen wird. Wir leben gleichſam in einer allgemeinen Kälte,
wir wiſſen es oft nicht, wer in unſerer Nähe uns vor der kalten Luft ſchützt, bis er ſich entfernt, und uns ihr ausſetzt; aber
wie in einem wirklich kalten Zimmer, wenn einer, der neben
uns ſaß, den Platz verläßt.

Du haſt nicht gefehlt; ich war es. Warum erkannt' ich Dich
nicht. Zuwider, höchſt zuwider darf mir die neu entdeckte
Elendigkeit ſein: kein Vorwurf darf Dich treffen, keine Forderung ich machen. O! widerführe mir gleiche Gerechtigkeit!

Nichts, nichts beneid' ich den Männern; Eines nur! Daß sie schnell in der Liebe ihr Schicksal entscheiden dürfen. Ihnen ist die Rede vergönnt!

Da eine willkürliche Rede statthaben konnte; so ist es kein Vorurtheil, daß ein Weib nicht Liebe bekennen darf. Der Liebe Verdammniß zum Sterben ist Verschmähung; bei einem Weibe kann sie das Gewand von Keuschheit und Schüchternheit nehmen, bei einem Manne steht sie gewandlos, tödtend da.

RAHEL AN FINCKENSTEIN

Sonntag, den 19. Januar 1800.

Die letzten Ereignisse waren erschöpfend. Ich glaubte ich sei unerschöpflich: ich bin es nicht. Erinnere Dich der letzten Vorfälle und Tage; was Du mir sagtest: was Du meiner Mutter sagtest — wie Du's mir erzähltest. Wie es wirkte möcht' ich gerne sagen; aber das hast Du nicht gesehen. An einem Zweig hielt sich noch mein ganzes Wesen. Deine zwei vorletzten Briefe haben es zerrissen. So bittet man keinen zu einem zu kommen — so bittest Du mich nicht — so tröstet man nicht, in solcher Noth als ich war — Du mich nicht. Dein letzter kleiner Brief durch Vetter, wo Du um meine Gesundheit bange bist, bestimmt mich, diesen zu schreiben. Ich wollte gar nicht mehr schreiben. Es ist mir aber zu atroce und zu sehr im Schein des Feindseligen nicht zu antworten. Wisse also:

Ich überlasse mich nun ganz der Welt, den Umständen

(nichts ergreife ich mehr von Dir — was Du mir nicht zu
Händen giebst); und soll' ich in dieser Welt wahnwitzig
werden. Das werd' ich aber nicht. Die Jahre, die Du weg
bist, will ich dazu anwenden unbekannt mit Dir zu werden.
Überreden kannst Du mich nicht mehr. S e i etwas, und ich
werde Dich erkennen. Du kannst keine Freude an mir finden.
Ich imponire Dir; und darum kann ich auch kein Glück bei
Dir finden. Es liegen drei halbe Briefe an Dich fertig; woraus Du vielleicht ungefähr sehen würdest, wie ich zu diesem Entschluß langsam und schrecklich gedrängt wurde. Wozu
aber das! Er ist da. Die Briefe würden Dich erschrecken, und
mit Dir selbst verlegen machen.

Wenn Du glauben wirst „Du willst dieses Unrecht und
diesen Verlust edel und liebend für mich dulden, da Du doch
nichts anderes thun kannst", so werd' ich darüber lachen;
wie wir beide oft über Andere lachten. Über Mariane oder
dergleichen.

Erschrecke Dich nicht über diesen Brief; es ist mir eben so,
auch wenn ich ihn nicht schreibe; und überdem hast Du ihn
selbst komponirt; und bist auch nicht zum Schreck gemacht,
weil's beim Schreck bleibt. Ich konnte Dir diesen nicht er-
sparen, das bedenke. Es war der letzte Akkord eines üblen
Konzerts. Wenn ich etwas Gutes zu melden habe, werde ich
Dir schreiben. Lebe wohl.

R.

AUS RAHEL'S TAGEBUCH

Als ich Finckenstein das letztemal gesehen hatte.
Gestern Vormittag, den 20. Mai 1811, war Finckenstein
bei mir. Er frug nach niemand. Auch nicht wie es mir geht.

Er schien mir wie sonst, nur daß alle Anlagen und Meinungen in ihm ganz kompakt geworden sind; er ist auch darüber so gelassen und sanft und befriedigt, als wäre er wirklich in den Tempel der Weisheit und des Glücks eingegangen. So fand ich auch sein Gesicht wie sonst; nur selten in Bewegung; und unter den Augen etwas Falten, die das Leben hinter sich läßt; die Gestalt etwas breiter und fester, die ganze Haltung gesetzt, aber wie durch vielen Zwang und Ermüdung, das Ganze gut, in dieser Art. Er sagte mir mit einemmale: „Ich wünschte sehr, daß Sie meine Frau sähen, wie sie Ihnen gefällt.“ Ich blieb sitzen, er blieb sitzen, die Sonne schien sanft. Ich darf mir also nichts Entsetzliches denken, was nicht eintrifft. Sonst, in meinem Unglück, dacht' ich mir solche Szenen aus, und Thaten von mir, die sie endigten! Gestern saß er auf Deinem Sopha still neben mir, ich neben ihm, als hätte er recht. Meine ganze Seele war empört, so in Aufruhr, mein Herz so affizirt, als vor zwölf Jahren; als wäre in der ganzen Zwischenzeit nichts anderes vorgefallen. „Dein Mörder!“ dacht' ich, und blieb sitzen. Thränen kamen mir in den Hals und zu den Augen, daß ich ihn ganz ruhig, ganz beruhigt über mich, sitzen sah. Wie eine ihm zugestandene Kreatur fühlte ich mich, er hat mich verzehren dürfen. E r, m i ch! Gott soll es ihm verzeihen, er soll es sich verzeihen, — dies Gelübde halt' ich gewiß; rächen will ich mich auch nie! — Ich kann es ihm nicht verzeihen! — Wenn ich nicht ein ganz neues Herz kriege, mit diesem nie. Keine Krankheit, keine Offenbarung, keine Umschmelzung in mir, vermag dies zu bewirken, das sehe ich. Vielleicht giebt's Menschen, deren Herz sich umwandlen kann: viel ist mit mir vorgegangen, viel hab' ich erleben müssen; aus jeder Flamme aber noch bring' ich das unversehrte und auch empörte, ganz für sich selbst lebende

Herz heraus. Ich kenne ihn ganz, den Finckenstein. Ich habe
Urquijo geliebt, wie man es nicht weiß, wie ich denen wünsche
geliebt zu sein, die ich noch verehre. Hier will ich aber zu
Kenntniß derer, die es vielleicht zu Gesicht bekommen, etwas
aufschreiben, was wahr ist, wenn es auch nicht begreiflich
scheint; mir war es selber unerwartet. Finck war meinem
Sinne ganz entschwunden; ich klagte ihn bloß an, wenn ich
den Gang meines Lebens durchdachte; achtete ihn wenig; als
einen beschränkten, unfesten Mann, der wie solche auch stör-
risch sein kann; würdigte ganz das, was er Gutes und Lieb-
liches hat; dachte aber schon seit langer Zeit — in der letzten
mehr — in großen Pausen gar nicht an ihn. Und nun, da
ich ihn sah und besah: fühlt' ich, wußt' ich, daß ich ihm treu
geblieben war; so wie er ist: trotz meiner Kenntniß von ihm.
Ich würde ihm treu geblieben sein, hätte er es gewollt, hätte
er es erlaubt. Hätte er gestern durch einen Zauberring alles,
was in den zwölf Jahren vorgefallen ist, ungeschehen machen
können, so hätte er sich mein ganzes Leben wieder anlocken
können, wenn er gewollt hätte! Dieses Laster nun von
mir (— denn wie soll ich es nennen, wie ansehen? — ich
table mich nicht: ich kenne mein Herz ganz: es ist gierig, es
muß lieben; und es ist treu, denn es ist stark und ganz) —
wird Tugend genannt bei Damen, bei solchen Frauen, denen
es gut geht. —

Dies ist aber noch nicht genug, nicht verworren genug von
mir! — obgleich es mir ganz deutlich in mir ist. — So hätte
auch Urquijo mich treu behalten, wenn er es gewollt hätte: so
könnte es noch ein Künftiger, wenn ich noch hoffen könnte.
Wer dies nicht versteht, mag es lernen: und wer es tadelt,
versteht es nicht. — Als ich Finck frug, ob die Gräfin Finck
mit Brizzi, den ich für ihren Bruder hielt, Ähnlichkeit habe,

sagte er mir, daß sie die Schwester der Madame Brizzi sei; worauf ich dann frug, ob sie auch so dicke Arme habe — Madame Brizzi hatte unverhältnismäßige —; er sagte: „Nicht ganz so", und frug mich ganz erschrocken, ob ich das nicht liebe? — „O sehr", sagte ich, weil es wahr ist; „Ich auch!" erwiederte er lächelnd und winkend; und war ganz vergnügt über meine Approbation. — Er war doch ganz boutonnirt gegen mich; nämlich ganz freundlich, aber nicht wie ein Freund. Er wagte keine Frage, nach nichts, und nach niemanden. Also unschuldig ist er n i c h t. Unser Gespräch bestand in Fragen von mir: ich frug nach der ganzen Welt, und nach allem. Nach seinem Wohlsein hatte ich nicht nöthig zu fragen; denn er sagte mir: „In Wien war ich außerordentlich glücklich." Im Ganzen genommen betrug er sich, nur modifizirt, accurat wie Urquijo in meiner Gegenwart. Pfui! Wenn ich Einem etwas gethan hätte, verfolgt' ich ihn; ich brüsquirte ihn. Dies Sein hielt' ich nicht aus, und stellt' es ab um jeden Preis! Daß i c h sie noch sehe — das ist meine Neugierde. Ich muß von allem wissen, wie es wird, wie es ist: so habe ich, von Kindheit an, den größten Trieb gehabt, Leichen zu besehen. Wie mir bei allem wird, und werden wird, was natürlich zugeht, wird mir immer unübersteiglich wichtig, und hemmt jeden Affekt.

Einige Stunden später.

Ich habe keine Grazie; und nicht einmal die, einzusehen, woran das liegt: außerdem, daß ich nicht hübsch bin, habe ich auch keine innere Grazie. Das denk' ich schon sehr lange; aber so ganz bestimmt, noch nicht so sehr lange; ich nahm es zu lange einzeln, und sah es nur einzeln ein; wie ich es oft mit vielen Dingen mache. Ich kann es gar nicht einsehen, woran es liegt, da ich mich doch oft überaus unschuldig finde; lebendig und beweglich bin, und dies so überaus an Anderen liebe. Doch ist es ausgemacht, daß ich eklig bin. Ich sagte auch vor l a n g e n Jahren einmal zu Jettchen Mendelssohn, die überaus frappirt davon war: Ich bin unansehnlicher als häßlich. So bin ich in allem. So wie manchmal Menschen keinen hübschen Zug im Gesichte, keine zu lobende Proportion am Körper haben, und doch einen gefälligen Eindruck machen; recht tadelnswürdige Gemüthseigenschaften haben, und doch angenehm sind; so ist es bei mir umgekehrt, ich könnte für die Untersuchung ganz hübsche Theile haben, die ich nicht habe, und wäre doch nicht lieblich. Ich bin nicht so unglücklich, als man denken sollte, wenn ich mir dies recht überlege; im Gegentheil dieses Denken macht mich sehr ruhig. Und ich vergöttere doch gewiß Schönheit, bete sie an. Kenne ihre ganze Macht, ihr ganzes Glück, was sie giebt und mit sich führt. Ich habe mir's ein wenig überlegt. Die Mißgeschicke, die unmittelbar vom Himmel kommen, ertrag' ich immer mit ganzer Seele, ruhig. Wo aber Unbill von Menschen ausgeführt mich befährdet, da ist meine Seele nicht zusammen, und dies kann ich gar nicht ertragen. Auch habe ich gefunden, daß ich das Allernöthigste, das Natürlichste, die rechtmäßigste Lebenserfahrung gewiß gelassen entbehren kann, wie ich noch von keinem sah; aber meine Ansprüche unter und an Menschen müssen mir nicht betrügerisch vorenthalten oder entrückt werden. Wo von Recht und Sitte die Rede ist, muß es mir gehalten werden; an offenbare Gewalt gäbe ich auch das ruhig hin; gestohlen aber mit Heuchlerworten und Thaten muß es mir nicht werden, und dieses Stehlen von Staat und Gesellschaft konnivirt werden. Mein Ehrgeiz geht bei mir über alles: diese Empörung halt' ich dafür. Denn n i e ist mir eingefallen, mehr als Andere sein zu wollen, oder ihnen ihr Recht nicht zu thun. —

*

RAHEL AN BOKELMANN IN CADIX

Berlin, den 18. Juni 1801. Donnerstag.

... Nach Tische ging ich n o c h einmal bei bedecktem Himmel, feuchtem kühlen Windwetter, mit meinen beiden jüngeren Brüdern — meinen Freunden — und einem himmlischen Mädchen, nicht weit von uns, die Linden auf und ab. „Ach Gott! ich habe Sorge um einen t h e u r e n F r e u n d! Zum erstenmal in meinem Leben unpartheiische Sorge; ich will gar nichts für mich; nur für ihn; er ist sehr weit von mir, und wird es i m m e r bleiben — aber die ganze Welt steht gegen mir — ü b e r mein' ich — als Feind, die ganze sichtbare, reizende, verführerische Welt, er ist so jung, und i c h und die Wahrheit! sollen dagegen kämpfen, beide nicht sichtbar, beide unscheinbar! A c h! Gott!" seufzte ich tiefer. So brach ich plötzlich in der Finsterniß aus, unbekümmert; niemand wußte wovon ich sprach; und ich wiederhole es, weil es mein älterer Bruder wiederholte, und wir lange darüber sprachen, und ich Ihnen nichts Besseres aus der Tiefe sagen kann. „Du machst ja ein Gedicht!" sagte er; ich hörte es wohl, aber ich merkte nicht darauf, und sprach noch mehr. „Ein ganz ordentliches Gedicht", sagte er. Endlich antworte ich; ich mußte mich ordentlich besinnen, auf andere Gedanken. „Ja! so muß auch ein Gedicht anfangen", sagt' ich,

„so mittendrin, immer aus Empfindung, aus Schmerz, weil's nun zu reden drängt, das ist die innigste, richtigste Ursache, daß es seinen Anfang nimmt." Ich setzte das noch sehr auseinander, wir sprachen viel darüber. „Du sagst oft was wie ein Gedicht", sagten die Brüder — ich hatte schon vorher vom Vetter possirliche und gute Dinge gesagt. „Ja, wie kommt das", sagte ich, „daß ich so oft etwas sage, und nie dergleichen mache; gar nicht machen kann." — „Weil Du nichts probirst", sagte Ludwig, „und weil Du nie elegant sprechen willst, nie Dich bemüht hast, eine elegante Phrase zu machen; wenn Du sie so sagst, so ist das, wenn es des Gedankens eigene Ründung so mit sich bringt." Das ist wohl wahr, aber es giebt noch andere Ursachen, die ich jetzt nicht finden kann. Wir gingen nach Hause. Mein geliebter Freund! mit welcher Sorge und heimlichen Angst ich! — Werden Sie immer — o! wie oft möcht' ich dieses Wort unterstreichen — denken, über jede Sache wieder, auch wenn Sie sich noch so oft durchgedacht haben, immer wieder durchackern? Sich von keinen geliebten, reizenden, geehrten Freunden und Freundinnen beherrschen, verführen lassen, niemanden, auch Bokelmann nicht, auf's Wort glauben, ewig ewig ackern, und arbeiten? nie rasten, und diese Pflicht nie verletzen? Werden Sie immer den Muth haben, sich durch Fragen und Zweifel zu verletzen? den reizendsten bequemsten Bau, der für's Leben hielte, zu zerstören? Werden Sie Fragen in sich, und nur an Sie aufwerfen, die jeden Freund, jede Freundin, jede Freundschaft, aus ihrem festesten Grundstein erzittern? Werden Sie sich nicht von einer einmal aufgestellten, schützenden, gut schützenden, und gut kleidenden Moral, und gut haltenden, beruhigen, einschläfern, oder gar zur Bewunderung reizen lassen? Werden

Sie sich nicht an eine gewisse Art sich auszudrücken, an eine Lieblingsnation, Sprache, Witz, gewöhnen, und ihrem herrlichen einfachen Geiste Pforten versperren? Werden Sie rastlos, ewig mit Unruhe und Angst vor dem Gegentheil, rege sein wollen? Werden Sie meiner und der ewigen Bewegung und Freiheit gedenken, werden Sie mich und die strenge, ewig untersuchende Wahrheit nicht vergessen? Werden Sie ernst in allem Guten und Würdigen bleiben, jeder z e i t sein und zu finden sein wollen, und immer zu jedem Spaß und Spiel aufgelegt bleiben? Mich nicht vergessen? und sich von niemand, von n i ch t s! als zur Liebe, aber nicht zu Glauben verführen lassen?! Werden Sie sich nie fesseln lassen wie man nicht soll, und Ihr Leben beinah unbewußt als Pflicht durchseufzen? Werden Sie nichts schätzen, bloß weil Sie's lange kennen und es alt ist; mehr, als es darum verdient, d a ß es alt ist und Sie es lange kennen? Werd' ich Ihnen in jedem lebendigen Spiel im Leben immer gegenwärtig sein, oder muß ich meinen Freund v e r l i e r e n! — Gestern zum erstenmal, nach der Beschreibung von Hamburg, und nach allem was ich weiß, und nach eines geistvollen Freundes Todtenerscheinung, ging mir das mit Todtenschritt, auf die einzige Weise wie es möglich ist, durch die Seele. Und welcher Schmerz im H e r z e n! Leider fühlt' ich wieder, daß ich von Ihnen abhänge, daß mein ganzer Muth und Trotz gegen alles Verlorne, von Ihnen herkömmt. Ich fühlte die alten Liebesschmerzen, die ich dieser Welt dachte überlassen zu haben, alle wieder. Aber anders! ich zittre a n d e r s. Lieben können Sie, wen Sie wollen, thun, w a s Sie wollen; sogar des lieblichsten Genusses Glück entsag' ich ohne s o l ch e n Schmerz, — ich will Sie nicht mehr sehen, — nur verändern Sie sich nicht, verstehen Sie mich immer, daß ich

Ihnen alles sagen darf, haben Sie keine Vorurtheile, bleiben Sie in jedem Sinne des Wortes frei! Dies ist mein Wunsch, meine Angst, mein Schmerz für dieses Lieben; das Gegentheil — mein Stolz, mein Glück. Wenn Sie sich verändern, muß ich Sie verlassen: mich hält kein Sterblicher mehr unwürdig auf. Wie ich Sie verlasse, gilt mir gleich; nur weg!

O! machen Sie mich nicht so unglücklich, wie eine Sterbliche sein kann; und wie ich mir vorgenommen habe es zu tragen. Nur nicht lügen, nur mir nichts mehr weiß machen, nur nicht konniviren. Bedenken Sie dies alles, theurer Freund; die bloße Möglichkeit hat mich ganz erschöpft. Adieu, bis übermorgen mehr. Dies ist mein sechster Brief.

Berlin, den 2. Juli 1801.

Gestern gegen Abend fuhr ich mit meiner Mutter und einem lieben Mädchen aus — von der ich Ihnen letzthin schon schrieb. — Im Wagen sagte mir meine Mutter: „Stell Dir vor! von Rose wieder keinen Brief, der Bediente sagt, er hat nichts, das ist unerhört.“ — „I! Gott! was wollen Sie denn auch beständig Briefe haben; sie h a t nichts zu schreiben, und sie hat Recht, was soll sie da immer s c h r e i b e n?“ — In dem Ton beide; wir waren noch nicht unsere halbe Straße hinunter, als ich meinen rothbäckigen jetzigen Liebling sehe, meinen jüngsten Bruder, aus Freundlichkeit schrei' ich nach ihm, und winke, der Kutscher versteht das unrecht, und hält an, der Junge sieht's; Mama schreit wieder: „Ich habe keine Briefe!“ — „Freilich!“ sagt er, er kam vom Komtoir, und reicht ihr ein Paket hin; zwischen dem „Freilich“ und dem Reichen hatte i c h aber schon

geschrieen: „Hab' ich keine?" und husch! ich hatte die
Briefe. — Espagne! sah ich auf einem. Ich las alle anderen, und glaubte, den wollt' ich ohne gerüttelt zu werden auf
dem Lande lesen; ich that ihn mit vermeinter und wirklicher
— denn ich hatte ihn doch! — Gelassenheit in meinen
Schoß; ich las ihn doch noch unterwegs. Lieber Bokelmann! wie rührt die Tollheit von Ihnen, der so gelassen
spricht, so wenig, und so stille Blicke hat, und solche stille
Gestalt; selbst der Größe nach so groß. Es soll mich doch
nur bedächtiger machen, was mir das ganze Herz aufregt,
und mich so süß beschämt; so! schmeichelt. Dies ver-
dien' ich nicht, dies ist Überfluß, Geschenk. Dies ist das,
wovon ich sprach. Für Sie will ich bedächtig sein, mein
theures Wesen. Liebe und Bewunderung entzündet ein Licht
in uns, bei welchem wir dann, ärger als blind, den Gegenstand sehen, bei dem uns das geschah. Das halt' ich nicht
aus, so will ich nicht von Ihnen gesehen sein! Verwechseln
Sie diese Sprache mit keiner, von der Sie je gehört oder
gelesen haben! Ich mag nicht verlieren bei Ihnen, niemals.
Seien Sie nicht eingenommen von mir! was ich davor für
eine eifersüchtige Angst habe! — werden Sie vielleicht nie
erfahren. Auch bin ich's nicht gewohnt, und das ist Recht. —
Wie lieb' ich jetzt jede Härte, und jedes Unrecht beinah, das
mir geschah. — Wie läppisch, süß und schwach — wie kan-
dirt, und geschmolzener Zucker — wird man dadurch in sich,
gegen sich und Andere. Wie unfähig sich zu freuen, wie ich
mich an Ihnen freue! — Sie irren sich, mein theurer Freund!
Ich bin nicht mehr — nicht mehr, klingt hier so dumm — so
leidenschaftlich, als Sie mich sahen. Der Stoff fehlt mir:
und für die Ewigkeit: wenn ich das Gedächtniß nicht ver-
liere. Sie hat sich anders wenden müssen, diese Leidenschaft-

lichkeit; sie existirt. Eine Sonne hat alle falsche Richtung hinweg gebrannt, sie ist als tiefer reiner Quell nur da, ein Reichthum für mein ganzes Leben. Sie sind nicht mehr allein ruhig: freuen Sie sich, mein liebes Wesen. Sie h a b e n sie mir mitgetheilt, die nicht mitzutheilende Ruhe. Ich wollt' es Ihnen schon schreiben, ehe ich Ihren Brief erhielt. Wenigstens bei mir war es so! — Man muß den Glauben an sich in dieser Welt mit dem Glauben an einen Anderen austauschen können; es muß ein Augenblick w i r k l i c h werden, wonach sich unser Busen hebt, worum wir weinen, betrogen werden können. Es muß sich Einer an dem freuen, was in uns nothwendig war, und unser niemals ruhendes Gewissen uns schaffen hieß: und so müssen wir wieder an seiner Arbeit uns freuen. Hierin liegt für mich die Nothwendigkeit der Liebe. Man darf und k a n n nicht lieben, in sich, was man fordern muß. Und es ist moralische Unzucht, wenn man sich selbst darum liebt; so ist es auch mit unserer organischen Existenz; nothwendig ist uns die Schönheit — sie ist die völligste Gesundheit — und genießen darf sie nur ein Anderer. Wie lieblich sind Sie mir dieser Andere! Was fordert man nicht noch alles, in den tiefen Verschanzungen der Brust heimlich! Wie schön wird's mir gewährt! wie nur das Glück beschenkt! eh' ich fordern kann. Lieber! haben Sie keine Furcht! Vom Leisten kommt oft Fordern; diesmal nicht. Ich wollt' es Ihnen schon lange sagen; werden Sie niemals bedenklich, wegen meiner leidenschaftlichen Art mich auszudrükken: meine außerordentliche Haltung im Leben und Gemüth kontrastirt dagegen sonderbar, und Sie können das nicht vorher wissen; eh' Sie ein Stück mit mir gelebt haben. Es entsteht nie eine Verlegenheit durch mich; keine oberflächliche in der Gesellschaft, noch eine tiefer in der Seele. Ich bin schnell, das wissen Sie, sehr gut, das wissen Sie auch, mit Seel' und Aug', und kenne nichts F ü r c h t e r l i c h e r e s, a l s eine Verlegenheit; nun urtheilen Sie, ob ich Sie immer für Andere vermeide. Die Sprache steht mir aber nicht zu Gebote, die deutsche, meine eigene nicht; unsere Sprache ist unser gelebtes Leben; ich habe mir meines selbst erfunden, ich konnte also weniger Gebrauch, als viele Andere, von den einmal fertigen Phrasen machen, darum sind meine oft holperig und in allerlei Art fehlerhaft, aber immer ächt. Wenn ich also von meinen Empfindungen spreche, so trage ich eigentlich doch immer ein schon verflossenes Leben vor; und dies geschieht denn ganz in meiner Sprache. Man hat aber nichts zu befürchten. Ich bin gelassen im handelnden Leben, wie Polonius n a c h dem Tod. Verstehen Sie's? Meine Ausdrücke verbinden zu nichts, ich sprach dann immer nur von mir, wenn's auch anredend geschieht, wenn's auch Titel sind, — immer nur so viel als man davon brauchen kann! Zu dieser M a c h rede bewogen mich, wie mich dünkt, meine letzten Briefe; und die, die ich schreiben will: denn ich mag mich nicht geniren. Nehmen Sie dies gut auf, Bokelmann! Warum sollen Sie nicht, soviel als möglich ist, au fait von mir sein, als ich selbst. Manches kann man nicht errathen; und da sag' ich's lieber. Trotz dem, daß es den Schein der Plumpheit wider sich hat. Ich befolge mir aber hier ein Gesetz, und ü b e r w i n d e mich; weil bei Plumpheit der Schein a u c h schon plump ist. Sie werden schon alles verstehen. . . .

Berlin, den 6. November 1801.

. . . Ihren heutigen Brief, bester Bokelmann, versteh' ich weniger als je. Warum hielten Sie sich verloren in einer großen schönen Leidenschaft? Was hab' i ch Ihnen für einen schrecklichen Brief geschrieben? Ich weiß von nichts. Sehen Sie, daß ich von weitem nichts tauge? Warum sollen Sie sich nicht vergessen? Ist das nicht das eigentlichste, lebendigste Leben? Warum wollten Sie sich schämen, warum sollt' ich Sie verdammen? Meine Zusprüche, wie Sie es nennen, sind für's Leben; ein- für allemal; damit Sie wissen, daß es so etwas giebt. Auch ich hab' Ihnen alles in Leidenschaft geschrieben! — und dafür ist es gut genug. Menschenverstand genug darin; selten wird so dergleichen nur so gut. Sehen Sie, ich will wahr sein: und ich fühle, daß ich Ihnen sogar dies s a g e n würde. So etwas hab' ich nie gefühlt. Ich bin auch v e r ä n d e r t. Wissen Sie noch, wie ich in Paris vor Ihnen weinte? Nun so etwas möchte nie mehr geschehen. Ein paar Thränen wohl; sonst kommt dergleichen Weinen nicht mehr wieder vor! Das würdigste Glück auf Erden ist, in mancher Beraubung immer zu leben. Das geschieht nur ausgezeichneten Menschen, nämlich solchen, die das kennen, was göttlich wäre; besitzen kann es niemand. Unsere Wünsche sind unsere Seele; der Genuß ist endlich, und allein das Wirkliche. Und wir sollten uns und allem, was leben muß, den Wechsel und jede Thorheit nicht gestatten? A n fangen muß man a n d e r s: besinnen muß man sich auch. Eine Thräne, zwischen einem Genuß und dem anderen, bleibt dem Zarten als Leitfaden, und Zeichen des Himmels auf der Erde. — Also viele Thränen wein' ich nicht mehr hintereinander. Überhaupt muß jetzt bei mir alles gut, oder schnell gehen. Es ist — ich habe schon oft daran gedacht — als wären Sie der letzte Mensch, zwischen meinem vorigen und jetzigen Leben. Mündlich könnte das schön und zärtlich und lieblich sein. So, klingt es sogar hart. Wenn Sie je an mir zweifeln, irren Sie sich. Mehr sag' ich nicht. Sie haben mich immer, wenn Sie mich brauchen, und wenn wir zusammen sind. Sind „die Schrecken der Abwesenheit wie Felsenlasten auf Sie gefallen?" Verstehen Sie sie? Nun ich kenne sie längst! Ich kannte sie v o r h e r. Das ist der Tod. Mit einem schrecklichen Träumen, wie Hamlet z w e i f e l t. Stürzen Sie sich in die schöne Gegenwart. Sind Sie nicht glücklich? Lassen Sie nicht Dintenstriche auf kaltem Papier Ihre Seele erschüttern, Ihre Sinne, wenn auch nur auf zwei Stunden zurückfahren. Es ist Zeit klug zu sein, wenn man arm ist. Und mit mir gewiß. Sie müssen sich nie „meines Andenkens scheuen, Ihrer Schwäche schämen". S c h w ä c h e „schmeichelt" uns am meisten, und geschmeichelt müssen wir sein; das weiß ein jeder, der's versteht. Ja! wenn's einmal gälte, die Welt zu retten, d a n n könnte man wohl so etwas aufgeben, aber so, ist's nur albern oder rasend. Auch ich schmeichle mir. Suche mir zu schmeicheln. Wie ich lebe, ist schwer zu sagen. Bald suche ich mir diesen, bald jenen aus; mich suchen immer ganz Andere: und in der Konfusion finden sie mich: ich — nehme nichts mehr genau, als was Andere betrifft, und sie schmerzen könnte. Aus Vorliebe und alter Bekanntschaft mit diesem Jungen. Dem Schmerz. In meiner Brust drängen und sterben die Menschen wie auf einem Schlachtfelde, keiner weiß vom Anderen, jeder muß für sich sterben, sie gehen vorwärts, sie schließen, und drängen sich weiter. Da ich den Frieden nicht will, und Menschen giebt's wie Sand am Meer; so trag' ich's wie die Erde: es weiß niemand, ob sie's schmerzt, vielleicht ist sie in Zusammenhang mit a n d e r e n Wesen!

Ich lese Ihren Brief, und Thränen kommen mir d o c h in's Auge. Was wollen Sie denn für „Trost über mich aus-

gießen"? Sie?! Sie erinnern mich, daß ich zu trösten bin, —
nein! das nicht, daß Trost ich nöthig hätte, und das, und noch
anderes, fährt mir wie Schmerz durch's Herz. Doch denken
Sie wie ich! „Das schadet nicht!" Je mehr ich schreibe, je
mehr haß' ich die Briefe! Wären Sie in Hamburg, wie Sie
in Cadix sind, ich schriebe unter diesen Umständen gar nicht.
Doch so sind Sie zu weit; und die Art der Unruhe zu derb.
„Aushalten soll ich's?" Wer hält nicht aus? — umbringen
thu' ich mich einmal nicht, — und wer schöner, mit mehr
Variationen, als ich? Ich bin oft vergnügt, eitel, befriedigt,
geliebt. Und immer zum Spaß aufgelegt. Und in meiner besten
und schlechtesten Laune, rechne ich dem Schicksal vorigen März
und April ungeheuer! und ewig dankend an. Es sei wie es will...

RAHEL AN BOKELMANN IN HAMBURG

Berlin, den 7. Dezember 1802.

Ich erschrecke nicht, daß Sie mir sagen, Sie werden so
lange wegbleiben: ich dachte es mir nie anders: und halte
unsere Trennung überall Einmal als eine Trennung. Ich
weiß nicht, was gut wäre, da die Dinge Einmal sind. Ich
habe auch nicht gefehlt; außer darin, meinem Herzen in
Paris Zwang angethan zu haben, — wie dies allein immer
nur ein Fehler ist. — Eine schlechte Geschichte wär's
freilich geworden, das wußt' ich auch damals besser noch als
jetzt. — Es ist ja aber hübsch, selbst schuld an schlechten Geschichten zu sein. Jetzt ist es auch mir lieb, Sie nicht wieder-
gesehen zu haben; und ich betrog willig bei Ihrer Abreise
mein schmerzenreiches Herz. (Es läßt sich doch betrügen.) Jetzt
ist alles wieder ohne Wunden und ohne Thränen; schon lange.

Ich bin auch etwas grausam geworden: Ihr Schmerz scheint mir kein rechter. Nein es ist nicht wahr; ich dachte nur nicht daran. Und dann scheinen Sie mir so glücklich gegen mich. Und, wenn Sie wollen, kommen Sie wieder. Ich b i n Ihnen gewiß. Ich wiederhole es; auch in dem Sinne, daß ich immer zu haben bin. Es wird Ihnen und mir noch viel Leben indessen zukommen; seien wir immer vergnügt! vielleicht wär's hübscher nur häßlicher. Davon bin ich ganz durchdrungen; so muß ich jetzt denken. Wenn Ihnen nur das Land, wo Sie hin müssen, nicht anfängt zu mißfallen; denn dies ist eins von den reellen Unglücken. Davon leb' ich jetzt ein Pröbchen. Jeder Stein, jede Anstalt, jeder Mensch, die Nacht, der Tag, alles was man haben kann, ist mir jetzt im größten Zusammenhang hier zuwider. Bald sind sie mir so, wie ich ihnen: s o gleichgültig, so zuwider! Ich seh' ziemlich viel Gesellschaft. Aber im Sinne des Wortes, ich sehe sie nur; keine Art von Verkehr mehr. (September alle Tage; oft, weil mir j e d e r so eklig ist, und ihnen zum Trotz.) In den finstern, klappernden, kurzen, schmutzigen, fröstlichen Tagen geh' ich g a r n i c h t a u s! Kurz, nichts erfrischt mich. In mancher Anstalt abonnirt, laß' ich die Billette liegen. Denn es ist nichts für mich; diese grade, wo ich sein sollte. Aber in meiner Seele ist Ruhe, in meinem Gemüthe Gleichgewicht, in meinem Geist die gehörige Schnellkraft wiedergekommen. Ich bin also sehr zufrieden. Seit acht Tagen kann ich etwas lesen: meine Gesundheit scheint sich sogar bei diesen u n g ü n s t i g s t e n Umständen zu affirmiren. So bin ich zwar ennuyirt, aber ein Hymnus wird dabei abgesungen. Ja, ich finde meine Gesellschaft und Umgebung unwürdiger, als sie je ein Anderer für mich finden konnte; und gebe von n e u e m meinen Freunden Unrecht. Ich mein' es in einem anderen Sinn. — ...

RAHEL AN URQUIJO

Süßer Liebling! Nein, Du weißt doch nicht, wie Du mir gefällst, wie ich Dich liebe! Die tiefste Seele ist mir bei Deinem Anblick erregt, und immer neu, immer eben so heftig. Dies macht mein G l ü ck. — Du sprichst zu meinem Herzen, Deine Gestalt, Deine Miene rührt es; und es irrte sich n i ch t: es erkannte einen Engel, den meine ganze Seele liebt. Ein ewiges süßes Schmeicheln, einen ununterbrochenen Zauber, gewährt Dein bloßer Anblick meinen Sinnen. D u gefällst mir immer, D u! O! lieblicher Freund, kenntest auch Du dieses Glück!! Die Hälfte besitzest Du, Geliebter; Du liebst mich ja, und vertraust mir nun! Nun wirst Du meine Seele erst sehen: meine reine innige Liebe! wirst meine Worte und Handlungen verstehen, und Deine Geliebte beurtheilen können. Du wirst mich g e w i ß einfach finden; und je tiefer Du erkennst, je mehr e i n s mit meiner Liebe. Alles was Du bizarr findest, reduzirt sich auf eine tiefe Liebe im Herzen, ohne weltliche Absichten. Ich mag sie nicht! — obgleich ich sie auch kenne. — Wir s i n d glücklich, und werden es sein.

Gott hat mir in die Seele gelegt, was Natur und Umstände mir für das Gesicht versagt haben. Ich wußte es; aber ich wußte bisher nicht, daß Gott mir das unaussprechliche Glück gewähren würde, das vollständige, das größte, diese Seele zeigen zu können, demjenigen, für den allein ich allen Reiz mit meinem Blut erkaufen möchte, für den allein ich lebe und schön sein möchte.

Wie ich Dich liebe, Deine Seele liebe! Glaube mir, ich erkenne, ich durchdringe sie; keine ihrer Regungen entgeht mir: die meine ist ihrer werth, und ich errathe, verstehe sie. D a s ist mein Geist, mein Witz; glaube nie, daß ich andern habe, nur diesen! Ich bin geschaffen Dich zu lieben, und das ist alles.

Welch Glück, in diesen Zeiten moralischer Erstarrung, z w e i Seelen, zwei Herzen zu finden, so zart und edel, so aufrichtig, unbefangen, einfach! Zwei, denn Du hast meines und Deines gefunden, und ich habe das Deine und meine. Welch Wunder, daß Du m i c h l i e b st! Ja, ich glaube es, aber es ist viel! Engel, wie lieb' ich Dich!

✶

AN DAVID VEIT IN GÖTTINGEN

Berlin, den 19. Februar 1794.

— Von Homer — o weh! denn es ist ordentlich ein S c h m e r z, so schön kommt mir die Odyssee vor! — Wie die Griechen von den Menschen sprechen — wie sie immer alles Letzte zusammenfassen und es ganz gemein sagen, damit es ganz groß ist und edel klingt — sie fassen immer alles, so wie es ist, und betrachten und erzählen's nur; den Menschen thun die Götter alles; das Fatum ist über die Götter; eine Macht erlegt die andere, und sie erzählen wie sie's leiden. Haben Sie bemerkt, daß Homer, so oft er von Wasser redet, immer groß ist, wie Goethe wenn er von den Sternen redet? Dem seine Sternreden sind Ihnen gewiß nicht so gegenwärtig, wie mir: in Iphigenie Oreſt, in den kleinen Gedichten „an Lida,‟ und noch unendlich oft in ſeinen beſten und geringeren Sachen. —

AN DAVID VEIT IN JENA

Den 12. December.

Sie haben mich auch gefragt, wie ich lebe. Wiſſen Sie's noch nicht? Bei allem was heilig iſt und bei meiner Ehre, „es iſt des An- und Ausziehens nicht werth, der Morgen weckt zu neuen Freuden nicht, und der Abend läßt keine Luſt zum Hoffen übrig.‟ — Manche ganze Woche bin ich zu Hauſe. Geſtört immer. Geben Sie mir keinen Rath! — Das kann mir nicht gefallen; daß aber die Zeit ſo ſtille ſtehen möchte, wünſch' ich doch: d e n n n u n kann's nur ärger kommen — wenn nicht Fortuna große Looſe herunter ſchickt; und ob ich gewöhnt bin, die von ihr zu erwarten, i ſt gar keine Frage — mündlich könnt' ich Ihnen das alles detailliren. Ich wünſche keinen neuen Sommer, keinen neuen Winter, nichts wünſch' ich als ich mehr. Denn voriges Jahr wünſcht' ich nur zu reiſen, weil ich krank war; aber jetzt bin ich ſeit acht Wochen geſund, und bedarf alſo das auch nicht mehr; als i ch möcht' ich auch nicht reiſen. Nichts wünſch' ich jetzt, als m i ch zu verändern, äußerlich und innerlich, ich bin nicht gut, gefalle mir nicht, und bin mich überdrüſſig; dazu werd' ich aber nicht gelangen, und ich muß ſo bleiben, ſo gut als mein Ge- ſicht; älter können wir beide wohl werden, ſonſt aber nichts. Die Konfuſion nimmt überhand; ich bin mit keinem Men- ſchen über keine Sache mehr einig: ich mache ſie immer noch größer, denn wenn wir uns nicht verſtehen, laß ich's dabei, und sage aus Hang und Passion meine Sache weiter, jene auch, und dann ist's das Höchste; schweigen thu' ich zu eben der unrechten Zeit. Dabei seh' ich doch viel Menschen, und erfahre alles, denn grade wo ich hin komme, sind Alle. Kein Vergnügen oder irgend eine Satisfaktion hab' ich gar nicht, und nie begegn' ich oder hör' ich was Interessantes; dabei muß ich mich noch für glücklich halten, daß es mir nicht noch ärger geht, wie es doch gar zu gut könnte. Auch fürcht' ich jede Veränderung. Ich bleib' auch immer mager: von Beaumarchais Narren muß ich doch nicht sein, die „dabei (bei Langerweile) fett werden" können . . . .

✳

AN GUSTAV VON BRINCKMANN

Berlin, den 5. Februar 1795.

Mit einemmale will ich Sie wenigstens über mich ganz einig machen. Je suis tout aussi malade, tout aussi bête, et amou . . . . — je ne peux pas écrire ce mot — jugez, si je suis affairée. Aber . . . . — ich schweige. Wenn Sie sich, si vous ne vous moquez pas; so ist das der ascendant, den ich über Sie habe. Ich verberge Ihnen meine bêterie, wenn ich schwach bin bleib' ich im Bette: und das giebt mir Stärke. Übrigens suchen Sie, mein Herr, mir den ascendant schon abzulauern: daß Sie sich so sehr schwach gegen mich stellen, mich so hoch über sich setzen; dadurch machen Sie mich zum Idole, und sich zum lebenden Menschen, dem es unter andern auch wohl thut, sich zu sammlen, zu bewundren, zu fürchten, zu beten. Ist nun der kleine Hausgott nicht von Gold oder Marmor, und glaubt in seiner gehirnlosen Brust seiner eignen Anbetung, so wird er sein eigner — und noch Andrer Narr. Ich habe mich, in der großen allgemeinen Weltnoth, e i n e m Gotte g a n z gewidmet; und so o f t ich noch gerettet worden bin, so ist es der, der mich gerettet hat, die Wahrheit. Auch von Ihnen soll sie mich diesmal retten: denn sie ist's, die mich zwingt, und mir zuredet, aufrichtig gegen Sie zu sein. Diese Aufrichtigkeit muß Sie beruhigen, befriedigen und verstummen machen. Oder ich bin wirklich werth, in einem Kapellchen zu stehen, und die Augen vor meiner eignen Glorie zu schließen. Votre amie la plus bête.

R. L.

*

AN DAVID VEIT IN JENA

Den 22. März.

. . . Ich bin krank. Nun sag' ich's selbst; und kann gar nicht wieder gesund werden, als durch Pflege. Niemand lebt, der mich pflegen würde, also muß ich's selbst thun, und wie mit Gewalt. Denken Sie sich die Pflege! denn ich bin krank durch gêne, durch Zwang, so lange ich lebe; ich lebe wider meine Neigung, wenn ich auch nur immer dagegen handeln seh. Ich verstell mich, artig bin ich, daß man vernünftig sein muß, weiß ich; aber ich bin zu k l e i n das auszuhalten, zu k l e i n, ich will nicht rechnen, daß ich keinen empfindlichern, reizbareren Menschen kenne, und der immer in Einer Unannehmlichkeit tausend empfindet, weil er die Karaktere kennt,

die sie ihm spielen, und immer denkt und kombinirt; ich bin zu
klein, denn nur ein solcher kleiner Körper hielt das nicht aus.
Mein ewiges Verstellen, meine Vernünftigkeit, mein einziges
Nachgeben, welches ich selbst nicht mehr merke, und meine
Einsicht, verzehren mich, ich halt' es nicht mehr aus; und
nichts, niemand kann mir helfen. Einmal kann man so etwas
sagen, erklären, demonstriren; ich bin nicht zu delikat; ich
hab's gethan, zwanzigmal gethan: indem ich rede, scheint
manche unbehülfliche Miene mich zu verstehen; aber vergeblich! hör' ich auf, und handle — weil ich Vernunft erwarte —
weiter, so ist's wieder vorbei. Meine Hülfe will geahndet
sein, und im ganzen Hause ahnd' ich nur; und da kann ich
nicht heraus; weil die Welt eingerichtet ist. Ich bin krank;
und muß mir selbst helfen. Ausruhen will ich mich auf'm
Lande; ich ziehe acht Meilen von hier bei Zehdenik mit irgend
einer Freundin oder meiner Line allein, so bald als möglich,
und fange die andre Woche schon hier zu baden an, bade dort,
geh' im Juli nach Freienwalde, dann wieder zurück nach Zehdenik, und bleibe, so lange man's auf'm Lande aushalten
kann. Baden will ich ein ganzes Jahr. Ausruhen muß ich
mich; hier tödten sie mich; und erst recht, wenn sie sich's einfallen lassen, mir helfen zu wollen.

— Ich geh' fast gar nicht aus; weil keine Luft mir gut
genug ist, alle Gesellschaft wo ich hinkommen kann, verhaßt, die Komödie eklig ist, und das Konzert auch. In Gesellschaft bekomm' ich unmittelbar vom Zuhören Ennui's- und
Anstrengungs-Schmerzen, im Theater dasselbe, und vom Zug,
im Konzert dasselbe; zu Haus von Lesen, Schreiben oder was
ich thue, wobei der Körper nur zehn Minuten lang in Einer
Richtung sein muß: zu dicke, zu dünne, zu warme, zu kalte
Luft, und jeder Affekt, macht mir ein Erbrechen, wie jeder

Schmerz, der nur ein bischen solide wird. Dabei vergeh' ich für Überdruß, — nun das halt' Einer aus! Die Reizbarkeit und Empfindlichkeit kann nicht höher steigen. Und doch! — I ch geh' auf's Land. „Der Erde näher, den erdgebornen Riesen gleich." Dann hatt' ich Ihnen so viel auf Ihre drei Briefe zu antworten, und das ist Mühe; und ohne das wollt' ich nicht; denn was sollten Sie ohne dieses Detail denken; und Ihnen das zu geben, strengt mich nicht wenig an, jeder Gedanke und das Schreiben. Nun verdammen Sie mich. Glauben Sie mir — verrückt bin ich nicht — ich f e h l e nicht gemein; es ist immer ein unumstößlicher Berg die Ursach, wenn man ihn auch nicht sieht: ich f e h l e n i c h t g e m e i n. Ich habe solche Phantasie; als wenn ein außerirdisch Wesen, wie ich in diese Welt getrieben wurde, mir beim Eingang diese Worte mit einem Dolch in's Herz gestoßen hätte: „Ja, habe Empfindung, sieh die Welt, wie sie Wenige sehen, sei groß und edel, ein ewiges Denken kann ich dir auch nicht nehmen, Eins hat man aber vergessen; sei eine Jüdin!" und nun ist mein ganzes Leben eine Verblutung; mich ruhig halten, kann es fristen; jede Bewegung, sie zu stillen, neuer Tod; und Unbeweglichkeit mir nur im Tod selbst möglich. Diese Raserei ist wahr, ist zu übersetzen. Lächeln Sie, oder fühlen Sie Thränen aus Mitleid, ich kann Ihnen jedes Übel, jedes Unheil, jeden Verdruß, d a herleiten: und mich dekontenancirt's nicht, lächerlich in eines Andern Augen zu sein. Diese Meinung ist mein Wesen; und das muß ich Ihnen klar beweisen, eh' ich sterbe. Die Satisfaktion kann ich mir nicht versagen. Ich will mir in Ihrem Namen antworten, und die Vernunft aus Ihrem Munde reden lassen. „Ja," würden Sie sagen, „es ist Ihnen das größte Unglück widerfahren, was Sie nur treffen konnte, Sie sind lahm: aber hören

Sie, sehen Sie, schmecken Sie, wenn Sie immer Ihren Fuß betrachten, so sind Sie's ja selbst, die sich lahm machen." Ja, wenn ich aus der Welt leben könnte, ohne Sitten, ohne Verhältnisse fleißig in einem Dorf. Ja, würde der Lahme sagen, wenn ich nicht zu gehen nöthig hätte; ich habe aber nicht zu leben, und jeder Schritt, den ich machen will, und nicht kann, erinnert mich nicht an die allgemeinen Übel der Menschen, gegen die ich gehen will, sondern ich fühle mein besonder Unglück noch, und doppelt und zehnfach, und eins erhöht mir immer das andere. Wie häßlich bin ich nicht dabei; ist denn die Welt klug, sagt man denn: „Der Arme ist lahm, bringen wir dem Armen das entgegen, ach wie schwer muß ihm jeder Tritt werden, man sieht's!" Nein; sie achten seine Tritte nicht, weil sie sie nicht machen, sie finden sie häßlich, weil sie sie sehen, und bringen ihm nichts entgegen, weil ihnen seine Mühe nichts schadet, und ihre eigne ihnen entsetzlich ist. Und der Lahme, zu gehen gezwungen, sollte nicht unglücklich sein? Hab' ich je ein lahmes Gleichniß gesehen, so ist es dieses; es hinkt so, daß man mein Unglück nicht im geringsten daraus ersehen würde, wenn man's nicht kennt....

Berlin, den 1. Juni 1795.

... — Warum wollten Sie verlegen, kalt oder anders sein als sonst, wenn Sie mich sehen? Mich dünkt es ist alles noch so wie es war. Überhaupt erinnere ich mich nie, ob etwas vor einer Epoche, in der wir uns gesehen, oder nachher vorgegangen ist. Ich behalte nur das Total, wie ich mit einem Menschen stehe, und wie er ist. Ist es aber bei Ihnen anders, und Sie könnten wirklich verlegen sein, so sein Sie höflich. Das ist meist nützlich, und nie schädlich. — Warum wollten

Sie niemanden einen Brief ganz von mir zeigen? mir würd'
es gleich sein, nichts davon darf scheuen gesehen zu werden.
Wollten Sie etwa die Wahrheiten, die ich Ihnen manchmal
sage, oder die Art, wie wir mit einander sind, nicht sehen lassen?
Ich versteh das nicht. Könnt' ich mich nur den Menschen
aufschließen wie man einen Schrank öffnet, und, mit Einer
Bewegung, geordnet die Dinge in Fächern zeigen! Sie würden gewiß zufrieden sein; und, sobald sie's sehen, auch verstehen. Warum wollten Sie nicht einen Brief ganz von mir
zeigen, und lieber alle verbrennen? Ich kann mir gar keine
Ursache denken. Besinnen Sie sich nur auf die Wahrheit, sie
ist manchmal schwer zu finden. . . .

✳

AN GUSTAV VON BRINCKMANN IN BERLIN

Töplitz, den 14. August.

. . . Denken Sie sich — wie ich hier lebe; (um diese Gräfin
Pachta bin ich hiergeblieben, und um zu brauchen, um Luft,
Gesundheit, um viele kleine Ursachen — Goethe sagt, im
Götz, jedes Ding hat ein paar Ursachen —) ich wohne aber
nicht b e i ihr, sondern neben ihr an, ganz allein mit e i n e m
Mädchen, esse Mittag und Abend allein, kurz, bin Wind und
Wellen überlassen: und komme mir doch nicht verlassener als
zu Hause vor. So verlassen schein' ich mir immer. Ist es
Glück, ist es Unglück: ich weiß es selbst nicht. Ich will's in-
dessen für Glück halten — da man doch alle Tage unglücklich
werden kann, so ist doch besser, man ist's vorher. Überhaupt
sollte man ordentlich meinen, ich sei jetzt glücklich; und ich

kann doch nur nicht mehr wünschen; und weiß es giebt kein
Glück, will lieber einmal dumm, als in Schmerzensgefühl
leben, mich wieder gesund werden lassen, und neue Ideen
sammlen. Das ist alles. Ich weiß nicht, es ist als wär' vor
v i e l e n J a h r e n etwas in mir z e r b r o c h e n worden,
woran ich n u n selbst eine boshafte Freude hätte, daß man es
doch nun nicht mehr zerbrechen kann, und nicht daran zerren,
schlagen; obgleich es nun ein Ort geworden ist, wo ich selbst
nicht mehr hinkommen kann. (Und ist ein s o l c h e r Ort in
einem, so kann man gleich nicht glücklich sein.) Ich kann mich
auf nichts mehr besinnen; und gelingen mir Kleinigkeiten
nicht, so muß ich i m Augenblick mir so eine Raison darüber
machen, daß es kein Anderer glaubt, und ich mich darüber
erschrecke. Glauben Sie nicht, daß ich im Enthusiasm spreche
und etwas vergesse; nein, ich denke wohl an Goethe. Ich weiß,
daß wenig Menschen so deutlich und dunkel Glück fühlen
können, — ich weiß nur nicht mehr was welches ist — aber
weniger hat mich das rohe — Vollgefühl — lassen Sie mich
dieses Wort brauchen — ihn zu sehen und zu genießen, beglücken können, — denken Sie sich dieses Leider! nach s o l -
c h e n Wünschen — als der vernünftige Gedanke, nun bist du
doch auch einmal glücklich, du hast doch auch Glück, so ist das
lange Leben doch durch einen Punkt f ü r d i c h. Denn es ist
schrecklich sich für die einzige a l l e s verunglückende Kreatur
halten zu müssen; und das that ich, denn a u ß e r d a s ist
mir m e i n e s Wissens nie etwas geglückt. Nun hab' ich noch
dabei die Idee, daß jedes und alle Dinge e i g e n t l i c h zu
etwas Gutem geschehen, — wenn es auch erst in Ewigkeiten
dazu wird — Thorheit ist das gradezu nicht, denn ich kann
auch anders denken — das ist aber immer die Hauptsache, um
die es ganz so und nicht anders geschieht, und dann hat's noch

durch Harmonie guten Einfluß auf alle Nebendinge. Die Hauptsache schien aber, diesmal, ich mir. Denn was konnte einem sensationsfähigen Geschöpf lieber sein, also wozu Goethe's Reise n o ch besser, daher bin ich die Beste, diesmal, und um mich ist diese Wunderbarkeit geschehen — wie denn jedes Evenement eine ist, weil es so und nicht anders geschieht — ich mußte mich Dienstag entschließen, Mittwoch nach Karlsbad zu gehen, mußte plötzlich einen neuen Karakter bekommen, starkes Hüftweh einen Tag vorher; Goethe, der in eilf Jahren nicht in Karlsbad war, mußt' auch denken, und hinreisen, in diesen kleinen Berg-Einschuß, wo ich grade bin, und die Welt ist so breit, so groß. Und das ist nicht Wunder? das ist nicht Glück? Zwar — heut, könnten Sie glauben, sag' ich Ihnen alle meine Thorheiten — ich habe immer eine Idee. Nämlich ich kann mir eigentlich gar nicht erklären, was Bewegung ist. Wenn ich nach etwas lange, greif' ich es, und nehme es. Ja das ist gut; aber wie i s t das. Nun denk' ich mir immer, alles hat Wirkung, was nur so existirt und geschieht: und Wünsche sollten keine haben? Ich denke mir immer, Wünsche mit Sinn, gute Wünsche, von den wahrinnigen, wo man so denkt sie müßten Sterne herabziehen, und die ganze Welt wäre doch eigentlich dazu eingerichtet, müßten auch was zuwege bringen können. Ich denke mir, sie gehören so in die Harmonie der Dinge, daß sie auch wirken. Denn obgleich nichts recht ist, so sieht man doch, in dem Wirrwarr der krummen Linien, die graden, die sie machen sollten. Und mich dünkt, beharrliche Wünsche können auch etwas. Oder war d a s nicht eigentlich das g r ö ß t e R e c h t, daß ich Goethe sah. Wer soll ihn denn sehen, immer seine Wäscherin, und Hausknechte, und vornehme Leute, und Menschen, die über den Ursprung der Steine und über Recht schreiben und ꝛc.?

… Wollen Sie wohl einen Gedanken, den ich hatte — Sie haben mir dies schon so lange proponirt — in hochtrabende Verse oder Reime bringen? ohne Reime, glaub' ich, wär's noch hübscher. Es war nämlich vorgestern Illumination hier, und wir saßen an Einem Ufer des Teichs, um sie am andern zu sehen. Ich aber, anstatt die Lampen anzusehen, sah fleißig in's Wasser und an den Himmel; und da stand oben ein heller schöner Stern, hoch und unbeweglich. Im Wasser war er auch schön, aber er rührte sich mit dem Winde, wechselte oft seine Form, und war manchen Augenblick trüb. Da fiel mir ein, so sei's mit den Menschen; man beurtheile sie weit von sich ab, in ihren Verhältnissen, da müssen sie sich regen und bewegen, haben keine Form, und scheinen trübe. Indeß man sie eigentlich gar nicht sieht, die fest stehen müssen wie der Stern, wir sehen nur immer ein windiges bewegtes Wasser, und heben den Kopf nicht in die Höh. Mir gefällt der Gedanke: und daß er mir eingefallen ist, dafür kann ich nicht. …

∗

AN DAVID VEIT UND HORN IN JENA

… Sie haben mich glücklich gemacht, meine Herren! Mit Goethe. „Ich hofft' es, ich verdient' es nicht." Beinah möcht' ich sagen, ich faß' es nicht. Nämlich, ich wundere mich so. Wie so kann er wissen, daß ich Empfindung habe!? Niemanden hab' ich mich in meinem Leben weniger in irgend einer Art zeigen können, als ihm. Durch Zeitumstände; und Menschen; liebe Menschen. Doch schweigen wir **davon.** Wie von allem Redewerthen. Er ist Goethe. Und was ihm scheint und er sagt, ist wahr. Von mir selbst glaub' ich ihm. Ich seh ihn schon einmal wieder, das andere Kurjahr. Wenn Sie ihn, vor Berlin, sehen, Horn, so grüßen Sie ihn, von dem Menschen, der ihn **immer** angebetet, vergöttert hätte, auch wenn ihn **niemand** rühmte, verstünde, bewunderte. Und wenn er sich wunderte, daß ein gemäßigtes Mädchen ihm eine anscheinende Extravagance sagen ließe; so sollt' er's nicht thun, und lieber bewundern, daß sie ihn so respektirte, daß es **einen Respekt gäbe,** der sie allein zurückhielte, es ihm nicht zu **sagen.** Sagen Sie ihm, es wäre nicht Affektation, sondern Pflaumenweichheit! Überhaupt könnt' ich nicht dafür, daß die Andern alles affektirten, was ich im Ernst meine. Hab' ich Recht? Ja, ja, ich bet' ihn an. —

Anmerkung: Veit hatte an Rahel geschrieben:

— „Den zweiten Tag nach unsrer Ankunft war Ball, und Goethe kam mir entgegen mit den Worten: „Nun, wie geht's Ihnen denn, lieber Herr Veit? Sie haben sich hierher gemacht; sehr recht. Wo kommen Sie denn jetzt her" u. s. w. Als ich ihm hierauf geantwortet hatte, und ihm sagte, daß ich in Töplitz acht Tage gewesen, und hingereist wäre, um Sie zu sprechen: „Ja, da haben Sie wohl recht gethan, versetzte er, wenn Sie sie in langer Zeit nicht gesehn hatten; freilich — Ja es ist ein Mädchen von außerordentlichem Verstand, die immer denkt, und von Empfindungen — wo findet man das? Es ist etwas Seltenes. O wir waren auch beständig zusammen, wir haben sehr freundschaftlich und vertraulich mit einander gelebt." Zu Horn, der sich ihm von selbst präsentirte, hat er gesagt, Sie hätten stärkere Empfindungen, als er je beobachtet hätte, und dabei die Kraft, sie in jedem Augenblick zu unterdrücken; und noch mehr, (ich war nicht zugegen)." — —

Jena, den 3. September 1795.

Horn hatte so berichtet:

— „Wenn es uns auch gleichgültig ist, die Meinung der Menge von uns zu erfahren, so ist es uns desto interessanter, die Meinung eines liebenswürdigen und geliebten Menschen zu hören; hier ist sie! — Ich sagte — ich weiß nicht mehr was, und wüßte ich es auch, wär's doch hier unbedeutend — darauf antwortete Goethe: „Ja, es ist ein liebevolles Mädchen; sie ist stark in jeder ihrer Empfindungen, und doch leicht in jeder Äußerung; jenes giebt ihr eine hohe Bedeutung, dies macht sie angenehm; jenes macht, daß wir an ihr die große Originalität bewundern, und dies, daß diese Originalität liebenswürdig wird, daß sie uns gefällt. Es ist nicht zu läugnen, es giebt viele wenigstens original scheinende Menschen in der Welt; aber was sichert uns dafür, daß es nicht bloßer Schein ist? daß das, was wir für Eingebungen eines höheren Geistes zu halten geneigt sind, nicht bloß Wirkung einer vorübergehenden Laune ist? — Nicht so ist es bei ihr; — sie ist, so weit ich sie kenne, in jedem Augenblicke sich gleich, immer in einer eigenen Art bewegt, und doch ruhig, — kurz, sie ist, was ich eine schöne Seele nennen möchte; man fühlt sich, je näher man sie kennen lernt, desto mehr angezogen, und lieblich gehalten." — ...

AN DAVID VEIT IN PARIS

Berlin, den 15. November 1798.

Sie werden Adresse, Format, Hand, nichts mehr erkennen; und es sind Ihre zwei Lieblinge, die Ihnen schreiben. Lindner und ich. Wie liebt er Sie! v e r liebt ist er noch immer. Vorige Woche trat er zu mir in's Zimmer; unser z w e i t e s Wort war Veit, und dabei blieb's. Ich machte gleich den Vorschlag zu schreiben, er that es gleich, ich jetzt. Wie schmerzlich, mein Freund, vermissen wir Sie! Wir haben uns immer lieber, und denken dadurch ein Drittes hervorzubringen und das sind Sie. Wie gegenwärtig sind Sie uns auch! wie sind unsere Gedanken immer bei Ihnen; ach! so gewiß und Sie fühlen's doch nicht, bis Sie diesen Brief lesen. Wir w i s s e n, daß Sie ohne uns nicht recht glücklich sein können. Wir sind's auch nicht. Lindner hat mir Ihren letzten Brief vorgelesen! — ist es nicht so g u t , als ob Sie ihn mir geschrieben haben? Es gefiel mir, daß Sie mir nicht schrieben. Schreiben soll man sich auch! Ich war gewiß von Ihnen. Waren Sie's denn von mir auch? Nein. Sie kennen die ganze Seele nicht, die lieber in ihre Vernichtung, in die schrecklichste Existenz willigen würde, als darein, daß es ihr möglich sein sollte, ehrenvolle Dinge — so muß ich sie nennen — zu vergessen. Ich bin wie ich w a r , Veit. Sie können mir grade in die Augen sehen, und Sie werden sie besser finden. Lindner sagt's auch. Ich bin auch besser. Überzeugter von dem, was in mir war: überzeugt, daß es unumstößlich ist, und zufrieden damit. Ich putze es aus, ich pflege es, ich liebe es. Schmerz? — ist zufällig, könnte auch eben so gut Freude sein. Darum ertrag' ich ihn mit Thränen, aber willig; nicht allein, ich k a n n nicht, ich m a g auch nicht mehr tauschen. Er macht mich nicht mehr mißvergnügt, er macht mich klar und macht mich stark. Und vieles schmerzt auch nicht mehr. Sie würden zufrieden mit mir sein in jedem Betracht. Die ganze Scala meiner Seele giebt reine Töne an, obgleich man s ch r e ck l i ch! mit den Saiten umgegangen ist. G l a u b e n Sie, schrecklich; sogar zum Er= zählen wär's schrecklich. Man ist entweder dem Wahnwitz, oder dem Tod, oder der Genesung ausgesetzt; mir sind die bei= den ersten nicht widerfahren. Ich bin besser, kann ich auch nicht sagen; ich bin jenseits, möcht' ich sagen. Verstehn Sie? Vom Schicksal beschimpft, aber nicht mehr beschimpfbar. Un= glück ist Schimpf vom Schicksal. „Er komme und sage mir es noch einmal," sagt Gräfin Orsina. Ich bin wie ich war, und nie, nie! sollen Sie mich verändert finden; und fänden Sie mich im Tollhause eine papierne Krone auf dem Haupte, er= schrecken Sie nicht, Sie finden die Freundin wieder. Die Freundin alles Guten, die Liebe, das Streben darnach; ganz aufgelöst, zerstört, n i ch t wieder müßten Sie mich finden, um mich anders zu finden.

G e g l ü ck t ist mir nichts, seit ich Sie nicht sah. Ich bin noch in derselben Lage. Im Gegentheil, drei Freundinnen, worin ich die Humboldt mitzähle, sind mir entkommen, zu denen ich flüchten wollte; die eine heirathet einen schwedischen Baron, meine Freundin in Prag hat eine ernste Verbindung, die ihr jede Empfindung und Zeit einnimmt. Ich bin oft ohne Unterstützung, aber nicht allein; Sie wissen, wie ich aus dem Menschen spinne: aber ohne Freund, kurz, ohne jemand, der mich ganz erräth. Lindner war mir so lieb! Ich hatte mich so s ch n e l l an ihn gewöhnt; ich muß ihn wieder verlieren! ich treib' ihn sogar. Er hat eine Verbindung. — Veit, jetzt soll= ten Sie mich sehen! jetzt weiß ich erst, wahr zu sein! und das ist noch gar nichts gegen die Idee, die ich davon habe. Das quält mich oft; es gehört Geschicklichkeit, Verstand dazu, wahr zu sein. „Nur die Galeerensklaven kennen sich." Goethe und das Leben ist mir noch immer Eins; ich arbeite mich in beide hinein.

Sein Sie guten Muths; wir sehen uns gewiß, wir leben gewiß noch mit einander. Wer nur gelassen ist, und dem's nur auf ein paar Jahre nicht ankömmt! Uns, mir, muß die Gelegenheit auch noch kommen: und am Ende will ich, das ist die beste Gelegenheit. Ein bischen später kann man wollen. Sein Sie vergnügt! Sie haben Freunde! — nach I h r e r Definition; Sie sind ein Freund und geliebt. Mir sind viele Menschen von Gehalt und guten Eigenschaften aufgestoßen: einer hat diese, einer jene, aber keiner „widersprechende gute" (ich zitire S i e), also kein großer Mann. Vivent! die Jugendfreunde! Sie! und wir! ...

*

AN GUSTAV VON BRINCKMANN IN PARIS

Berlin, den 9. März 1799.

... Mein lieber Freund! geht es Ihnen schlecht? Mir auch! (Ich w o l l t e Ihre Briefe wieder durchlesen, aber ich habe die Kraft nicht; sie liegen alle neben mir.) Ich werde aus dem Gedächtnis schreiben. Es geht mir schlecht! und ich w e i ß nicht, wie es mir ohne den Gedanken gehen würde, daß die Humboldt wiederkommt. Rasend werde ich nicht, und umbringen thu' ich mich auch nicht; aber ich sterbe aus langueur und das thu' ich jetzt auch. Heirathen sagen Sie. Ich kann nicht heirathen; denn ich kann nicht lügen. (Denken Sie nicht, daß ich mir etwas darauf einbilde: ich kann nicht, wie man die Flöte nicht spielen kann.) Sonst thät ich's jetzt. Ich würde mir zur tâche und zum Lebensplan machen, einen Mann glücklich zu machen, der mich aus allen seinen Kräften liebt, und den meine Gegenwart schon beglückt. Aber ich kann mir keine Außerung der Liebe für ihn abgewinnen: und es geht also nicht. Es ist ein braver, rechtlicher, gescheiter Mensch, ohne Vorurtheile — aber m e i n e fehlen ihm — er denkt, man liebt, sieht sich betrogen, und nimmt einen konvenablern, der einem en gros alles anbietet, was man vernünftig fordern kann, und von dem man mehr, als er je ein Weib lieben konnte, geliebt ist. Es ist ein kluger, und ein nobler Mann; was weiß er aber alles nicht! — ich wäre fremd bei ihm; und er heimisch bei mir. Das täuscht ihn auch; und das verführte ihn. Das ängstigt und schmerzt mich auch, ich hätte ihn nicht heimisch sollen werden lassen. Kaum aber — ich weiß das auch — kann ich d a s wehren. Noch auf eine Manier kann ich heirathen, wenn ich dem Menschen fast gleichgültig bin, und e r a l l e seine Freiheit behält, und mir seine Person gefällt, Das fühl' ich, und weiß ich deutlich. Vorurtheile muß er schon einmal nicht haben, sonst halt' ich's nicht aus. Tugendhaft will ich gern sein: das bin ich jetzt auch — und bin zu nichts anderm gemacht — nur zum Lügen muß mich ein dummer Mann nicht zwingen können, und ich mich stellen müssen, als ob ich ihn ehrte. Reden muß ich können, was ich will: und mein Lästern muß er lieben; und wenn ich ihn ehren könnte! was i ch ehren nenne!! — ich g l a u b e, ich weiß nicht — ich wäre n o ch glücklicher, als durch die Liebe. Nun hab' ich auch Ihnen g e s a g t, was Sie längst wissen: und das Diplom des Freundes schriftlich ausgefertigt. Das wollt' ich; das verdient der Staël-Brief, wo auch Sie mich so besonders auszeichnen. (Ich lese ihn nicht, aber ich weiß.) Sie schreiben mir darin, (ich lese ihn doch!) Sie schreiben mir, Sie lieben mich in der Entfernung inniger und treuer, ich glaub' es Ihnen. Sie haben auch eine von den in sich wahren Menschen gefunden, die es nie aufhören können zu sein, und die ein scharfer Verstand über sich selbst erhellt, und ihnen Rechenschaft ablegt; das s i n d Freunde: das haben Sie erkannt, und für ewig. Kein Wust, kein Mißverstand konnte da nicht stören, kein Rost ansetzen. Auch ich wußte es immer. Und oft was Kälte schien, war S t o l z — heißt Freude — und sécurité. Ich schicke Ihnen das erste Blättchen dieses Briefes mit, das mich so r ü h r t e , und schmeichelte — Sie schicken mir es gleich wieder — schmeichelte, sag ich, die Schönheiten der Natur schmeicheln uns auch; ich v e r - st e h e unter Schmeicheln nichts Falsches. Jeder reine Genuß schmeichelt, ist eine Schmeichelei des Schicksals; welches uns eben so gut a l l e s versagen kann. Verstehen Sie mich? wenn ich mich gehen lasse, werde ich unverständlich. Ich beantworte nun Strophe nach Strophe Ihren Brief — ich antworte eigentlich schon den ganzen Winter in mir —; Brinckmann, Sie schreiben mir meisterhaft über die Staël, und eine Ungeduld ergreift mich, daß ich's nicht kann drucken lassen. Zwar würden es dann auch die Letzten lesen, aber die Ersten auch. Ich habe Sie ganz verstanden, glauben Sie mir's! Lehren Sie sie deutsch. Sagen Sie ihr, sie hätte au fond de l'Alle= magne eine innige Anbeterin; sie wäre mir in der unglück= lichsten Epoche meines Lebens wie ein Gott zu Hülfe gekom= men; la terre m'avait manquée sous mes pieds, da hätt' ich dies in ihrem Buche sur les passions gelesen, welches Sie mir gaben: à vingt=cinq ans la terre nous semble manquer sous nos pieds," unsre Freunde, unser Geliebter

verläßt uns — „wir müßten unser Glück in Lieben finden, das
könne uns niemand rauben," wie ich das las, kannt' ich sie, und
gelobte ihr Liebe. Es giebt kein Glück: es giebt nur Sieg, und
Plaisir. Hierin hat man ewig zu wählen, oder vielmehr nur die
Natur, ob sie uns eine blonde oder brünette Seele mitgiebt.
Sagen Sie ihr, sie soll mich nicht verachten, weil ich ein Frau-
enzimmer bin: auch bei mir hätte es schwer gehalten, sie gelten
zu lassen. Sagen Sie ihr, ich kenne sie wahrscheinlich besser, als
irgend jemand, mit dem sie je liirt war. Sie wissen, was bei
mir Goethe ist. Alles, mein ganzes inneres Leben, und er, —
ist Eins bei mir. Aber ich glaube nicht, daß ihr Goethe geholfen hätte; freilich wenn sie ihn verstanden hätte, so hätte sie
das andere auch gewußt, und ein Probirstein ist er, ausbilden
thut man sich durch ihn, der Stern im Leben ist er, aber ohne
ihn muß man alles sein. Vielleicht, wenn sie eine Deutsche
wäre. Im Grunde — muß man alles von selbst sein. Ihr
Staël-Brief endigt, ich soll manchmal mit unsern Freunden
von Ihnen sprechen — wenn ich Ihnen nun sage, daß alle
Abend — wenigstens — die Rede von Ihnen ist; daß wir Ihrer
bald leichter, bald ernster, und immer mit Liebe gedenken.
Die Liman, meine Schwester, alle sind wir Ihnen gut! Sie
leben immer unter uns: ach! und wir hoffen, Sie kommen
wieder. Wenden Sie alles an! Selbst meine Mutter, wenn
sie mir vorrechnet, ich habe alle Freunde verloren, kömmt
Brinckmann an die Spitze. Wo sollten Sie uns auch nicht
einfallen; wer ergriff alles leichter, durchsah es besser, und
war voll schonenderer Rücksichten, und w a h r e r Höflichkeit,
wem stand besser seine Laune zu Gebot, selbst im Schmerz!
Ich lese Ihren zweiten Brief; der mit dem Staël-Brief zusammen kam. Darin schreiben Sie mir, Sie sind verwaist,
traurig und muthlos, und setzen hinzu: „Ich fühle, daß ich

diese Klagen eigentlich bloß in den Schooß einer schwachen gutmüthigen Freundin ausschütten sollte — Sie sind freilich nicht s ch w a ch, aber Sie sind außerordentlich g e s ch e i d t und d a s ist beinah das Nämliche." Auch begehren Sie keinen Trost u. s. w. Wie können Sie mir d a s schreiben? Kennen Sie mich nicht? Ich zeige eine harte, rohe Außenseite, weil ich es sonst nicht aushielt', und die Andern mit. Wenn i ch meine Wunden z u r S ch a u tragen sollte, wie die Andren — ihre Ritze —, es wäre eine Schlachtbank. O! glauben Sie nicht, daß das, was ich Ihnen sage, übertrieben ist. Darum bin ich nur so erschrocken, wenn mir etwas widerfährt, weil es auf ewig ist. Ein zartes Gemüth beleidigen, heißt es verderben. Wem sollen Sie sonst etwas sagen, als mir! d a z u bin ich gemacht. Schon oft dünkte mich, wenn ich mir nichts mehr denken konnte, und ich denk' es eigentlich; darum hab' ich nur eine solche Seele wie ich habe, darum widerfuhr, bis auf die geringste Kleinigkeit, mir alles so, und nicht anders, damit ich verstehen soll, was jeder fühlt, und was jedem fehlt, das ist der einzige Menschentrost, der andre kömmt von Gott! von der g a n z e n Welt, in aller ihrer Ausdehnung und Bewegung. Um keine Gabe will ich geachtet sein, keinen Vorzug will ich genießen, alles ist ein Talent, aber dies ist ein selbsterrungenes, eine e i n z i g e Gabe! um diese müßte man mich auszeichnen, ehren; i ch liebe mich darum. Und alles tadelt mich darum. Ich trage d i e s leicht; aber verächtlich ist es mir. Darum appuyire ich darauf, wenn man mich verkennt. Ich bin zu reich, um zu prahlen (pour étaler), und aus w a h r e r Bescheidenheit thu' ich's nicht; sie sind mir alle zu arm, und ich sollte noch Kostbarkeiten zeigen? "Frech wohl bin ich geworden, ihr Götter wißt, und wißt n i ch t allein, daß ich auch fromm bin und treu." Das sei mein Epitaph.

Wenn wir uns nicht wiederſehen, oder wenn wir uns auch
wiederſehen, ſehen Sie dieſen Brief als mein Teſtament an.
Er iſt mit einer Wahrheit geſchrieben, wie man auf dem
Todtenbette ſpricht — vielleicht glauben Sie aus Furcht, Gott
behüte! — weil man's da nicht mehr der Mühe werth hält
unwahr zu ſein. Zeigen Sie der Humboldt dieſen Brief, wenn
Sie wollen. Sie ſchreiben mir ferner, Sie wären „kindiſch"
und „toll mit Methode"? nun, toller, kindiſcher, kurz ärger
als ich ſelbſt, iſt nichts. Ich bilde mich aber ſehr; ich will nicht
mehr mit Gewalt glücklich ſein; und weiß, w i e ſo ſich wider-
ſprechende Dinge nicht vereinigen laſſen, als das äußere und
das innere Glück; nur eine harte Wahl bleibt dem Menſchen,
und das iſt, selon moi, ſein freier Wille, von dem man ſo viel
ſpricht. Bei Manchen geht d a s nun freilich zuſammen, und
auf Augenblicke immer nur, und ſähen ſie g a n z genau nach,
nie. Meine Fähigkeiten ſind immer noch nicht angegriffen,
und daher bin ich immer noch gut, epiſch geſtimmt. Je suis
rassie, a b e r, t r a u r i g! und bei guter Laune, h ö ch ſt ver-
wundet; und über dies und über mich ſelbſt erhaben. Daraus
werden S i e klug; ich bin's. Ich ſchreibe ſo garſtig. Das hält
mich auch zu ſchreiben ab, wenn es mir darauf ankömmt, das
zu ſagen, was ich will ...

... Meine Freiheit iſt im Grunde groß. Nichts ſetzt ihr eine
Gränze, als mein Vermögen, und wer fände die nicht endlich.
Wiſſen Sie, wie viel Geld ich mir jetzt wünſche, außer „das
viele"? So viel, ein Findelhaus zu errichten. Dann nähm'
ich mir Kinder heraus, die mir wohlgefielen, zum Erziehen;
und das wären m e i n e. Adieu mon ami! Seien Sie nicht
zu dankbar, lieber Brinckmann, und leben Sie wohl! Jetzt
geht der Frühling an. Die Sonne ſcheint recht, Adieu! ...

AN GUSTAV VON BRINCKMANN IN HAMBURG

Berlin, Juli 1800.

... Sonntag war Jean Paul bei mir: ich war launig — ich hatte grad acht sehr launige Tage, voller kurioser Ausdrücke und Bonmots — nicht er. Das war gut. Er hat überaus etwas Beruhigendes an sich. Vor dem könnt' ich mich gar nicht schämen. Nie hat ein Mensch so ganz anders ausgesehen, als ich ihn mir denken mußte. Keine Ahndung vom Komischen. Er sieht scharfsinnig, und die Stirn von Gedanken wie von Kuglen zerschossen aus. Er spricht so ernst, sanft, und gelassen, und geordnet, hört so gern — süß möcht' ich sagen — und väterlich z u — daß ich nie geglaubt hätte, es sei Richter. Und blond ist er! „Sie s i n d es nicht!" möcht' ich immer zu ihm sagen. Das reizt mich nur noch mehr: denn nun ist er Richter, und hat die neuen r ü h r e n d e n Eigenschaften noch obendrein. „Die wenigsten Menschen sind etwas werth, außer die wenigen, die eben Richters sind." Er sagt: „Die wenigsten Menschen haben G e l d (G e l d!) außer eben diese wenigen." Die sind auch immer n o c h besser, als man sie schon kennt. Er hat mir heute ein kleines, aber Jean=Paul'sches Billet geschrieben — ...

*

AN FRAU VON BOYE IN STRALSUND

Dienstag, im Anfang Juli's 1800.

Als L. wegreiste.

... Ich muß alles, was ich kenne, was ich liebe, was mich ärgert und kränkt, reizt und freut, v e r l a s s e n ! — Um

nichts. In keiner Hoffnung. Es ist eine Art Tod. Das
Schmerzliche davon ist es: das Schreckliche und Erhabene
davon hat es nur nicht. Sterben muß ich: aber todt werd' ich
nicht sein. Ich weiß die Sache geht weiter. Nun! es giebt
geborne Krieger und geborne Gärtner, ich muß zur Schlacht!
— und als G e m e i n e r — still den Kanonenkugeln entgegen stehen. Wem ich gehorche, weiß ich nicht; aber geschoben
werd' ich, nicht kommandiert. — Alles geht hier auseinander.
K'n*) schreib' ich nicht mehr und er mir auch nicht. Ich habe wie
Posa v e r l o r e n. Und möchte doch nicht zu den Menschen
gehören, die n i c h t s i c h auf das Spiel setzen. A l l e, die ich
hier liebte, haben mich mißhandelt. Sie wissen's nicht: ich sag'
es nicht; drum geh' ich. Glaube nur nicht, daß ich hoffe, dort
würd' ich würdig empfangen; Gott bewahre! Die Komödie
geht von neuem los; lieben m u ß i c h. Nur bei d i e s e r Trup-
pe d u r f t' ich nicht mehr bleiben. In's Unwürdige darf's
doch nicht übergehen? Adieu! Bedauer mich nicht! du wirst
doch nicht klug daraus. Die Vagabunden haben die häuslichste
Seele: d a s glaub! Wenn ich etwas Besonderes thu', glaub
mit dem Pöbel nicht: ich habe mich v e r ä n d e r t; ich war
lange dazu fähig, es sei auch noch so a l l täglich (das Übrige
würde mir schon ausgelegt werden) oder besonders. Adieu!
— Und sterb' ich — such' a l l e meine Briefe — durch List
etwa — von a l l e n meinen Freunden und Bekannten zu bekommen (und K'n sag', ich b e f e h l' es ihm als eine Todte
und Getödtete — nicht just von ihm — daß er sie gebe) —
und ordne sie mit Brinckmann. Es wird eine Original-Ge-
schichte und poetisch. Adieu! Grüß Luise. Ich glaube L. liebt
sie. Giebt das bloß Thränen, oder Trauer?

---

*) Graf Karl von Finckenstein.

Dies, Freundin, bind' ich dir als eine Pflicht auf. Ich will es. Das darf man doch von einer Freundin fordern. Leb' wohl! — Beim Schlimmsten aber — beim Tode selbst — laß' uns denken — daß wir zu den Edelsten gehörten, und mit offnen Augen lebten. Adieu, liebe Freundin. Versichre dich doch endlich meiner Liebe! Adieu! —

*

AN FRAU VON BOYE IN STRALSUND

Berlin, Mitte Juli's 1800.

Wie kömmst du darauf, meine liebe Freundin, nicht zu wissen, daß ich von deiner Treue und Liebe überzeugt bin?! — Jeder Mensch trägt sein Schicksal in sich: das sind Wünsche, nach Dingen, ohne die wir nicht weiter leben können. So, mußtest du fort; und mich verlassen; oder vielmehr aus den Augen lassen. Ich habe nie aufgehört auf dich zu rechnen. — Wenn ich mich geäußert habe, du verstehst mich nicht; so meint' ich, du könnest wahrscheinlich nicht fassen, daß ich treu bin, und untreu sein muß; — daß ich untreu bin, und treu sein muß: und daß, wenn du auch das begriffst, du doch nicht den daraus entspringenden Handlungen in ihren Modifikationen, von meiner großwelligen! und kleinwelligen Seele getragen, immer leicht folgen kannst; daher sagt' ich: mißbillige und beurtheile mich nicht, wenn ich dir auch verändert scheine: sein werd' ich es nur als blasse Hülle zwischen Brettern.

Heute ist Donnerstag, ich reise Mittwoch; — das ganze Herz im tiefsten Grunde, voll Liebe für alles was ich liebte:

was beschlossen ist, ist nicht wieder anzusetzen, wie ein ab-
gehauener Kopf — mein Schmerz ist daher nicht mehr von
Spitzen, sondern drückend, und d u m p f; und in der Brust
ist mir wie ein gedämpftes Trommeln — wie ich aber, während Scenen und die Nacht im Bette, e i n s a h und beschloß,
daß i ch gehen mußte; o! da war ich außer mir! und jeder
Schmerz, und jede Beleidigung, und jede Kränkung, und alle
verflossenen Jahre tobten losgelassen in mir. Ich habe etwas
S ch r e ck l i ch e s erlebt; eben weil es mich nicht umbrachte.
Daß man die Unschuld und ihr Bewußtsein nicht zusammen
haben kann!! Das ist das Unheilige in der Welt — i ch
n e n n e Unschuld, wenn man das rechte Unglück nicht kennt:
diese Bekanntschaft infamirt: ich laß' es mir nicht ausreden!
Man ist kein reines Geschöpf der Natur mehr, kein Geschwister der stillen Gegenstände mehr; wenn man einmal aus
Schmerz, Erniedrigung, zusammengeängstet, in V e r z w e i f-
l u n g gern seine Existenz gegeben hätte, um nicht schmerz-
fähig zu sein: wenn man a l l e s, die ganze N a t u r, für
grausam gehalten hat. N u n hab' ich z w e i Ansichten der
Welt — wehe! — und die mir am natürlichsten ist, die natürliche, ist eine künstliche geworden! Wehe! wehe! O! verstehst
du das?! Wie viel Frauen können wohl dadurch unglücklich
werden? und die dummen Dirnen sprechen a l l e. Dabei, steh'
ich der Welt — man sagt sonst umgekehrt, „die Welt mir" —
noch offen: die ganze Skala steht da; und läßt sich reiner an-
geben, vielfältiger, williger, als bei irgend einem Geschöpf, das
ich kenne....

1801.

Der Mensch als M e n s ch ist selbst ein Werk der Kunst,
und sein ganzes Wesen besteht darin, daß Bewußtsein und

Nicht-Bewußtsein gehörig in ihm wechseln. Darum liebe ich Goethe so! und habe mir erlaubt zu sagen, der Dichter als Künstler müsse a l l e seine Stimmung am Ende brauchen, wie der Bildhauer seinen Marmor — und gewissermaßen e n t h e i l i g t auch der Dichter sich immer: so lange er selbst l e i d e n d fühlt, wird er n i c h t Dichter, und er wird s c h l e c h t Dichter, wenn er leidend fühlt; dies wechselt bei dem großen Goethe ja in solcher Präzision, daß er ewige Thränen der Bewunderung erregt: und ist Bewunderung nicht die eigentlichste Rührung? und das andere nur Mitleid? Warum lieben Sie denn die harmonische Ausbildung unserer Anlagen über alles! und wollen sie im Gefühl nicht e r l a u b e n? — warum soll der Dichter am Ende nur selbst eine lyrische Stimmung sein sollen? in e i n e r Stimmung kann keine Harmonie sein. Daß dieser Mensch überhaupt Dichter sein muß, ist Zwangs genug: das Übrige muß frei geschehen, darin übt dieser Künstler der Menschheit überhaupt nach, und dies allein, dieser Wechsel nur macht ihn zum Dichter! Und in welcher rührenden Vollkommenheit Goethe! Dies mein refrain für die Ewigkeit. So ist's auch mit der L i e b e, die auch bei weitem nicht so natürlich ist, als man sie verschreit; erst fühl' ich, daß ich lieben k a n n, dann, w i l l ich lieben, dann, m u ß ich lieben. Dies konstituirt eine große Leidenschaft — etwas rein Menschliches — d e r s e l b e Wechsel. Der sie schildern kann, ist ein Dichter, der sie fühlt, ein Liebender, der sie erklärt, ihre Bestandtheile bis zum möglichsten Bewußtsein auflöset, ein Philosoph. Wie oft werden ekelhaft in e i n e m Menschen und in der Beurtheilung eines Menschen diese drei Dinge verwechselt.

Sie wundern sich, daß i ch zu Gott beten kann? Geht unser Nachdenken über uns selbst doch oft so weit, daß wir keinen

Beweis für unsere Existenz haben, und wir müssen uns fühlen: heißt das nicht, uns selbst anbeten? Wenn das Bedürfniß auf's höchste gestiegen ist, so fühlen wir Gott, und dann beten wir! Auch hierin ist der Wechsel; hier am Ende der Dinge, für uns, schmerzhaft und groß, aber immer derselbe: erkennen müssen wir ihn, wenn auch nicht in jedem Augenblick fühlen. Das ist k e i n Mensch, der sich nicht oft g a n z fühlt; das ist kein denkender Mensch, der nicht dem Wechsel von Bewußtsein und Nicht-Bewußtsein nachspäht: und das nennt Ihr Schiller den Bruch. Aus diesem Bruch geht unser Arbeiten an, unser L e b e n, bewußt oder unbewußt, diesen aufzulösen. Ob wir damit zufrieden sein wollen, wissen wir nicht: denn das ist unsere Gränze, und es geschieht nur mit halbem Bewußtsein, wenn wir unzufrieden sind; sind wir ohne Bewußtsein zufrieden, so ist das religiös; sind wir's mit Bewußtsein nach dem Nachdenken, so würd' ich's fromm nennen.

Paris, den 22. Februar 1801.

— In eins, drei, fünf Jahren werden Sie's bereuen, nicht hier geblieben zu sein; denn es ordnet sich a l l e s wieder, und das Vergnügen hat man obenein. Jetzt in Ihrer vernünftigen Apathie des vermeinten Überdrusses werden Sie freilich nicht das Glück und die Kraft haben, mich und die Reue zu fühlen: und Sie haben alle Zeit, zu glauben ich verstehe Sie nicht, und klüger hätte man's nicht machen können. Ich bin ein anderer Geselle. Sie in meiner Lage, unter den Umständen, wie ich sie sah, und mit denen ich kämpfte, wären Sie todt geblieben. Ich l e b e. Das völligste Leben, mit Bewußtsein. Als M a g d muß mir jedes gewesene Unglück dienen. Ein b i s c h e n äußeres Glück, und ich bin die glücklichste Kreatur. Lassen Sie sich von meinem Bruder und von meiner Schwägerin a l l meine Briefe zeigen, auch von Rose, und Sie werden meine Genesung erkennen. —

*

AN DEN GRAFEN L.

December 1802.

— Nun weiß ich es. Die E r d e ist ein schlechter Planet, sagt Fr. Schlegel. — Lebte man doch in einem gütigen Klima, wäre stark, um fleißig zu sein! weiter giebt's nichts. Alles andere wird und muß immer erbärmlich werden. Zu falsch, zu künstlich, oder zu sehr der Nothdurft ist es aufgestellt. —

Warum soll man nicht außer sich sein? Das sind schöne Parenthesen im Leben, die weder uns noch Andern gehören: schöne nenn' ich sie; weil sie uns eine Freiheit geben, die wir und die uns bei gesundem Verstande niemand einräumen würde. Würde ein Mensch sich entschließen, ein Nervenfieber zu nehmen? und doch kann es uns das Leben retten. Es kommt aber von selbst. —

— Ich liebe den Zorn; übe ihn, aber protegire ihn auch. Drei Dinge nur sind nie im Stande mich zu affiziren, nämlich, wenn man mir sagt, ich sei gemein, affektirt, oder dumm. Die drei glaub' ich niemals; und bin ich nicht sehr schlechter Laune, so muß ich immer darüber lachen. —

AN DAVID VEIT IN HAMBURG

Dienstag, den 16. Februar 1805.

Mit dem man sein Leben verleben vermöchte, dem kann
man nicht schreiben! Welchen Gedanken, welches Auf-
athmen, möchte man ihm nicht sagen, nicht zeigen? der
könnte unser Zeuge sein, unsere Existenz bekräftigen! Und
in zurückgescheuchter, trüber, fast unerkannter Angst ver-
schwenden wir artig die Tage, lassen uns frisch darauf los
vernünftig nennen, und sind wahnsinnig aus Zagheit. Das
Staatenleben — Leben ist zu umfassend — ist aber so angethan, daß auch das ganz recht ist; man kommt zu seinen
Resultaten, aber in lauter Entbehren, ausgeschlossen aus dem
Paradiese, wo man sich Luft, Speise und Gefährten selbst
suchen darf: das frische gesunde, sich nie trügende Herz wird
Begierde genannt, nach einer Art von Kinderstube, Kerker
oder Tollhaus verwiesen: und so gehen wir grau durch Städte
nach dem Kirchhof. Gott, wie komm' ich darauf! Ich will es
Ihnen sagen. Ich fühle eine ganze Thränenfluth in der Brust
über dem Herzen; und jedes erinnert mich an alles. Nichts
erscheint mir mehr einzeln: ich fühle mich ganz gefangen,
und mein Geist ist reger, als je. Mit dem höhern Leben
tröst' ich mich nicht! Ein schönes Erdenleben würde
das nicht ausschließen. Es erhöht und schärft jeder Augenblick mir das immer inniger tiefe Gefühl des unzufassenden
Verlustes! unsere Organe sind zu endlich, es zu fassen; und
höhere Wesen haben gewiß eine Trauer über uns, deren wir
unfähig sind, und die ich wie errechne! — das Kälteste,
das Wenigste, was Menschenkinder können — der große
Schmerz, der große Verlust, die Unmöglichkeit, sich aus der
vorgefundenen Verwirrung anders, als sterbend, abschei-

dend, trennend, vereinzelt, zu scheiden, macht den Tod ja nur
m ö g l i ch. Verstehen Sie dies so umfassend, als Sie können:
in Bezug auf Menschenverkehr, auf die tiefsten Anlagen und
Bedürfnisse des Herzens, auf die Natur, die wir einstweilen
die todte nennen, auf jede Organisation. Sie sehen, ich weiß
es wohl, warum Sie mir nicht schreiben. Sie haben ein großes
Glück. Seiner Geschichte nach, wovon man die letzte unverstandene Ankunft der Erscheinung chance nennt, und seinem
innern unendlichen Werthe nach! Welche Freundin haben Sie
gewählt, gefunden und empfunden! Ich verstehe einen Menschen, S i e ganz. Vermag es, wie doppelt organisirt ihm
meine Seele zu leihen, und habe die gewaltige Kraft, mich zu
verdoppeln ohne mich zu verwirren. Ich bin ſo einzig, als die
größte Erscheinung dieser Erde. Der größte Künstler, Philosoph oder Dichter, ist nicht über mir. Wir sind vom selben
Element. Im selben Rang, und gehören zusammen. Und der
den andern ausschließen wollte, schließt nur sich aus. Mir aber
war das L e b e n angewiesen; und ich blieb im Keim, bis zu
meinem Jahrhundert, und bin von außen g a n z v e r s ch ü t-
t e t, drum sag' ich's selbst. Damit e i n Abbild die Existenz
beschließt. Auch ist der Schmerz, wie ich ihn kenne, auch ein
Leben; und ich d e n k e, ich bin eins von den Gebilden, die die
Menschheit werfen soll, und dann nicht mehr braucht, und
nicht mehr kann. Mich kann niemand trösten: solch weisen
Mann giebt's nicht: ich bin mein Trost; nun giebt es noch das
Glück! das ist aber wie beleidigt von mir: und ich fühle auch,
ich beleidige es. Das Glück definir' ich Ihnen ein andermal.
So ungefähr steht's mit mir. Lebten Sie in Einer Stadt mit
mir, Sie hätten einen unendlichen Genuß! Sie können sich
das ewige Erblühen meines Lebens gar nicht denken. Aber Sie
müßten sich die Strenge gefallen lassen, mich nur zu sehen,

wann ich will. Sterben Sie nur nicht! das hängt ganz von Ihnen ab. Ich will mich gewiß nicht so vergessen. Ein Mensch wie wir kann nur aus inadvertance sterben; das fühl' ich auf's lebhafteste. Auch giebt es eine andere Art, das Leben zu erhalten; es giebt Tropfen auf andern Sternen, die allein hinlänglich sind, ein von E r d e gesponnenes Leben zu erhalten; den Umschwung, die Nahrung, des begriffenern, gröbern Lebens, u. s. w.!!! Sein Sie nicht ängstlich! ich bin gewöhnlich gelassener. Wenn ich aber an M e n s ch e n schreibe, geschieht es mir, daß der schwer erfüllte Horizont meiner Seele los gewittert. Himmlische Menschen l i e b e n Gewitter. Auch ein Grund, warum ich das Schreiben scheue. —: —⌡

∗

AN FRAU VON F[OUQUÉ] IN BERLIN

Berlin, den 22. Februar 1807.

Es ist mir nicht zuwider, es rührte mich selbst bis in's Tiefste des Herzens, was Sie mir schrieben. Ich war auch sanft, meine edle, sanfte Liebe, als ich Ihnen gestern schrieb; und mit Glorie seh' ich's ein, daß edle Herzen andern edeln zum Trost und Glück zu sprechen vermögen. Schließen Sie das für ewig in Ihre Seele. Das i st Trost, das ist Beute, die die Himmelskraft der Reinheit uns auf Erden vergönnt — ja der Erde raubt, möcht' ich sagen. Folgen Sie dem schönen Herzen; tauchen Sie sich in sein reines Element recht unter; thun Sie sich wohl! Des Geistes Klarheit wird folgen, und wie eine reine Gegend, in Morgensonne, werden Sie Ihr Inneres zur Lust erblicken; freudig, jung und kräftig; bis ins

Innerste hell; hochaufjauchzend das Herz, wie Bergesquellen im strahlenden Licht.

Und wer ertrüge nicht der Nächte Dunkel und ihre Schauer, wenn man sich eines solchen Tages erfreut, und erinnert! In des wahren Lebens aufsteigender Bahn führt kein Schritt zurück: dies ist der Handschlag des Himmels, beim schweren Dienste um's S e i n; und der Regenbogen, glaub' ich, wovon das alte Testament uns spricht. — Sein Sie vergnügt, und schwimmen Sie im Element der Tage.

*

AN LUDWIG ROBERT IN PARIS

Freitag, den 15. Mai 1807.

Zu dem reinen einzigen Enthusiasmus der edelsten höheren Theilnahme gehört guter W i l l e gar nicht allein: — auch die größte Verehrung gebiert sie nicht allein! Ein Auffassen, ein Durchdringen, ein in jedem Punkte ansaugendes Begreifen des innigsten Wesens unserer Freunde gehört vom H i m m e l verliehen dazu! Ist er m i r geworden, d i e s e r Antheil? Ich b i n in Sehnsucht vergangen. Und bis jetzt, liebt' und haßte ich mit regem Leben alles in den Menschen, was ich verstand, und sah; und begnügte mich s t ü c k w e i s e, mit dem was ich in diesem und jenem f ü r m i ch vorfand. Zerstreut, ehrlich, aufmerksam auf die ganze Welt, jugendlich keinen Genuß noch nicht fordernd; lief ich bis zu meinem jetzigen Alter umher! Arm find' ich mich: und ohne Anspruch; und schweige. Alle Kräfte, jede Neigung hab' ich aufgeboten, das g a n z e Herz gegeben. Ich bin v e r s p o t t e t. Kein Opfer hab' ich mehr zu bringen. Nun bin ich müde: die k l e i n s t e Verstellung ist mir zu viel: und ehrlich ist alles was ich sein kann. Brüsque scheint bei mir alles: und wirklich ist man es, wenn man keine Zeit, keine Kräfte mehr verlieren will. —

*

AN FRAU VON F[OUQUÉ] IN BERLIN

Sonnabend, den 19. September 1807.

Was mir noch lieb ist: ist, daß ich mich kennen gelernt habe. Der letzte Beweis meiner Stehekraft soll mir ferner dienen mich noch muthiger zu machen; muthig, durchaus Unwürdiges nicht an der Stelle von Glück zu dulden. Wer nur im Herzen lebt, und aus dem Herzen giebt, soll gar nicht schlechte Münzen annehmen. Aus der Welt hat mich Geburt gestoßen, Glück nicht eingelassen, oder herunter; ich halte mich ewig an meines Herzens Kraft und an was mein Geist mir zeigt. Dies ist der mir von der Natur angezeigte Kreis: und in dem bin ich mächtig und die Andern nichtig.

Wäre ich nur über gewaltsamen Tod, cachot, Operationen, und Blindheit weg. Dann stünd mir der Tod — die Welt — offen. — Es ist alles wie es ist; d. h. „anders".

Berlin, den 14. December 1807.

... Mehr gedemüthigt, als ich, wird man nicht, mehr Kummer genießt man nicht; größeres Unglück in allem, worauf man den größten und kleinsten Werth setzt, erlebt man nicht, mehr sieht man nicht untergehen; eine gepeinigtere Jugend bis zu achtzehn Jahren erlebt man nicht, kränker war man nicht, dem Wahnwitz näher auch nicht; und geliebt habe ich

Wann aber sprach die Welt mich nicht an, wann fand mich nicht alles Menschliche, wann nicht menschliches Interesse: Leid und Kunst und Scherz! In dem Augenblick, wo Schmerz und zerreißendes Vermissen die Seele auseinanderzerrt, kann man, muß man nicht Geistesschätze ergraben wollen. Als dann muß man vom Vorrath zehren, von Vorrath an den Schätzen, von Vorrath an dem höchsten menschlichen Interesse, am menschlichen Interesse. Antworten Sie mir nicht, daß die Gaben der Natur nur dazu fähig machen; und zum Beispiel, daß ich mich nicht mit Ihnen vergleichen soll. Wer so raisonniren kann, wie Sie über manche Gegenstände, der hat Kräfte: nur sein Interesse ist falsch gerichtet.

Ein gebildeter Mensch ist nicht der, den die Natur verschwenderisch behandelt hat; ein gebildeter Mensch ist der, der die Gaben, die er hat, gütig, weise und richtig, und auf die höchste Weise gebraucht: der dies mit Ernst will; der mit festen Augen hinsehen kann, wo es ihm fehlt, und einzusehen vermag, was ihm fehlt. Dies ist in meinem Sinne Pflicht, und keine Gabe; und konstituirt, für mich, nur ganz allein einen gebildeten Menschen. Darum wende ich Sie endlich mit Ihren Augen auf das zu sehen, was Sie eigentlich verabsäumen. Dies ist, sich mehr zum Allgemeinen — à généraliser — zu erheben; daß nicht Allgemeines Sie immer auf Einzelnes führe, sondern umgekehrt. Dies ist höchst liebenswürdig; dies würde Sie ganz liebenswürdig machen. Dies können Sie erlangen; denn dies kommt plötzlich, durch einen Gedanken; wie bei Ihnen das Gegentheil auch nur durch einen Gedanken. Auch wiederhole ich, was ich schon gesagt habe: sogar gesund werden Personen, wie wir, nur wenn sie den höchsten Ekel vor Kranksein fassen; wenn sie durchdrungen davon sind, daß Gesundsein höchst liebenswürdig ist . . .

AN VARNHAGEN

Dienstag, den 24ſten May 1808.

Als Sie mich geſtern Abend ganz zerſchlagen und abge-
mattet verließen, hatte ich Ihnen hundert ganz deutliche und
gutzuverſtehende Dinge zu ſagen: zu ſchreiben nämlich. Aber
vergebens! ich konnte nicht mehr. Es hätte mich die Nacht ge-
koſtet. Ich fühle aber noch eine Verdrüßlichkeit in mir, und
das ſoll nicht ſeyn.

Iſt es nicht verdrüßlich, wenn ich eine dunkle Angſt vor
dem Abend fühle? Wenn ich mir gar nicht richtig erklären
kann, woher ſie kommt, da Sie mir lieb ſind, und noch tauſend
Mal lieber ſein ſollten: ich ſehe meinem Tag nicht mehr heiter
und unbefangen entgegen! Es iſt nicht mehr, als ob er mir gehörte; dies Göttergefühl, dies mein einziges Glük, ich habe
es nicht mehr. Nicht mehr wie ein „Gleichgeſinnter“ ſehe ich
Sie kommen, nicht als ſolche können wir mehr nebeneinander
und mit einander leben; wie ein auf mich wirkendes, mich an-
greifendes Weſen nähern Sie ſich mir, und gleichſam wie
meinen inneren A u g e n auch zu nah. Ich bin auch nicht
mehr frey in Ihrer Gegenwart, bey allem denke ich, es kränkt
Sie, oder es iſt Ihnen zuwider. Sie ſelbſt ſind in keiner na-
türlichen unbefangenen Gemütslage. Entweder eine Über-
laune macht, daß Sie mich neken wollen, oder Sie verſtum-
men, oder Sie vergehen in Traurigkeit. Ich — bin nicht mehr
ich: ich bin ein kluger, wenigſtens bemühter Schiffer, der mich
ſelbſt zu lenken ſucht: aber auch das vergeblich. Sind wir
allein, ſo geht's an Berichtigung des Tages; und dann, an's
Ringen, Bosheit, Beſchähmung, Klage. Ich möchte jetzt aus
Beſchähmung vergehen! Sie ſollen dies leſen! Die ſüßeſten
Liebesworte, die Worte der ſüßeſten Liebe, ſollten von einer

Jugendgöttin, an Herz und Leib, zu Ihnen s t r ö h m e n!
Und vielleicht weis ich, noch mehr als Sie, welche Horizonte
von Glük sich Ihnen erschließen könnten. Betrübt, beschähmt
und gelähmt zugleich bin ich. Und gerührter sogar könnt' ich
seyn, sähe ich Ihr reiches festes Gemüthe auf ein anderes
Weib gerichtet: mich verwirrt es, auch in den Gedanken; ich
denke, ich bin es nicht: es ist ein Irrthum, nur die Empfindung ist wahr. — Ich kann es gar nicht sagen! — ich kann
der Richtung gar nicht folgen, die entzükend wäre — da
sie bey mir still steht. Ich bin u n würdig. Fühlen das Andere
nicht so deutlich, wenn sie es sind? Ich könnte zu Ihren Fü-
ßen stürzen, um eine andere Ordnung in Ihrem Herzen zu
machen. Besinnen Sie sich, Varenhagen, ehe Sie zu mir
kommen! Und laßen Sie mich wieder unbefangen seyn! Denken Sie deutlich vorher es sollen solche Szenen nicht wieder-
kommen: Sie haben diese Kraft, ich weiß es. Denn i ch, hatte
sie bey der größten Leidenschaft. Und Sie haben mehr, als ich.
Ich halte es nicht aus: glauben Sie das. Ihren Werth kann
schwehr Jemand beßer auffaßen als ich, noch konnte ich es
Ihnen nie in guten Worten sagen; wie ich beynah nie kann,
aber Sie würden's erleben mit der Zeit, wodurch Alles nur
eine sichtliche Gestalt bey mir gewinnt; Ihren ganzen Werth,
den für ein verliebtes Herz, denke ich mir auch hinzu; und der
redlichste, tapferste Freund kann in seinem Herzen keine stärkere Empöhrung für Sie fühlen, wenn Ihnen Unwürdiges
begegnet, als die ist, die in meinem arbeitet. Ich zeige es
Ihnen so gut ich kann: dies ist aber schlecht. O! ich fühle es
wohl. Es ist mir so wichtig, was mit Ihnen jetzt vorgeht; Sie
überwiegen mich hierin so sehr; daß mir beynah kein Blick
für mich bleibt: aber bey der ersten Ruhe find' ich wohl die
Beleidigung, die auch für mich, in diesem Vorfall —: wie soll

ich es nennen? — liegt. Sie verstehen mich nicht; und würden in Zorn entbrennen, wenn Sie wüßten, was ich sagen wollte, aber nicht, wenn Sie mich wirklich verstünden. Wir denken verschieden: und darauf achten Sie nicht Einmal. Heißt das mich ehren, mehr sage ich nicht! und schelten Sie mich nicht „schwehr"; sagen Sie nicht, ich müße alles nur so haben, wie ich es schon gesehen habe; vielleicht würden Sie selbst sich nicht so weich, so gewandt, so leicht nehmen, als ich, wenn Sie Fremdes so überwältigte! Ich kann ihm liebevoll zusehen; nie kann es m i ch umkehren. Adieu Varenhagen.

Seyn Sie gut gegen meinen Brief! Und nehmen Sie Rücksicht auf mich. Ich gehe heute gar nicht nach Scharlottenburg, wenn wir nicht etwa hinwollen.

Rahel

*

AN VARNHAGEN IN BERLIN

Berlin, den 22. Juli 1808.

Du hast keine Vorstellung davon, mit welchem Schreck ich erwache! Eine hemmende Überlegung, die selbst nie zu Ende kommt, drückt mir das Herz zu, und wie zurück. So blieb ich wie unentschloßen im Bette liegen; wie unentschloßen; denn wußt' ich nicht eben zu gut wie alles ist, und daß nichts zu beschließen ist? Es wurde mir alles zur Angst. Ich dachte, ich wolle es dir schreiben, und nahm den Band Goethe in die Hand, und ging herunter. Da lag er neben mir, und ich wie verzweifelt neben ihm! — Ein Fest war sonst ein neuer Band G o e t h e bei mir; ein lieblicher, herrlicher, geliebter, geehrter

Gaſt, der mir neue Lebenspforten zu neuem, unbekannten, hellen Leben gewiß erſchloß. Durch all mein Leben begleitete der Dichter mich unfehlbar, und kräftig und geſund brachte der mir zuſammen, was ich, Unglück und Glück zerſplitterten, und ich nicht ſichtlich zuſammenzuhalten vermochte. Mit ſeinem Reichtum machte ich Kompagnie, er war ewig mein einzigſter, gewiſſeſter Freund, mein Bürge, daß ich mich nicht nur unter weichenden Geſpenſtern ängſtige; mein ſuperiorer Meiſter, mein rührendſter Freund, von dem ich wußte, welche Höllen er kannte! — kurz, mit ihm bin ich erwachſen, und nach tauſend Trennungen fand ich ihn immer wieder, er war mir unfehlbar; und ich, da ich kein Dichter bin, werde es nie ausſprechen, was er mir war! Noch muß ich weinen, ſo rührt es mich! — Nun haſt du geſehen, wie ich nach dem Buche nicht fragte; und eine Art von Furcht, die meine Nachläſſigkeit unterſtützte, hielt mich ab von dem Buche; ich fürchtete, ihn und mich nicht mehr darin zu finden. Dies auch als Zeichen meines Abſterbens, meines Grams, meines Hinſeins, wollte ich dir ſchreiben, und ich verging vor Schreck und Erſtarren und Weh darüber! aber dumpf blieb es, und unfruchtbar der Schmerz! Mein Freund, mein einziger Freund neben mir, und wir beide todt, todt! Mein Frühſtück blieb ein wenig lange, und einen Augenblick ließ es die Angſt doch zu, daß ich das Buch nahm. So leſe ich auch ohne Mut und Hoffnung — und finde — grade was mir iſt! Lies das Vorſpiel! Seite 14. ſagt die luſtige Perſon vieles, und am Ende:

Noch ſind ſie gleich bereit zu weinen und zu lachen,
Sie ehren noch den Schwung, erfreuen ſich am Schein;
Wer fertig iſt, dem iſt nichts recht zu machen,
Ein Werdender wird immer dankbar ſein.

Dichter.

So gieb mir auch die Zeiten wieder,
Da ich noch selbst im Werden war.
Da sich ein Quell gedrängter Lieder
Ununterbrochen neu gebar,
Da Nebel mir die Welt verhüllten,
Die Knospe Wunder noch versprach,
Da ich die tausend Blumen brach,
Die alle Thäler reichlich füllten.
Ich hatte nichts und doch genug,
Den Drang nach Wahrheit und die Lust am Trug.
Gieb ungebändigt jene Triebe,
Das tiefe schmerzenvolle Glück,
Des Hasses Kraft, die Macht der Liebe,
Gieb meine Jugend mir zurück!

Mein Freund hat es auch diesmal für mich ausgesprochen! Und niemals will ich an dem nun verzweifeln! Urtheile, wie er heute, in dem Augenblicke, auf mich wirkte! Allen Dank, alle Zärtlichkeit hat er wieder in mir aufgeweckt. Dies mußte ich dir doch ungefähr so sagen, wie es war. Und nun das geschehen ist, preßt sich doch mein Herz wieder zu. Ich will nun weiter lesen. —

1808.

Ich habe erfunden: die Gemeinen verstehen sich untereinander; sie haben ordentlich eine Münze des Verständnisses erfunden, wo kein Heller reiner Gehalt drin ist; aber davon leben ihre Geister, andere Nahrung fordern sie nicht. Und am Ende der Rechnung zahlen sie sich selbst damit aus; und der

Umlauf geht wieder los. So verstehen sie vortrefflich Y. und
Z., und alle ihre noblen Sentiments: und billigen sich ganz
ernsthaft! Hätten Gewächse der Erde Sprache, so lobten sich
die niedrigern und ärmern auch; und wer weiß, ob nicht To-
dtenblumen sich mit Gewalt in köstliche Vasen stellten, und
in prächtigen Zimmern und Lauben stänken! Solchen Wirrwarr möchte ich sehen! Wie Pferde-Rebellion! Alles möchte
ich deutlicher und härter! Beichten, durch Zauber veranstaltet,
auch; wie käme da ein jeder zu dem Seinigen: das Gold
schrollte in die Erde zurück.

*

AN VARNHAGEN IN TÜBINGEN

Donnerstag, den 27. Oktober 1808.

Nun ist es wahr, nun ist die rasende Zeit, vor der ich
mich nicht einmal fürchten wollte. Dich zu lieben sträubt' ich
mich; das war ja vernünftig; ich wollte dem Entbehren, dem
neuen Missen nicht den edlen Hals beugen; und es war doch
edler, das Herz gehen zu lassen. Nur das Glück weigerte, blieb
aus wie immer. — Mit dir könnte es ein Leben sein, so ist es
nur — ein Steuern, ein Steuern ohne Ziel!

Du hast gesehen, ob leere hohle Wünsche mich treiben, ob
ich nicht das ganze Leben mit einem Freunde, bei einem Einzigen, in seiner ganzen Fülle und Mannigfaltigkeit finde. Und
was ich leisten könnte, hat mir ja das zerstreute Schicksal noch
nie abgefordert! — ...

... Wie ist es mit meinem Brief, den ich dir an Gentz
mitgab? Ich hab einen vortrefflichen von ihm gefunden, einen
alten: daraus könntest du sein ganz Gemüthe, und unser Ver-

hältniß sehen. Beides würde dir sehr gefallen. Ich war auch
jetzt ganz erfreut und bewegt, wie ich sie las; denn es waren
zwei Briefe; und die Kousine hatte sie eigentlich zu verwahren,
und einen himmlischen von Prinz Louis. Alles steht in dem.
Seine ganze Seele. Über seine Liebe spricht er ganz ausführ-
lich; über sich und die Welt; und daß er sterben muß und
will. Und in welchem Tone! Mit welcher edlen Bewußtlosig-
keit seiner eigenen Trauer; wie überaus mild ist die, wie ernst
er! Wenn du diesen Brief gelesen hast, kennst du ihn ganz;
kennst alle die ich verbrannt habe; es sind nur Variationen,
heftiger, eiliger, ausführlicher, oder lebendiger, von den Er-
eignissen des Moments aufgeregt. Schicken kann ich ihn natürlich nicht! — Wie las ich ihn dreifach mit Schmerz, daß du
ihn nicht sehen konntest! —

Sonnabend Morgen, den 5. November 1808.

Endlich bin ich verdrießlich. Weißt du, was das heißt!
Aber was kommt auch zusammen. Die Jahreszeit selbst wird
toll: und schon seit dem Juli — du wirst es lächerlich finden
— konvulsirt der Winter in den Sommer hinein! — Seit
gestern quäle ich mich damit, ob ich dir schreibe, oder nicht.
Lügen kann ich gar nicht: bei dir grade tritt die ganze Wahrheit hervor. Und doch habe ich dir auch Hübsches zu schreiben.
— O! die Gaben, die ich habe, hat man nicht umsonst! Dafür muß man ausstehen. Mein scharfes Wissen, Sondern,
und Scheiden; das große Meer in mir, mein präziser, tiefer,
großer Zusammenhang mit der Natur; kurz, das bischen Bewußtsein darüber, was hier doch so viel ist; kostet mich was!
Welche Schmerzen, welche Unruh, welches Vermissen läßt das
aufschießen; und wie muß ich es verarbeiten! Ich zweifle, daß

du selbst einen Begriff davon hast! Und wie ekelhaft, herab-
ziehend, ärgerlich, beleidigend, u n sinnig, schwächlich, niedrig
meine Umgebungen, denen ich nicht entfliehen k a n n: und die,
so lang ich es nicht kann, mich auch verfolgen: ein gelindes
Ausweichen hilft gar nichts. Ein einziges Besudeln, e i n e
Berührung macht mich schmutzig, stört meinen Adel. Dieser
Kampf dauert e w i g! So lang ich gelebt habe, und leben
werde! Wodurch soll er enden? Diese Einsicht, nicht daß es
bleibt, aber daß meine Konvulsionen umsonst sind, und doch
nur mit allen meinen Kräften aufhören können, bringt hart
an Raserei! Alles was mir Schönes im Leben begegnet, geht
mir fremd, als Besuch vorüber; und mit Unwürdigen soll ich
anerkannt leben müssen! Sie brauchen und mißbrauchen mich
nur. Und gesellig stellen wir uns beiderseits; sie, weil sie mich
brauchen; und ich, weil ein Zweikampf, einer mit Blut, es
nicht enden kann. Du siehst, ich bin außer mir! So nennt man
es, wenn das wahre Herz spricht. — Die Narren und Lüg-
ner beschützen sich untereinander. Ich habe aber kein Gesetz,
keinen Verwandten, keinen Freund. Und bei dieser Ungerech-
tigkeit ärgert mich sogar der Tadel. Keiner, nicht Einer tadelt
mich, der nicht in ihrer Meinung selbst gegen Alle gefehlt hat:
meiner nimmt sich keiner an, mich verfolgen sie, weil ich für
jeden bei dem andern sprach. Ich will dich mit den kleinlichen
— und auch mich — Geschichten verschonen, die mich aus der
Entfernung her dieser Ansicht zudrängen. O! wie entwachsen
wäre ich ihnen durch d e i n e Nähe! durch die Nähe eines
Freundes. Einer befreundeten Kreatur. — ...

... Den 7. November 1808 schreibt Rahel: „Nun muß
ich Dir wieder von den Urquijo'schen Briefen sprechen! Vergiß nur um Gottes des Allmächtigen willen nicht, daß sie auch

Rahel

das Verächtlichste, was nur in meinem Leben ist, enthalten, meine größte Türpitüde! Dieser Fleck war faul. Obgleich es die reinste Flamme war, die mein Herz verbrannte, von ihm selbst entzündet. Ich log; ich sprach die Forderungen meines Herzens, die Gebühren meiner Person nicht aus; um das mörderische Nein nicht in Worten zu hören; ich ließ mich ersticken; ich wollte mich nicht durchbohren lassen: elende Feigheit: ich wollte, Unglückselige! das Leben des Herzens schützen; ich stellte mich vor, ich stellte mich hinter, ich bog, und bog, und bog. Als ich endlich, niedrig behandelt, mein eigen Herz auf das Schild legte, und wie mit dem Schwerte das „oui" außen auf dem Brief forderte, war es wirklich aus. Meine Seele wußte es vorher. Es ging aber um den Werth, um die Möglichkeit meines Seins überhaupt: und ich übergab mich — wie ich ihm schrieb — der Verzweiflung, die ich nicht kannte: niemand kennt sie; sie und den Tod; und wer die nicht fürchtet, der weiß nur nicht, was das ist: nicht wissen. Wählen muß man sie aber manchmal. Und auch den Tod hätte ich erfaßt; hätte es meine Meinung erfordert, ich weiß es. So war ich lange niedrig: Du wirst es in allen Briefen sehen; vergiß aber mein eigentliches Ich nicht: und überschätze auch nichts. Lange hätte ich gern d i e s e Lüge grade, worauf sich die Besten unseres Zeitalters etwas einbilden, und welche zum Theil die ganze europäische Liebe konstituirt, recht auseinandergelegt, bezeichnet, in all ihren Verzuckungen und Retiraden dargestellt, zerlegt, damit sie nie wieder lebe; aber so gewiß und wahrhaftig sie mein Geist erfaßt hat, so hat er doch nicht die Kräfte sie Fichtisch zu zerlegen, oder Goethisch vorüberschreiten zu lassen; wie ein zitirter Geist, der sich stellen muß. Geläng' es Dir, Freund! — von dem ich, trotz meiner holperigen Worte, weiß, daß er den gräulichen Sinn meiner armen Rede verstanden hat. Ich glaube, hätte der Gubernator dieser Erde nur ein Exempel solcher Liebe, in all ihren Wendungen, Möglichkeiten, in ihrer höchsten Kraft, Aechtheit und Reinheit, gewollt, gepaart mit dem höchsten Bewußtsein über sich selbst, und also in größthöchster Möglichkeit ihrer Martern, wo der ganzen Seele Umfang, wie mit Facetten versehen, diente, jeden Schmerz reflektierend zurückzuschicken, so wäre es mit mir genug gewesen: wie ich es oft in Gebeten forderte. Aber wir, und alles was wir wissen, bezieht sich auf etwas, was wir nicht wissen; und daher kann man auch so viel schwatzen, wo nichts dahinter ist: und schweigt so selten; weil es doch schwerer ist an das zu denken, was man n i c h t sieht. — Dies ist alles Urquijo begegnet; wie sonderbar! Er weiß von nichts. „O! wie sonderbar ist es, daß uns nicht allein das Unmögliche, sondern auch so manches Mögliche versagt ist!" Mein einer Text aus dem Meister. Darauf brachte mich diesmal nur das Wort: sonderbar. Wie allein habe ich sein müssen! Sieh, ich konnte nicht einmal einen Freund finden, — Du hast mir in den ersten Tagen unserer Bekanntschaft abgefragt, was ich unter einem Freund verstünde; und als ich fertig war, sagtest Du: dies haben die Alten Freundschaft genannt; es sei die antike Freundschaft, — und die hohlen Luftbilder belebte ich alle selbst. Ein Roland, ein Don Quixote ist nicht wahrer, wahrhaftiger, als ich. Der Menschen Begehren sicherte mir ihr Leisten; ich glaube, sie hätten nur zu fressen brauchen — nun gar weinen, oder wünschen! — um daß ich sie hielt für das, was ich war. Und doch betrog mich keiner. Ach! wär' ich nur einmal — von diesen vier Worten ist e i n j e d e s zehnmal unterstrichen — betrogen gewesen, so kennt' ich doch die Hoffnung! Bei mir aber, ist beschlossen, soll die nur mit der wirklichsten Gewißheit zusammen eintreten. — Du wirst schon alles aus meinen Briefen nach dieser Erinnerung, und der Kenntniß, die Du von mir haſt, ergänzen. Ich vermag nichts zu ſagen. Das Weſentlichſte, bis jetzt Unſägliches bleibt zurück; das, was ich ausſprechen ſoll, das, was nur ſich auszuſprechen vermag, kann, wenn es auch Schmerzen nur erzeugt haben, nur im Glück ausgeſprochen werden (wenn es auch ſcheinen mag, mein Schmerz ſei beredt) im Glück, oder im Tod. Bis dahin bindet Scham mich noch. Wahres Unglück ſchämt ſich; habe ich immer geſagt: oder vielmehr nie; einmal mir es ſelbſt aufgeſchrieben.“ . . .

. . . „Eins muß ich Dir noch ſagen, was ich geſtern in meinem Bette dachte, und das zum erſtenmal in meinem Leben. Daß ich mich als ein Verwandter, und élève von Shakeſpeare, von Kindheit an mit dem Tod beſchäftigte, kannſt du glauben. Aber n o c h n i e konnte mich m e i n Tod rühren; und auch daran, daß das nicht ſo war, dacht ich nicht. Geſtern aber, in meinem Bette, dacht’ ich, daß ich Dir noch heute ſchreiben wollte: wenn Du an das denken wollteſt, was mir begegnet iſt — da Du doch ſo vieles weiſt, ſo viel eigentlich, und nur vieles noch nicht, — ſo ſollſt Du auch denken, daß einen Tag, von dem ich Dir ſchon ſprach, ich mit Urquijo im Tiergarten von der Bleiche aus ging, und ich eine ſchöne fremde Dame in einem Wagen in der Nähe ſehen wollte, er, ohne daß ich errathen konnte warum, ganz wüthend und zuſammenhangslos geworden war, er mir ſehr Hartes ſagte: und ich nur ſeufzte: Dieu! Dieu! er hinzufügte: „Que veux-tu, Finck t’a traité comme cela, cela ne doit pas être nouveau pour toi!“ Dieu! ſagte ich beinah nicht zu ihm, im tiefen Walde, gegen dem Waſſer, bei der Abendſonne, si cela était dit dans une tragédie, tout un parterre

frémirait, en fondrait en larmes. „Eh bien!" sagte er,
„c'est vrai; cela même devrait te détacher de moi;
cela devrait te prouver que nous ne pouvons pas vivre
ensemble", — dergleichen war das letzte, unterstrichene, das
andere wörtlich. Ich schwieg und sah in die Luft. Dann später sagtest Du mir: Nemesis habe mich einen Urquijo und
den so finden lassen müssen. Und dann in Charlottenburg:
„Ich wünsche Dir Urquijo zurück, der wußte Dich zu schätzen."
Mit Nemesis hattest Du Recht: denn ihr Kreis um mich, in
dieser Sache, ist geschlossen. Aber wie habe ich denn verbrochen,
daß Einer mich dem Anderen in die Hände wirft, bis die
Göttin selbst wieder vor mir steht, mich versteinert und beruhigt! Daß ich Liebe, in einem Herzen von Sanftheit und
Liebe gemacht, nicht wie ein Fels die klare Quelle, festzuhalten
wußte? Ich k o n n t e e s n i c h t. — Mein Leben, jede Faser
in mir, erlaubte es nicht. — Nun zertrümmere mich die
Rache, oder was es ist, Schicksal, Gerechtigkeit, — dies,
dacht' ich gestern, muß Varnhagen wissen, wenn er an mich
denken soll: und wenn ich todt bin. Mir schien, als müsse ich
sterben — als ob mein Herz über diese Erde wegzöge, und ich
würde ihm folgen — und mein Tod that mir nachher leid:
denn noch nie, nun sah ich es, hatte ich gedacht, daß er irgend
einem Menschen leid thun würde: von Dir wußte ich es; und
es war zum erstenmal in meinem Leben, daß ich das dachte;
und daß ich wußte, daß ich's noch nie gedacht hatte. So einsam habe ich gelebt. Wisse es." ...

Den 9. November 1808.

— Ich dachte, Jean Paul wüßte nichts mehr von mir!
und das bischen, was er wissen könnte, wäre böse! Ich schrieb

ihm zuletzt über die Weiber, die er immer vorkommen läßt,
und verlangte andere. Das, dacht' ich, hätte ihn gebissen! nämlich mich für dumm und vorwitzig zu halten. Er ist aber g a n z
g u t. Wie du ihn schilderst — dick ist er also jetzt? Daß seine
Meinungen sich so biegen, steht hell und klar in seiner Aesthetik
und Levana, schlechte B ü c h e r. Anpochende, aufhauende Meinungen fürchtet er, und daher imponiren sie ihm auch. Und da
die letzten grade so waren, so fügte er sich unter, mit zu vieler
Liebe, wie ein bestraftes, fürchtendes Kind. Dabei ist seine
Arbeit spinnenartig, und gleich kommt jeder Vorrath in sein
neuestes Gewebe. So hat ihn auch die kühne Richtung der
neumodischen Empfindsamkeit, nach Altmodischem, als Katho-
lizism u. dgl erschreckt; und seine kriecht ihr etwas nach, ihr
eignes natürliches Gehege vergessend. Der muß sich für allein
halten, um Original zu bleiben; jedes, viel, alles, kann er
mit dieser Gabe nicht ergreifen. Sein Traum einer Wahn-
witzigen ist göttlich, und seit recht lange mal wieder ächt. Wie
schön gleich geschrieben! da sieht man recht, wenn er sich ver-
senken, isoliren will, was er dann ist. Umgang mit noch lebenden Schriftmenschen, auch nur ihre Bücher, ihre Kritiken
nun gar! ist ihm todtschädlich. Wie so er mich nur für humo-
ristisch hält! mich dünkt, ich habe nie etwas in seiner Gegenwart gesagt; aber ich weiß schon; weil ich sein Komisches so
rasend goutire. Und d a s weiß er. Dazu g e h ö r t auch Hu-
mor. — Als ich grade nach Paris reisen wollte, sah ich in der
Jägerstraße mit Jean Paul aus dem Fenster und sagte ihm:
Ich begreife es gar nicht: ich reise in acht Tagen; und seit ich'
meiner Reise gewiß bin, werden mir alle die bekanntesten Gegenstände fremd; ich erkenne die Ecke drüben nicht mehr; sie ist
mir wie die fremdeste Straße. Es war wahr. Er sagte ganz
in sich gekehrt, und beinahe mit Kopfschütteln: „das ist eine

große Phantasie! Sie haben eine große Phantasie!" Wie so? sagte ich! Er schwieg aber, und ich auch, weil es von mir war. Ich verstand ihn nicht, und verstehe noch nicht, was er meinte. Denn es war ja ein Unvermögen und ganz negativ. Meinte er, daß ich mich so los denken konnte, und die neuen Gegenstände mir schon vorhielt? Antworte mir! —

Anmerkung: J. P. Richter schrieb an Rahel:

Berlin, den 6. November 1800.

Geflügelte! — in jedem Sinn; denn hier hätten Sie noch einige Wintermonate lang Ihre Reiseschwingen zusammengelegt behalten sollen. Mit unbeschreiblichem Interesse hab' ich einige Ihrer Briefe von Ihrer Freundin, die sie so sehr verdient, gelesen; aber mit eben so vielem Schmerz. Sie behandeln das Leben poetisch, und das Leben daher Sie. Sie bringen die hohe Freiheit der Dichtkunst in die Gebiete der Wirklichkeit, und wollen die Schönheiten dort, auch als Schönheiten hier wiederfinden; — aber die poetischen Schmerzen sind, in die Prosa des Lebens übersetzt, rechte wahre Schmerzen. — Vor der Muse ist der Teufel schön und die Parze, aber sie wohnet nur in uns, und der Teufel so oft außer uns, und hat dann keine milde Beleuchtung.

Leben Sie froh unter einem Volke, das sie besser fassen werden, als dieses Sie.

Schreiben Sie mir, aber kein Brief wird mir gefallen, als der längste. — J. P. F. Richter.

Berlin, Freitag den 2. December 1808.

— Alle Tage kommt mir das Erbärmliche erbärmlicher vor: und gar nicht mit Ingrimm, Zorn oder Wehmuth. Nein, ganz in Zerstreuung verloren, wie über eine Sache, die so gewöhnlich ist, daß man sie zeitlebens schon weiß. Meine Lage bringt es auch mit sich; so paradox dies im Augenblick klingt. Meine Einsicht ist so tüchtig, meine Weltkenntniß so gereift, daß diese bestätigenden Entdeckungen meinen Geist nicht bereichern noch stutzig machen; mein Gemüth kann nur noch von Edlem, Ausgezeichnetem, Geist v o l l e m und R e i c h e m affizirt werden: denn vom Schlechten bin ich im Außern so sehr herunter und zurück, als es nur mit mir ging: Neues ist hier nicht möglich; und diese Lage bleibt nun wohl ohne ungeheure Revolution — im Schlechten — wie sie ist. Gutes! Glück, du kannst mich entzücken und beschäftigen; und Einfluß auf mich haben! ...

Sonnabend, den 9. December.

Heute kommen unsere Truppen herein; j e t z t. Die Offiziere — dreihundert Koverte — speist die Stadt im Komödiensaale; der erste Rang ist für die Offiziere genommen, übrigens ist Freikomödie, Harlekin und ein unbedeutendes Stück. Die g a n z e S t a d t ist hin, um sie zu sehen: ich nicht. Den ganzen Morgen hab' ich häufige, bittere Thränen der Rührung und Kränkung geweint! O! Ich habe es nie gewußt, daß ich mein Land so liebe! Wie Einer, der durch Physik den Werth des Bluts etwa nicht kennt; wenn man's ihm abzieht, wird er doch hinstürzen. Ich kann aus losgelassenem Schmerz nicht hingehn, jeder Reitknecht mit preußischen Pferden, der vorbeigeht, pumpt mir einen Strom von Thränen ab. Ich sprach laut in heftigstem Schluchzen zu meines Freundes Büste. Ja, ich bin von meinem Lande genährt und erzogen; und denke, ich bin doch modifizirt über alles, wie die Besten darin; dies wäre mir in jedem Lande geschehen: aber ich habe ja in meinem gelebt; sehen, und denken, und Antheil nehmen lernen: und wahrlich, ein jeder war hier geschützt: und d a s fühlte ich immer. Was mich unaussprechlich kränkte diese Woche, war, daß mir ein preußischer Militair begegnete, dem Jungen nachliefen, und alle Menschen nachsahen; und auch ich wußte nicht, ob es ein Offizier, ein Unteroffizier, oder ein Soldat war! Vielleicht kannst du noch nicht fühlen, was das heißt — für einen Berliner, unter Friedrich dem Zweiten zum Theil erzogen. Wie ein Schweizer Berge kennt, ein Franzose Höflichkeit übt, ein Engländer von seinem Parlamente weiß, so wußte hier bis auf die albernste Demoiselle jeder, was gut marschiren, aufsitzen u. dgl. war. Ohne zu wissen, daß sie es wissen. Und nun schloß ich nur, es sei ein Preuße; und erkannte den Grad nicht mehr! Nun aber kein Wort mehr! und ich beschwöre dich auch, mir nichts über Politik zu antworten. — Mein Kopf ist ganz angegriffen, so beschäftigt mich der Welt Lauf. Borniren thut mich mein Land doch nicht; was Närrisches drin vorgeht, ärgert und frappirt mich genug, und die große Weltbewegung und die Kadavergestalten, die sie verdrängen muß, ergötzt mich doch! Gott wie himmlisch schön sieht in diesem Augenblick meine lange breite Straße aus, dicker Schnee, heller Sonnenschein, und Ein dicker S t r o m Menschen strömt durch, so weit man s e h e n kann, du weißt, w i e weit, von den Soldaten zurückkommend! Und denke dir meine abgelegene Gegend, eine M e i l e. Vom Bernauer Thor kommen sie. O! Könntest d u die mahlerisch schöne Straße sehen. Die s c h ö n e, wirklich schöne Stadt. Alle Franzosen sagten es auch. Ich hatte nicht geglaubt, daß noch so viel Kutschen in der Stadt wären. Der Lärm! O! wärst du hier! Ich tue nichts, als vom Fenster nach meinem Brief laufen; und weinen . . .

Berlin, den 17. December 1808.

Was du mir über den Meister geschickt hast, hat mich ganz besonders gefreut. — Das ganze Buch ist für mich nur ein Gewächs, um den Kern als Text herumgewachsen, der im Buche selbst vorkommt, und so lautet: „O wie sonderbar ist es, daß dem Menschen nicht allein so manches Unmögliche, sondern auch so manches Mögliche versagt ist!" Du kennst die Stelle von mir. Und dann die andre, daß dem Menschen jeder Strich Erde, Fluß und alles genommen ist. Mit einem Zauberschlage hat Goethe durch dies Buch die ganze Prosa unsers infamen, kleinen Lebens festgehalten, und uns noch anständig genug vorgehalten. Daran hielten wir, als er uns schilderte; und an Theater mußte er, an Kunst, und auch an Schwindelei den Bürger verweisen, der sein Elend fühlte, und sich nicht mit Werther tödten wollte. Den Adel wie er ist, und der den Andern als Arena — ich weiß das Wort jetzt nicht — vorschwebt, als wo sie hin wollen, zeigt er beiläufig, gut und schlecht, wie es fällt. Dann bleibt noch die Liebe; und darüber ist die gedrängteste Bemerkung die, welche ich anführte, und wo sich Geschichten darum bis zur Niedrigkeit und bis zur Tragik bewegen; die Menschen treffen sich nicht; Vorurtheil, wenn sie sich getroffen haben, trennt sie, der Harfner, Aurelia u. s. w. und da der Mensch hier nichts begreift, weil ihm die andre Hälfte, wozu dies Irrspiel gehören mag, fehlt, so bricht Meister und Goethe in die Betrachtung aus, daß unser Mögliches hier, was wir dafür halten, auch mit Ketten gehalten sein mag, an Pilastern, die auf andern Welten ruhen, die wir nicht kennen; unterdeß bewegen sich aber die Menschen, und dies trägt er uns in seinem Buche wie in einem Spiegel vor. Verzeih, und sieh die entsetzliche Eil! — Künftig einmal über jedes Wort!

Berlin, den 17. December 1808.

— Mir fällt aber immer ein, was Goethe's Carlos dem
Clavigo sagt, nämlich, es sei nichts Erbärmlicheres als ein
Mensch zwischen zwei Empfindungen, von denen er keiner
ganz angehört; anderes, als dieser musenvergessene Mensch
weiß ich auch nichts. Könnt' ich verhindern, daß dieser Brief
in der rauhen Entfernung kein Leid machte! Vergeblich! Es
entwickelt sich Stufe vor Stufe, Folge aus Folge: und das
Reich des Herzens und die andern Reiche scheinen ohne Zusammenhang. Glück hat der, dem dieser Folgengang wohl-
thut, Unglück der, dem er weh thut. —

Nun hab' ich geweint; und es ist mir in der That, als sei
ein Tropfen gelöset von dem finstern Strome tief in mir; ein
Tropfen, nicht mehr! Ich habe in Heinse's Briefsammlung
gelesen. Es ging ihnen wie uns. Man sollte sich nicht trennen!
Drei sind schon todt: Gleim, und Heinse und Forster. Sie
wollten sich immer sehn. Sie waren Männer; Gleim schon,
wo ich jetzt lese, neunundsechszig Jahre alt; Müller sechsund-
dreißig, und wie sehnsüchtig, wie lebendig-feurig ihr Wunsch,
sich zu sehen; und immer zunehmender. Auch sie interessirte
Europa, und was für Menschen darin geschehen sollte, so leb-
haft! Wie sie riethen und kombinirten! Vom Fürstenbund,
von Joseph, von Friedrich Wilhelm, vom damaligen Koad-
jutor Dalberg, von allen Gelehrten, ihren Werken, den Krie-
gen; wie wahr, wie wahrscheinlich sah alles aus; w i e jetzt!
Ihre Herzen schlugen in unsäglicher Unruhe von Wunsches-
stürmen in ihrer Brust, wie unsere! auch wir wissen nichts;
und können nur leben: und thun's nicht; wie sie. Einige wenige und zwanzig Jahre haben kluge Leute zu Narren gemacht;
und die uns preisgegebene erste Sandfläche der Erde scheint
wirklich verändert. O! wie weint' ich über ihre Liebe: mit

welcher Leidenschaft empfand ich ihre Sehnsucht, ihre stürmenden Wünsche mit! Ich hatte es nöthig, o Gott! auch ohne Gegenstand müßt' ich ewig fortlieben! Nun seh' ich es; es sind die geistigen Schläge meines Herzens, aber alle Herzen sind nicht so: das habe ich erst heute in meinem Kopfe erfahren. Den Unterschied habe ich in tausend Schmerzen erlebt; auch gefühlt; aber nie genannt, und in meinem Geiste aufgestellt.

Mittwoch, den 28. December 1808.

— Ich habe in keinem Ereigniß Glück. Bin ich glücklich, so kommt's von meinem innern Reichthum; und daß ich nie Unwürdiges wählte, und also frei bin. Bis jetzt nun habe ich unter den Auspizien, im strengsten Verstande, unter den Flügeln von Friedrich dem Zweiten gelebt. Jeden Genuß, von außen her, jedes Gut, jeden Vortheil, jede Bekanntschaft, kann ich von seinem Einfluß herleiten: dieser ist über meinem Haupte zersprengt: ich fühle es besonders schwer! Sein eigener Geist — und grade weil er meinem so unähnlich ist, will ich ihm blind gehorchen, und nicht aus meinem Geiste Elend weiter spinnen — befiehlt schnell eine kühne Wahl; auch er hätt sich schnell entschlossen, ich folge seinem Winke! —

Dienstag, den 3. Januar 1809.

— Armer! Möchte ich zu dir sagen, der nichts in seiner Seele festhalten kann! wie du es selbst beschreibst. Aber vielleicht verlangst du zu viel von dir: und es ist mit allen Menschen so! Ich für mich weiß nichts mehr zu sagen. Wenn du mich liebst, wird es sich finden: ich kann nicht mehr ringen. Mit und um nichts: und ein errungen Glück ekelte mich von j e. Frag dich selbst, ob ich dich genug liebe; ob ich ehrlich, und brauchbar zum Umgang bin. Und lebe wohl! die Nacht sinkt. Ich umarme dich. — Die Konskription kommt hier gar nicht zu Stande, so viel Menschen lassen sich anwerben: die wohlerzogensten; Juden und alles; ach! es möchte jeder den alten Ruhm wieder aus der Erde graben. Wie die seigneurs sehen unsere Soldaten aus: höflich, comme il faut: wie die Franzosen. Sie bekommen keine Schläge mehr!! —

Sonntag, den 29. Januar 1809.

... Deine äußere Lage, und wie die das innere Sein bedingt, habe ich wohl nicht vergessen; und sogar erwähnt. Sagte ich nicht, wenn wir nur Geld hätten, es wäre alles anders: und wissen wir nicht ohne alle Erwähnung, daß Stand ein Stück Geld, oder die Bahn dazu ist? — — Ich irrte mich. Weder du noch ich, werden sich ändern: ich handelte in meinem alten Irrwahn; wieder meinend, Festes könne Festes um sich her bilden; und der Evidenz der Einsicht müsse jeder Sinn weichen: und es ist grade nur die Natur des meinigen. Die Einsicht wird dir; und das Gemüth läuft einen andern Gang, wie ein Fluß; Gott weiß von welcher Erdkrümmung, von welchem Planeten getrieben! — Ich irrte mich wieder; ich wollte wieder etwas machen. Das kann ich durchaus nicht: vielleicht Andere auch nicht. Und es ist dumm, sich zu fürchten; ist jetzt nicht auch Zukunft? diese will man immer so schön, so sicher haben. Liebt' ich dich doch schon schwankend; warum will ich's für künftige, in einigen Monaten, nicht. Der größte Hieb von dir ist mir angebracht: du zeigtest dich gleich wahr, wie du bist, jetzt kann's nur wieder so kommen. — Nachsichtig aber kannst du doch mit mir sein!

* 108 *

Stell dir meine Natur, meine Art mich zu geben, dar; und
bedenke was mir begegnet ist, alles! Mein Schicksal: da kommt
der Ausdruck wohl aus dem Gleichgewicht. Und auch ich,
Varnhagen, stellte mich dir konzentrirt, und also ärger dar. —
Unglücklicher, als ich vor deiner Bekanntschaft war, kann ich
nicht werden. Und in einem vorigen Briefe schrieb ich schon:
„Ich dachte eine Zeit lang, nicht allein zu sein; ich bin es
wieder;" damit meinte ich nur das. Mußt du mich also lassen,
so thue es ganz getrost. Folge deinem Herzen, deinem innren
Sinn ganz! Willst du, begehrst du, eine Zeit lang mit mir
zu sein; so komme auch! Mein Herz empfängt dich! — wie du
es dir nur wünschen kannst, wie du es schon erlebt hast. Findest
du das wieder, eifern, tüchtig, kolossal — ich weiß daß es auch
Lob ist — so bin ich es! So wird mein Herz immer auf dem
Papier. Ich versteh nicht sanft, weiblich, lieblich, halb zu
wählen: so daß man mich auffangen und halten muß. Und
auch jetzt wähle ich wieder ganz. — Darüber, daß wenn ein
Besserer als du käme; der mich ganz erfüllte, in Anspruch
nähme, wie du sagst: darüber gieb dich auch zufrieden. Erstlich, ist das in aller Ewigkeit, bei jedem Paar Menschen der
Fall. Eben weil die Möglichkeiten doch in's Unendliche gedacht werden können. Aber damit sei es so, als wenn ich des
Nero — glaube ich — goldenes Haus bekomme; dann reiße
die Stadt worin ich wohne ein, und ich will still schweigen. —

Dienstag, den 31. Januar.

— Was, und wie mein Lieber, soll ich denn da entscheiden?
Frei, zu allem in der Welt, bist und bleibst du mit mir in
aller Ewigkeit, rück- und vorwärts hin; das ist ausgemacht. —
Alle Verwirrung liegt, wie du sagst, in den Umständen: (und

wahrlich, mir gefällt jetzt nur e i n e Art sie zu bekämpfen: mit einem Heere!) die aber gründen sich alle, und gründeten sich in der Vergangenheit, bloß auf den Gemüthszug, den du mir ausgesprochen haft. — Ich werde nun nichts mehr ändern, oder bereiten wollen. Das ist eben so gut, so schlecht meine ich, als Affektiren: weder außen muß man Umstände provoziren und zurecht stellen wollen; noch innen Gefühle: beides geht nicht; bleibt also unwahr. Edler ist's: weil es stiller und gescheidter ist, abzuwarten in Stummheit, und in anständiger Haltung, was geschehen kann, und was einem werden kann; und seine Einsicht darüber zu erklären, erhellen: werde ich das nicht so ausführen können, so werde ich bloß fehlen. Nun verzeih' mir auch! — Du fürchtest, daß dein Brief mich „in einer heftigen Stimmung träfe!" Wenige sind explosiver als ich; das weiß ich selbst. Unvernunft aber wirft bei mir, oder erzeugt vielmehr, die größte Explosion nicht! Nie hat Zorn etwas in meiner Seele geschaffen, was nicht lange ihr von meinem Geiste überkommen wäre. Zurückhalten kann ich es lange: aber nur früher oder später wär' es hervorgekommen. Das mußt du doch auch schon bemerkt haben. An dir, mein Lieber, ist nun jede Entscheidung: und ich erwarte sie mit reiner Seele. Noch Einmal aber, und aus Grund des Herzens bitte ich dich, folge ganz und gar dem deinigen; und wie ich mich schon ausdrückte, deinen Augen! Nicht mehr meinetwegen; damit dir, dir lieber Freund, wohl sei! Denk dir dich Einmal, Jammer in der Tiefe, und einen Stachel in deinem Herzen, an meiner Seite! — Bin ich denn hart, wenn ich wähle und scheide? Ist Einsicht haben und gebrauchen hart? Freilich laffen sich graziöse Frauen leiten; und auch die Tänze stellen das vor! Aber ich wäre noch ungeschickter, wenn ich anders sein wollte! — ...

Sonntag, gegen Mittag den 19. Februar 1809.

Da ich dir Dienstag noch nach Tübingen schreiben will,
muß ich nur gleich anfangen, und kann nichts Besseres thun.
O! lieber theurer Freund, dies war ein zu gräßlicher Winter
und Herbst. Ein Leben voll Glück sollte damit nicht errungen
werden müssen. Wie betrübt, geängstigt, gedrückt, verzweifelt
war ich noch vor zehn Minuten! wie ennuyirt! Noch soll ich
mich, nach allem was ich wahrlich schon erlebt habe, in solcher
kleinen, niedren, ungewissen, nun gar einsamen, von Menschen
und Künsten, und Natur geschiedenen Lage, herumbalgen.
Und all mein Muth, meine Klarheit, meine Gaben, sollen
mir zu nichts dienen können, als daß ich wie eine Verzweifelte
— Verlassene — davongehen kann. Dies ist doch die trockene
Geographie meines Zustandes. So war es doch diesen ganzen
Winter — gespickt mit tausend Kränkungen, Neckereien, Be-
leidigungen und Unsinnen, ohne Labe für Herz, Geist, Phantasie (Hoffen durch Geist für Herz). Du weißt die drei guten
Sensationen, die ich vielleicht hatte; ich theilte sie dir ja mit!
— als du noch nichts wählen konntest, und auch mich nicht
lassen konntest. Und können wir uns wohl gegenseitig durch
etwas helfen, als durch Liebe und frischen Herzensmuth?! O
und was ich sagen kann, und gesagt habe, ist das wenigste!
Die Reihe der Gedanken, die bei mir in der Zeit aufgeregt
wurden, d e r Ärger, der Verdruß, das Unbehagliche, das in
jedem Augenblick in meiner Lage mich anpickende, anpackende,
immer wiederkehrende, sich aus jedem Neuen neu erzeugende
Ungemach, auf Menschen=Seichtigkeit, Schlechtheit und
Dummheit zu meinem Wahnsinn gegründet; dies getrübte, ge-
kränkte, empörte, und gesunde nie ermüdete Herz! diese
Stützenlosigkeit nach j e d e r Seite! Auch du, Varnhagen
mißdeutest meine Kraft. Ein siebzigfaches Leid, eine Äußerung

davon ist sie! Diese Woche habe ich erfunden, was ein Paradox ist. Eine Wahrheit, die noch keinen Raum finden kann
sich darzustellen; die gewaltsam in die Welt drängt, und mit
einer Verrenkung hervorbricht. So bin ich leider! —
hierin liegt mein Tod. — Nie kann mein Gemüth in schönen Schwingungen sanft einher fließen, wozu dies Schöne in
der Tiefe meines geistigen Seins wie in den tiefen Eingewei-
den der Erde verzaubert liegt. — Wie richtig, geliebter
Freund — und wie traurig — vergleichst du mich — wie
überaus witzig, nie hat man etwas erschöpfend Ähnliches
über mich gesagt!! — vergleichst du mich zu einem Baume,
den man aus der Erde gerissen hat, und dann seinen
Wipfel hineingegraben; zu stark hat ihn die Natur angelegt!
Wurzel faßt der Wipfel, und ungeschickt wird Wurzel zu
Wipfel! Das, Lieber, leider! leider! bin ich. Dies ist der
Durchmesser meines Lebens. Seine erste Verschlingung zum
Wirklichen. Laß dies mein Epitaph sein, und dies ist dasselbe,
was mein „Paradox" ist. — ...

*

AN WILHELM VON HUMBOLDT
IN KÖNIGSBERG

Berlin, Mittwoch, den 28. Juni 1809.

... Ganz erstaunt bin ich, Ihnen Dankbarkeit eingeflößt
zu haben; Sie haben sich auch nur versprochen, lieber Humboldt! Sie wollten sagen, Sie seien noch, wenn Sie daran
erinnert würden, ein wenig verwundert, daß ich nicht durchaus
so garstig bin, als Sie mich während des Hasses immer

wähnten, oder vielmehr vorausſetzten; und unbeachtet ließen. Ewig wird es in Ihrer Menſchen-Kunde und Jagd, und in Ihrem Leben ein Brachfeld bleiben, daß Sie mein Weſen ſo übergehen konnten; von Außerlichkeiten wie von kleinen Wällen und Thürmchen zurückgeführt, weit weg, zu leeren flachen Gebäuden in nachahmenden Umriß der gewöhnlichen Regelmäßigkeit! Weil ein kräftigeres Gemüth ſich tiefer zurückzog; unter den Prahlern nicht prahlen wollte, und weltlich ſich zeigte, ging der Naturforſcher vorüber? Weil ſchönere, erlernte Ausdrücke mir nicht zu Gebote ſtanden, und ich ſie zur Hälfte verſchmähte, entging Ihnen auch, mein unbefangener, eindringender Geiſt? Und die herbe jugendliche Schale ſcheuchte auch den Kundigen vorbei? Welch Studium hätten wir miteinander vollbringen können; welche Welten von Leben entdecken können: welche Rechenſchaft hätten Sie von mir einholen können! Schämen Sie ſich, Sie fleißiger ſchlechter Forſcher! . . .

*

AN VARNHAGEN IN WIEN

Dienstag, den 26. December 1809.

Nun kommt mir Joſephinens*) Schickſal erſt groß vor. Kinder einer Ehe, wo ſie unter dem Volke ſtand, wie im Traum Könige werden zu ſehen; ſelbſt zur erſten Frau der Erde gekrönt zu werden; mit der größten Macht beſchützt; den kleinen Sorgen entrückt, nur noch unmittelbar unter der Gewalt des

---

*) Joſephine Beauharnais.

Himmels stehend; den ganzen irdischen Olymp als schmeichelnde Diener unter sich; Königstöchter wie zu ihrem Hof gehörig gebückt und in Entfernung von sich gehalten, nur durch Gnade und als Vorzug zu sich gerufen; sicher gemacht durch gewonnene Schlachten und besiegte Nationen. — Dann aufgeschüttelt, doch wie aus einem Traum. Der Gemahl, der Sohn, die Tochter, bleiben Könige! Und auch das fabelhafte Glück ihrer Kinder, muß ihr Erniedrigung, Herabsetzung däuchten! Eine kleine Fürstin, Tochter eines kleinen Herrn, kann einen Sohn gebären, der Frankreichs Thron besteigt. Wie wird man dem entgegenjauchzen, den erziehen, ihm schmeicheln, ihn fürchten, schonen, hegen! Die Kanonenschüsse, die seine Geburt ankündigen, müssen Josephine zur Niobe versteinern. Die machen die Kronen ihrer Kinder zu unscheinbaren Ordenszierden höherer Vasallen; die donnern ihre Generationen in die Vergangenheit. — Nun kann ich mit ihr fühlen, da das Schicksal große Vorkehrungen zu großem Unglück für sie unternommen hat. Unglücklicher ist sie, als eine geborne Königin: die entstieg ihrem Schicksal gleich, wie aus der Erde, dem dunklen Mutterschoße; Josephinen aber neckte es: „Sieh! so hoch kann ich, ohne daß er sich regen mag, wie einen Ball den Menschen werfen; tief kann ich ihn hinabrollen!" Und ihrer Kinder r a s e n d e s Glück, der Gipfel ihres Stolzes, die empfindlichste Freude, wird ihr unheilbarstes Weh, ihr grimmigstes Leid! — Selbst nichts zu sein, erträgt sich, für Freiheit, und für den Gedanken: du warst's. Aber seine angehörigen Lieben gleichsam angeführt zu haben durch den Glauben an sein eigen Glück; sie von diesem, und seinen ewigen Dienern, den Menschen, haben schmeicheln lassen; und die sich feig und nur nach dem Hunger gewandt zurückziehen sehen, seine Lieben allein und beschämt, dem

Trofte unzugänglich! Da bleibt die Wunde frisch; der Schlag, die Betäubung vor dem wahren Tod!

Den 2. Januar 1810.

Die jetzige Gestalt der Religion ist ein beinah zufälliger Moment in der Entwickelung des menschlichen Gemüths; und gehört mit zu seinen Krankheiten. Sie hält zu lange an; und wird zu lange angehalten. Beides thut großen Schaden. Besonders ist es jetzt schon närrisch, da dieses unbewußte Anhalten mit eigensinnigem, leeren Bewußtsein vollführt wird, und, wo Bewußtsein eintreten sollte, wirkliche bewußtlose Starrheit wie eine Krankheit zu heilen vor uns steht. Ich will hierüber nicht weitläufiger sein. —

*

AN VARNHAGEN IN STEINFURT

Berlin, im Januar 1811.

— — Auch ist für mich alles Schicksal, Entwickelung, Geschichte. Ich schiebe nichts auf Menschen. Ein höheres Gebiet regiert dies. Dies ist meine ganze Religion; darin leb' ich. — Ich habe viel Unglück erlebt: dazu hatte ich Talent: der größte Virtuos bin ich darin. Heraus bin ich aus der Sphäre; mein Loos ist raus aus dem Lotto; am Körper kann ich nur noch torturirt werden: mit der Natur hab' ich noch zu schaffen. — Sehen wir uns, so findest du mich doch lebendig wieder: nicht allein nicht begraben, sondern, zum Weiterleben, mit Geist, und Verstand, und aller redlichen, lebendigen Teilnahme

fertig. Was soll' ich wohl noch sagen! Weißt d u was? —
Die Universität, wenn sie auch, als bloßer Anfang zu einer,
verscheiden muß, ist schön; und wahrlich einem jeden hier nach
seinen Kräften lieb. Sie ist ein Produkt des Geistes. Mitten
in der Besiegung, der Armuth, ja der Furcht, der Störung,
erdacht, entworfen, angefangen! Ein Grünen der Erde durch
ihr eigenes Feuer, möge Phöbus g n ä d i g leuchten, und keine
Pfeile den Kühnen schicken! . . .

*

AN ALEXANDER VON DER MARWITZ
IN FRIEDERSDORF

Berlin, Donnerstag Abend nach halb 11,
den 16. Mai 1811.

„Mehr und Besseres kann Ihnen mein beunruhigtes, zer-
rüttetes Gemüth nicht geben." Diesen Schreck muß ich von
Marwitz haben, das von meinem geliebtesten Freund erleben!
Wie oft könnte ein in Wunden zerrissenes Herz heilen, ge-
nesen, zum Leben berührt werden, in seiner Noth; von einem
einzigen Blicke, von einem Worte, von einer Bewegung, einer
Inflexion der Stimme, des geliebten Menschen, auf den der
Ringende harrt; nicht aus Schwäche, aus Menschenelend
harrt, und harren muß. Vergebens! Nicht Blick, nicht Wort,
nicht Ton kommt zu uns: wir verschmachten, vergehen, leben
n i ch t; und Welt, und wir selbst manchmal, wähnen uns ge-
tröstet. „Die Menschen verstehen einander nicht," sagt Werther. Sogar die Jammertöne werden nicht erkannt, die aus
eines jeden Brust geschlagen werden; vom Andern nicht! dies

ist wahr und schrecklich! Das andere Schreckniß besteht darin,
daß wir auch nicht heilen, nicht helfen können, wenn der von
uns Geliebte leidet! Wir verstehen ihn ganz, sein Leid reißt
in unserer Brust; und einsam ist er, einsam sind wir. Diese
Klause, worin jede Menschenseele haftet, und wo Liebe d a n n
und w a n n Leben und Leben vermählt, wie Licht, vom Himmel geschenkt nur, hinüber trägt, — dies ist der Graul, wovor
der Mensch erstarrt (des Denkers Geschäft in Gebet übergehen muß), und ich verzweifle. Mit mir ist es aus. Sie erscheinen mir, den ich lieben kann. Jung und gut dotirt, wie ich
es nur wünschen mag, stehen Sie vor mir; ich lerne Sie auch
genau kennen: Sie erkennen mich, ich bin Ihre Freundin; das
Meiste und Beste der Welt, des Lebens, sehen wir mit gleichen
Augen, mit gleichem Geiste an; fühlen, sind überzeugt, jeder
vom Andern, daß er ein lebendiges, unschadhaftes Herz im
Busen trägt; besitzen und lieben unsere fünf Sinne. Ich tröste
mich — wie man sich an einem Kinde etwa trösten kann —
eine ähnliche Natur in ihren besten Vermögen, in ihren ge-
heimsten, feinsten Nuancen zu kennen, auf der Erde zu wissen, der es glücklicher gehen soll, als mir; kurz, — die Worte
sind alle dumm, und drücken plumpe Gedanken und Absichten
und Verhältnisse und regrets aus! — ich kenne, durchschaue
und empfinde Sie so, daß mein Glück und Ihr Glück Einen
Strom geht! Sie wissen, ich halte n u r auf Beieinanderleben;
aber Sie sind der Erste, den ich nie wieder sehen, wieder hören
will, wenn es I h n e n nur gut geht, wenn I h r e Natur
mit ihren Bedürfnissen sich nur deployiren darf; Eins wissen
Sie nicht, Marwitz, wie über alles zu fassende Maß dies bei
mir viel ist. Wissen Sie dabei, daß Ihre Gegenwart mir wie
das Auge der Welt geworden ist; ich sehe Sie, auch wenn Sie
nicht da sind; aber in die Augen sehe ich ihr nicht: ich weiß

auch nicht, ob sie mich sieht. Ich habe viel geliebt, aber nie
einen Menschen wie Sie. Und mußte auch mein wahnsinniges
Herz mich bis zu den Gränzen meines eignen Seins reißen,
so war mein Geist nie irre: und einem wirklichen Gegen-
stande war es aufbewahrt mich zu lehren, daß das Maß nicht
in mir, sondern in ihm abgesteckt ist. (So habe ich Goethe
geliebt in seinen Werken.) Von diesem Freund, dessen Wohlsein ein neues anderes Lebensziel für mich werden mußte, hör'
ich nun auch die trüben zerstockenden Klagetöne, mit denen
ich die Atmosphäre durchdringen mußte, und kann ihm
gar nicht helfen. Fühlen Sie das? begreifen Sie's?
das wollt ich Ihnen sagen: und so viel mußte vorhergehen.
Einsam steht jeder; auch liebt jeder allein; und helfen kann
niemand dem Andern. Halten Sie kein Wort, keinen Unmuth,
keine Stimmung zurück: beehren Sie mich damit: ich will Ihr
Leben wie meines ertragen, doppelt leben ist ja schön; so wie
es dem Menschen möglich ist, will ich es gerne annehmen,
dahinnehmen. Auch weiß ich wohl, lieber Marwitz, daß solche
Stimmung nicht permanent ist, wechselt, sich beim Schreiben
an Intime mehr entwickelt, mehr aufbraust; ich weiß alles
hierbei zu stellen, zu würdigen; es ist, als ob Sie zu sich
selbst sprächen: sprechen Sie zu mir! Ich danke Ihnen für die
Beschreibung Ihres Hauses: ich weiß, daß Sie sie zu Anfang
für mich imaginirten, aber wie einzig richtig sah ich dadurch
Ihren Zustand, Ihre Denkungsart, und die Veranlassung zu
den vielfältigen Stimmungen in der einen Grundansicht! Ich
kann mir Vorfahren und alles denken (Sie wissen es), wovon
ich entfernt bin; wenn es edel, wenn es natürlich, einfach und
groß ist. Mir thut der Frühling auch vielfach weh. Ich
kann nicht allein leben; und bin es: nicht ohne Beziehung;
und habe keine. Reger und reger nur wird mir Sinn und

Herz; beſtimmter und ſchärfer der Geiſt: und dieſer Frühling
zaubert mir, zieht mir alle verfloſſenen durch's Herz; macht es
mir erklommen ſtill ſtehen, vor Angſt, vor allen künftigen!
A u ch nur Worte! G o t t weiß, wie bange, erſtockende, zum
Tod erſtarrte, betrübte Momente ich durchfühlen, durchleben
muß. Schreiben Sie mir nur! Wenn auch nur noch ſo wenige,
noch ſo trübe Worte....

*

AN ALEXANDER VON DER MARWITZ
IN POTSDAM

Freitag Abend um 11 Uhr den 18. Oktober 1811.

O! mein theurer Freund, je mehr vorgeht, je ſchrecklicher
iſt es, daß Sie weg ſind. Ich erliege, ich bin überwältigt von
dem Strom der Gedanken an Sie, ſeid Sie weg ſind; welch e Welle davon, ſollt' ich ſchöpfen, um ſie Ihnen zu ſenden?
Was iſt nicht alles ſchon vorgefallen, was hab' ich Ihnen nicht
alles adreſſirt! Oft hatte ich auch Augenblicke, wo ich zu
furchtſam war, Sie in Ihrer neuen Umgebung, in der neuen
Laufbahn gleich zu ſtören; Sie gleichſam nicht unbefangen zu
ſich ſelbſt kommen zu laſſen, Ihnen mein Andenken aufzu-
dringen! Und andere hatte ich, wo ich dachte; er weiß, daß ihn
deine Gedanken belagern, und es iſt ihm lieb, er hat es nöthig,
er denkt es. Furcht behielt aber die Oberhand; und es iſt auch
beſſer, Sie ſehnen ſich nach meinen Briefen und Worten, als
daß Sie ſie einen Augenblick wegwünſchen. Das iſt wahr;
und ich geſtehe es.

Es hilft Ihnen nicht, mein lieber Marwitz, daß Sie meine
ganze Unwiſſenheit überſchaut haben: die gelehrteſten Leute

kommen in meine Einsamkeit zu mir, und bleiben von 7 bis dreiviertel auf 11 tête-à-tête bei mir. Der Philologe Wolf that das diesen Abend. Sie haben sich nichts mehr zu schämen. Dieser Mann denn, sprach diese ganze Zeit auf die reichhaltigste, geistreichste, naiveste, offenste Art mit mir. Von allen seinen Arbeiten (wovon er mir schon morgen die Wolken schickt, und einen Aufsatz über die deutsche Sprache, und mir alles geben wird, was ich nur irgend verstehen kann), Plänen, Gesinnungen, über alle Gelehrte, und Stadtgenossen. Ueber sein früheres Leben, seine Liebschaften, Heirath, Ehe, Frau, Kinder und ihre Erziehung. Über die Art und Weise wie er seine Arbeiten konzipirt, und unergründlich liebenswürdig was er davon hält; was er noch zu schreiben gedenkt, wie er vieles verfaßte, was er vom Übersetzen denkt; von Voß, Schiller, Schleiermacher, Humboldt, Friedrich Schlegel, dessen Frau und Bruder, Goethe, dessen Ehe, und Geschichte; seinem Leben mit ihm; vom Herzog, der Herzogin; Deutschland, und seine Meinung darüber (meine Satisfaktion! es war meine), von Mad. Herz, Frau von Berg, Gräfin Voß, ihrem Mann, Stein und Varnhagen. Kurz, ich kann mich des lebendigen Gesprächs und der Gegenstände nicht aller erinnren; für mich Arme fiel es aber doch zu einem Leid aus; mit welchem Jammer bedauerte ich, daß Sie vier Meilen weit waren, mit welcher Anstrengung wollt' ich alles für Sie behalten. Wie schön sprach er über die Wolken! Welche V o r r e d e f ü r m i c h ! Mit welchem großartigen Zutrauen über alle Dinge, mit welchem leisen, nur nöthigen Verbot! Wenn ich Sie sehe, bleibt Ihnen alles das unverloren. Welcher Verlust, getrennt zu leben! Lassen Sie mich's auf dem stummen Papier sagen! Andere Menschen können getrennt leben, wir zwei n i c h t. Es ist zu wahr; ich sag' es dreist ...

AN FOUQUÉ IN NENNHAUSEN

Freitag, 2 Uhr Mittag den 29. November 1811.

... Auch sollen Sie die Briefe und Billets haben, die ich von Louis*) konserviert habe: weil Sie sie am meisten lieben werden. Sie aber vermachen sie mit den Tüchern, wieder Ihrem liebsten Verwandten, und so der weiter, und immer der Liebste dem Liebsten. Er ist ein geschichtlicher Mann. Er war die feinste Seele: von beinah niemand gekannt, wenn auch viel geliebt; und viel verkannt. Es ist nicht Eitelkeit, daß ich mich so mit hinüber spielen möchte. Meine ehrenvollsten Briefe sind verbrannt, daß Feinde sie nicht lesen! Denn alles schrieb der Vielverworrene der vertrauten Freundin, oft auf einen Bogen, auf einer Blattseite. Mit wahrhaftem Vollgefühl sag' ich Ihnen aber: „Schade, daß m e i n e Briefe an ihn nicht da sind!" Gerne ließ ich der Welt das Exempel, wie wahrhaft man mit einem Königlichen Prinzen, der schon vom Ruhm geführt, und hoch geliebt war, sein kann. Er hat alles was er schriftlich besaß — wie ich — vor dem letzten Ausmarsch in Schricke verbrannt, weiß ich vom Major Möllendorf. Auch hat sich nichts gefunden. Sonst hätte man das Geklatsche schon gehört. M a n k a n n Fürsten die Wahrheit sagen; und verschweigt man sie bei einem Wüthrich, um Martern auszuweichen: so wird er dies schon merken. Mißhandelt wurde Louis oft — zur Empörung — aber schmeicheln thaten sie ihm doch, und die Wahrheit hab' ich ihm nicht sagen hören, wenn nicht Persönlichkeit dazu trieb; und großartig dies, nur von Einer; von Paulinen.*) Mir aber machte er es möglich,

*) Prinz Louis Ferdinand von Preußen.
**) Pauline Wiesel, die Geliebte des Prinzen.

sie ihm jedesmal wie ich sie einsah, zu zeigen. Halb, gewiß, gebührt diesem menschlichsten Menschen dieser Ruhm! Das
Menschlichste im Menschen faßte er auf; zu diesem Punkte
hin mußte sein Gemüth jede Handlung, jede Regung der Andern zurückzuführen. Der war sein Maßstab, sein Probirstein;
in allen Augenblicken des ganzen Lebens. Das ist das Schönste was ich von ihm weiß. Nie sprach er darüber mit mir, nie
ich mit ihm. Ich sah es aber ein, lebenslang. Er erröthete,
wenn Menschen von andern zum Narren gehalten wurden:
das sah ich, als man dies Einmal ziemlich gelinde mit einem
verrückten Juden Schapse in seiner Gegenwart vornahm: er
schenkte ihm Wein ein, und behandelte ihn geschwind als
Gast. Mein Verhältniß zu ihm war sonderbar: beinah ganz
unpersönlich. Obgleich er seine letzte Lebenszeit mit und bei
mir zubrachte (mehr als die letzten drei Jahre). Von uns zu
einander, war nicht die Rede. Doch mußt' er mir alles sagen:
komponirte er, sollt' ich bei ihm sitzen; spielte er — am Ende
gezwungen — Karten, auch. Mein Gräuel! Ich werde Ihnen
noch viel von seinem Innren sagen, wie ich's weiß, was Sie
aufschreiben können. Wir hatten Einmal, er, und ich, und
Pauline, eine Kontestation, wo denn häufig drin vorkam, was
er mir gesagt hatte, und nicht hätte sagen sollen; und er machte
ihr dieselben Vorwürfe. Mit einemmale, gelangweilt, sagte
ich zu ihm: „Prägen Sie sich fest ein, daß Sie mir alles
wiedersagen, und daß mir Pauline auch alles wiedersagt; i c h
kann das nicht behalten, was ich sagen, oder was ich verschweigen soll, solchen Kopf habe ich nicht. Sie sagen es mir ja
dann doch beide zusammen." Er lächelte ganz fein, und unver-
merkt, und schwieg. Einmal schrieb ich ihm eine Antwort nach
Schricke, sehr aus dem Herzen, worin ich ihm sagte, „wenn
ich Ihnen die Wahrheit nicht sagen soll, so hab' ich Ihnen

gleich gar nichts zu sagen; dies ist unser einzig Verhältniß."
Ich schrieb ihm „Gnädiger Herr;" und „Königliche Hoheit;"
und Sie. Im Gespräch eben so, nur in sehr guter Laune, im
Scherz, und urgenten Fällen anders. Er nannte mich K l e i -
n e, Levi, oder Rahel, oder Mlle. Levi vor Leuten. Vor vielen
Jahren, als wir noch nicht so sehr liirt waren, und er nur
viel zu mir kam: attakirt' er mich über Goethe. Ich sprach
n i e von Goethe. Fing mich in einer Thüre; und docirte, wie
schlecht Egmont sei, sehr lange, mir zur marterndsten Langen-
weile, weil ich nur der Schicklichkeit fünf Worte opferte, und
gar nicht antwortete. Wie Goethe einen Helden habe s o schildern können! in einer miserablen Liebschaft mit solchem Klär-
chen usw. Ein Jahr vor seinem Tod schrieb er aber seiner Geliebten, er sei vom Herzog von Weimar mit Goethen zu Hause
gegangen, habe sich in sein Bette gelegt; Goethe davor; und da
wäre er denn bei Punsch aufgethaut, er habe über alles mit
ihm gesprochen, und nun habe er gesehen, was es für ein
Mann ist; mit noch vielem Lobe; welches er so beschließt;
„Laß dies ja der Kleinen lesen; denn alsdann bin ich ihr gewiß unter Brüdern dreitausend Thaler mehr werth." Dies,
Fouqué, war mein größter Triumph in der Welt.

Ein großer Prinz, mein Freund, der Vetter meines Königs, der Neffe Friedrichs des Zweiten, der noch von Friedrich
selbst gekannt war, mußte mir das schreiben; ohne daß ich je
von Goethe mit ihm gesprochen hatte. Es m u ß t e der
menschlichste Prinz seiner Zeit, in seinen eigenen leibhaften
Freunden dem größten Dichter huldigen. D i e s schreib' ich
Ihnen aus E i t e l k e i t. Nun aber setz' ich mich hin und
schrieb Louis einen großen Brief, worin ich ihn bat, sich zu erinnren, daß ich nie mit ihm von Goethe gesprochen hätte, nie
ihm gesagt, er soll etwas von ihm lesen; jetzt aber möcht' er es

thun, und nicht Einzelnes um Goethes Werke kennen zu lernen, sondern alles von ihm um Goethe kennen zu lernen, aus
ihrem Zusammenhang. Jetzt sei er's werth, denn jetzt liebe
er usw. Er hatte mir erzählt: wie er sonst gar sich nicht hätte
zu lieben unterstanden, wenn es nicht eine berühmte Elegante
war; wie er war, wie französische Koterien und Familien
sind. Eine Menge! Mündlich.

Sie Glücklicher. Ein Kind, eine Familie, eine Muse, Muße, ein schönes Feenbild, alles haben Sie! Ich — bin ziemlich herunter. Wozu leb' ich wohl. Gott weiß es wohl: doch
fühl' ich es nicht. Ich bin nichts, thu nichts, erfreu niemand
mehr; und mich auch nicht. Und will ich ein Narr werden, so
will ich's aus alter Gewohnheit nicht leiden. Eine Dummheit.
Labsal ist Narrheit, für arme Leute, sollen die ihr Stück Welt
sehen wie es ist? ...

*

AN ALEXANDER VON DER MARWITZ
IN POTSDAM

Berlin, den 23. December 1811,
Sonnabend Vormittag halb 12 Uhr.

— Gestern aber hätte ich Ihnen doch geschrieben, wenn
mich nicht Heinrich Kleist's Tod so sehr eingenommen hätte.
Es läßt sich, wo das Leben aus ist, niemals etwas darüber
sagen; von Kleist befremdete mich die That nicht; es ging streng
in ihm her, er war wahrhaft, und litt viel. Wir haben nie
über Tod und Selbstmord gesprochen. — Sie wissen wie ich
über Mord an uns selbst denke: wie Sie! Ich m a g es nicht,

daß die Unglückseligen, die Menschen, bis auf die Hefen leiden.
Dem wahrhaft Großen, Unendlichen, wenn man es konzipirt
— kann man sich auf allen Wegen nähern; begreifen können
wir keinen; wir müssen hoffen auf die göttliche Güte; und die
sollte grade nach einem Pistolenschuß ihr Ende erreicht haben?
— Unglück aller Art dürfte mich berühren? Jedem elenden
Fieber, jedem Klotz, jedem Dachstein, jeder Ungeschicklichkeit
sollte es erlaubt sein, nur mir nicht? Siechen auf Krankheits-
und Unglückslagern soll' ich müssen, und wenn es hoch und
schön kommt, zu achtzig Jahren ein glücklicher imbécille werden, und von dreißig an schon mich ekelhaft deterioriren? Ich
freue mich, daß mein edler Freund — denn Freund ruf' ich
ihm bitter und mit Thränen nach — das Unwürdige nicht
duldete: gelitten hat er genug. — Keiner von denen, die ihn
etwa tadeln, hätte ihm zehn Thaler gereicht; Nächte gewidmet, Nachsicht mit ihm gehabt, hätt' er sich ihm nur zerstört
zeigen können. Den ewigen Kalkul hätten sie nie unterbrochen,
ob er wohl Recht, ob er wohl nicht Recht zu dieser Tasse
Kaffee habe! Ich weiß von seinem Tod nichts, als daß er
eine Frau, und dann sich erschossen hat. Es ist und bleibt ein
Muth. Wer verließe nicht das abgetragene inkorrigible Leben,
wenn er die dunklen Möglichkeiten nicht noch mehr fürchtete;
uns loslösen vom Wünschenswerthen, das thut der Weltgang
schon. Dies von denen, die sich nichts zu erfreuen haben; for-
sche ein jeder selbst, ob es Viele oder Wenige sind. —

Anmerkung. Heinrich von Kleist hatte kurz vor seinem
Tode folgenden Zettel an Rahel geschrieben:

„Obschon ich das Fieber nicht hatte, so befand ich mich doch
in Folge desselben, unwohl, sehr unwohl; ich hätte einen
schlechten Tröster abgegeben! Aber wie traurig sind Sie in

Ihrem Brief — Sie haben in Ihren Worten so viel Ausdruck, als in Ihren Augen. Erheitern Sie sich; das Beste ist nicht werth, daß man es bedauere! Sobald ich den Steffens ausgelesen, bringe ich ihn zu Ihnen. Ihr

H. v. Kleist."

Donnerstag, halb 2 Uhr Mittag, den 9. Januar 1812.

Unpaß genug! und es ist eine ausgemachte Sache, daß Sie mich noch todt martern: denn mitten in diesen Zuständen bin ich auf nichts beflissen, als Ihnen alles zu erzählen, über alles genaue Rechenschaft zu geben. Dabei steht kein Augenblick still, und es folgen Ereignisse und Gedanken. Damit nun auch für Sie eine zu verstehende Folge möglich werde, wie es außen und innen übereinander ging, so will ich die Dinge der Zeit nach vortragen, wie sie übereinander gingen. Ein großer Zwang für mich: die ich am affizirtesten vom Letzten bin: und noch mehr von der Furcht, es Ihnen in der Lebendigkeit, die dies besonders heischt, und in welcher es vorging, nicht darstellen zu können. Als Sie ankamen, fanden Sie mich sehr perplex. — Sie sahen, glaub' ich, es nicht ganz. Auch dies, die Ursache davon sollen Sie erfahren: aber erst ganz am Ende dieses Briefes. —

Ich erwartete einen Menschen, mit dem ich etwas abmachen wollte, welches meine ganze Seele unter seiner Gewalt hatte: dabei — Sie wissen, was, und auch wohl wie — hatte ich Ihnen geschrieben, wollte Ihnen noch schreiben, und dachte in dieser Seelenklemme in taktlosen Zwischenräumen an Sie und an das, was ich Ihnen noch sagen wollte. Hauptsächlich war Eines davon dies: daß man, als Unsinniger, sein Leben in Schmutz, Unsinn, Dürre, Sand und Wust, in wahnsinnigen

Thorheiten, hinrinnen läßt, nicht beachtend, daß kein Tropfen zweimal fließt, der Diebstahl an uns selbst geschieht und gräßlicher Mord ist. Bloß weil wir ewig Approbation haben wollen, aus der wir uns nichts machen, und nicht tapfer genug sind, menschlich Antlitz nicht zu fürchten, und dreist zu sagen, was w i r möchten, wünschen und begehren. Nichts ist heilig und wahr, und unmittelbare Gottesgabe, als ächte Neigung; ewig aber wird die bekämpft, für anerkanntes Nichts. Das Fremdeste lassen wir uns aufbürden, und so kommen wir uns selbst abhänden. Ich selbst, wie selten bin ich, komme ich zu Sinnen! Hören Sie, wie ich darauf kam. Ich l i e b e Sie gewiß; nie aber werde ich wieder zu der Sehnsucht kommen, die ich voriges Frühjahr erlitt, als das neue Jahr grad' aus Erd' und Himmel brach, und Sie wegreisten. Ich erlebte eine Welt — ich schrieb es Ihnen, — was aber wär' es geworden, hätte ich Sie nur vier Tage länger behalten!! Ich v e r g i n g fast in Sehnsucht und Bedürfniß, es m i t I h n e n zu sehen. Ich Elende, Niedrige, würdig des Lumpenlebens, das ich führe! — Gott sieht jetzt mein innerstes Herz und diese Thränen! Niedrige, Feige, die ich war! Hätte ich den Muth, Sie bleiben zu lassen? Nie werden Sie mir das wieder werden, was Sie damals waren — grade durch die Reihe Leben, das wir geführt hatten, durch den Gang der Gespräche, die Blüthen der Stimmung und des Frühlings! — Was hätte es Ihrem für alle Ewigkeit fertigen Bruder geschadet, wenn Sie vier Tage später nach Friedersdorf gekommen wären, was Ihnen, wenn Sie mich s o hätten beglücken können! Lassen Sie sich das für Ihre eigene Person zur ewigen Warnung dienen. Bezwingen Sie keine Stimmung, keine Gefühlsblüthe! Sie werden nachher v e r z w e i f e l n; in der kargen Ausübung der unnahrhaften Verständigkeit. Untersuchen Sie sich immer genau: und fürchten Sie Weisheit, die nicht aus dem Herzen scheint.

Nur Neigung, nur Herzenswünsche! Kann ich ihnen nicht leben, bin ich dazu zu elend, zu verworfen, zu heruntergerissen und mißhandelt, so will ich sie von nun an in mir ergründen, und sie a n b e t e n ! Gottes starker Wille ist das im Herzen — im dunklen, blutwogenden —, der keinen Namen bei uns hat, deßwegen täuschen wir uns, bis es todt ist. Sie haben mich gefaßter gefunden die letzten Tage. Was ist es anders, als daß ich zu meiner Neigung wieder hinabgestiegen war, über die ich mich erheben, zerstreuen wollte. Glücklich bin ich fürwahr nicht von ihr gemacht; noch sanft, noch nur menschenverständlich behandelt; und doch erhalt' ich mich nur selbst, wenn auch in herbem Zustand, wenn ich mich ihr hingebe, mich ihrer ganz erinnere, und nicht Sinnen und Herz ihre Güter vertauschen will.

Ich bin krank geworden, seit einem Ärger, den ich gehabt: ich kann durchaus n i c h t s mehr ertragen! Nun sollte ich an diese Zeilen fügen, wie ich vorgestern und gestern Abend zugebracht; vergebens! Sie sollen es haben, aber in einem künftigen Brief. Dieser soll weg wie er ist; damit er bald ankommt. Morgen schreibe ich Ihnen die beiden Abende. In diesem will ich Ihnen noch sagen, was kürzer ist, wozu keine Laune gehört, und was mehr in meine heutigen schmerzhaften Gedanken paßt.

Es fehlte mir noch, daß Sie so in Ihrem Innern mit Varnhagen stehen! Also wenn der kommt, welches auch Sie schon für mich wünschten, hab' ich diesem Bruche mit zuzusehen, der sich in jedem Augenblick fühlen wird! Zum Glück, daß nichts in der Art mich schreckt, weil ich auf nichts mehr hoffe: keine Zeit erwarte, die ausgeputzt so kommt, wie wir,

wie ich sie bestelle. Dies ist mein Glück, sonst müßt' ich verzweifeln. Varnhagen ist also mein Freund, der mich am meisten liebt; für dessen ganze Lebenseinrichtung ich Bedingung
bin: und es ist nicht genug, daß ich ihn g a n z kenne und
fühle: nehme und ertrage; ich muß nun, Wog' auf Wog'
unter, Klippen an mit ihm durch, und all unsre Freunde legen
die ganze Last g a n z auf mich. „Sie trägt so viel, so gut,
warum nicht auch dies!" Dies sagt sich niemand; aber so
geschieht's, weil — ich Ambos bin. Verzeihen Sie! Ich bin
zu krank heute, jetzt! Auch schicke ich nun diesen Brief n i c h t
ab, bis das Folgende steht. Adieu! — —

Freitags, 10 Uhr Morgens.

Im Bette. Sie müssen Geduld haben, mein lieber Freund,
und bedenken, daß Sie es sind. Sehen Sie mich an wie eine
Krankheit des menschlichen Geschlechts, es giebt solche Menschen, in der Reihe der geboren worden enen und werdenden; auf
die sich Widersprechendes ladet, und sie biegen und brechen;
wie es in einem Menschenleben Momente giebt, mit denen es
eben so geht, und die man kranke nennt und fühlt, die auch
nichts anders sind, als Träger der Verwirrung, des nicht Auf-
gegangenen für die gesammten Organisationen dieses Lebens,
dieser Erde. Verzeihen Sie mir ja diesen Brief wie er hier
steht! Ich möchte um keinen Preis, was ich oben von Ihnen
zu fordern schien, — und dachte schon so, als nur die Züge
aus meiner Feder waren, ja als ich sie noch machte —, daß
Sie mich schonten, für mich litten, schafften und machten: alsdann wären Sie ja auch Ambos; und dafür soll Gott uns
behüten. —

AN VARNHAGEN IN PRAG

Donnerstag, den 27. Februar 1812.

... Du bist der Einzige auf der Erde, der mir begegnet ist, der da fühlt und weiß, bei dem es immer rege ist, wie übernatürlich schlecht es mir geht. Wie k e i n e Antwort auf alle Anforderungen des Lebens meiner Natur kam. Nie. Davon bist du ergriffen, und das ist ein großer Theil deiner Liebe zu mir. Für dein Aug' allein, ist das schreckliche Schauspiel d a! ...

... Mein Unglück — sag' ich ja schon lange — ist zu meiner Schmach eins ohne Titel; darum wird mir auch nie geholfen. Ich bin eine Falschgeborne, und sollte eine Hochgeborne, eine schöne Hülle für meinen innren wohl ergiebigen Grund sein!

AN ALEXANDER VON DER MARWITZ IN POTSDAM

Freitag Nachmittag 6 Uhr vorbei, schneeig, hell, etwas blau am Himmel, den 9. April 1812.

Sittliche Menschen, die keine Narren sind, gestellt wie wir (das bischen Modifikation rechne ich nicht), werden rein vom Tod berührt. Ich habe mich längst gewundert, k e i n e n solchen Brief von Ihnen zu erhalten; die Gründe dieses Wunders und meiner Behauptung, sind zu oft, zu lange dargelegt in allen meinen Briefen an Sie! "Grau in Grau." Dies sind meine W o r t e schon vor Jahren an Varnhagen. So sollen die frischesten, biblischsten, ich meine frömmsten, lebendigsten, Gemüther ausdauren müssen? Mit mir ist es nur noch schrecklicher! Sie wissen, wo ich mit meinem Vergehen, meinem Verzweiflen hielt: nun hat gränzenlose Angst, und S o r g e den Fuß auf mich gesetzt. Angst vor Excessen — von denen welche, einige, vorfallen; und Sorge, wie ich es nur bestreiten soll. Diese beiden niedrigsten Affekte, oder was es sonst ist, steht m e i n e Seele, wie sie ist, lebendig n i c h t aus; sie schrollt in Unthätigkeit zurück, und dies nur fühl' ich. Die edlern Klagen, das gerechte Vermissen, schweigen; und wenn ich auch jetzt für R u h e, Glück und Seligkeit dem Himmel verpfände, so weiß ich von allem doch wie es ist. Wie m i r ist, ist keinem G e f a n g e n e n, und keinem K ö n i g im übelsten Zustand; entwickelt, dies nur mündlich! Ich habe einen Kommissair und einen Bedienten als Einquartierung; der Herr aber durch das größte Ungefähr wohnt wo anders! Reines Glück, welches sich in j e d e r V i e r t e l s t u n d e ändern kann. . . .

Berlin, Sommer 1812.

Ich glaube, ich werde wohl eingewilligt haben, diesen Jammerweg des Lebens zu gehn, und als Mensch menschliche Geschicke zu erfahren; oder es mag ein Höherer, mit tieferer Einsicht, weil er es für mich als gut erkannte, diese Einwilligung für mich gegeben haben; genug, die Einwilligung denke ich mir immer, und dieser Gedanke nur kann mich trösten für allen erlittenen, sonst unvergeltbaren, Schmerz. Vielleicht war es nur so möglich, die Persönlichkeit zu gewinnen, und den Keim künftiger Erhebungen in gedeihlichern Existenzen; wenn es auch nur das wäre, was die unselige Menschheit bedeuten soll, daß der bewußtlose im Ganzen der Gottheit

aufgelöſet geweſene Lichtpunkt als Menſchenſeele in das ſelbſt-
ſtändige Daſein eines eigenen Ganzen göttlich hinüberginge!
O gewiß iſt es auf dieſe Weiſe; höher konnten meine Gedanken nicht klimmen am Rande aller Wiſſenſchaft, und keine
Weisheit wurde mir bekannt, die höher gedrungen ſei. —

Mittwoch, den 8. Juli 1812.

... Ich will mich bemühen: auf Ihren Brief zu antworten. Wenn ich ſagte, Angſt und Sorge beſchleichen Ihr
Herz: ſo meint' ich auch nur Angſt, daß Sie für Gemeines zu
ſorgen haben, und mit ihm handhaben müſſen; und daß, eben
weil Sie dies — auch aus großer Neuheit — nicht können,
die Sorge darum größer anwachſe, als ihre Natur es mit ſich
bringe. Ich ging ſo weit, zu glauben, daß Ihnen Berlin durch
den Aufenthalt des unglücklichen Mädchens, deſſen Sie ſich
für Ihren Freund jetzt annehmen müſſen, etwas verhaßt
würde, und nicht mehr als ein Luſtort und eine Freiſtatt er-
ſcheinen würde, wo man müſſige Zeit zur Erholung zuzubringen liebt. Für's Erſte nur, verſteht ſich. Ihr Brief iſt einer
der ſchönſten, die ich von Ihnen habe: Ihr darſtellendes mah-
leriſches Talent war darin recht wach; ſo haben Sie mir die
Mutine — ſo ſoll ſie heißen — und die Mutter überaus tref-
fend geſchildert. Ich ſage Ihnen frei heraus, ich war doch
überraſcht von ihr. Sie war ſo verdrießlich und ſtellte ſich ſo
roh dar, daß es mich auch in der Klaſſe, worin ſie gehört, und
ich ſie vermuthen konnte, frappirte! Wie ich Ihnen ſchon
ſchrieb, ſie war ängſtlich, und bei ihr wurde dies zum höchſten
Maulen, ſo daß ſie nicht einmal hübſch war, was mich am
meiſten wunderte. Mein Reden, mein Zureden, meine Auf-
nahme, das artige Haus, in das ſie kommen ſoll, die anſtän-

dige Wirthin, brachten sie zu sich selbst; und es kamen
Sonnenscheine von Jugend und Hübschheit über sie. — Doch
über den gestrigen Abend, und über die Person mündlich. —
Viel etwas Wichtigeres! Das Mädchen ist einmal fertig auf
der Welt wie sie da ist. Was sich mit ihr zugetragen, ist geschehen; und darum ganz gut. Jedes Ereigniß ist roh, und nur
das, was wir daraus bilden; dies im menschlichsten Vereine,
des Geistes, der Einsicht, und des besten Willens zu thun, sei
unser Werk! Ich bin der Meinung, daß die neun dunklen
Monate, die ein Kind mit seiner Mutter zuzubringen hat,
vom größten Einfluß auf sein ganzes Werden sind; da das
Kind meines werden soll, und Sie versprochen haben, ihm
Versorger zu sein, so habe ich sehr darauf bestanden, daß es,
auch noch blind, schon in edlen, freundlichen, für die Mutter
gewiß erhebenden Umgebungen umhergetragen werde; und daß
bessere Sitte, und Laune, ihm mit Gewalt, durch und in das
B l u t eingeflößt werden! und aus dieser großen Rücksicht
eine Mehrausgabe nicht gescheut. Nun haben Sie noch zu
thun; denn der Mensch ist sterblich in jedem Alter und zu jeder
Stunde — mir sind junge Freunde und Bekannte genug ge-
storben! — ein Testament zu machen nach allen Formen und
Rechten, worin Sie bestimmen, wie es mit dem Kinde gehalten sein soll, was es verzehren, und besitzen soll. Besäße ich
nur etwas, so würde ich so dringend wenigstens nicht sein.
Aber Sie wissen, ich habe kaum für mich selbst: und stürbe
ich, so wäre das Geschöpf eine a r m e Waise. Nehmen will ich
es mit Freuden; kosten soll es Sie natürlich nur, was es
braucht; dafür erkaufen Sie ihm auch mich zur Mutter. —
Wie wir alle Details zu verabreden haben, findet sich noch.
Sind Sie meiner Meinung? Auch die ganz erste Jugend,
Umgebung, und Behandlung halte ich für so wichtig. . . .

AN VARNHAGEN IN HAMBURG

Berlin, den 20. April 1813.

Dienstag Morgen 11 Uhr, bei kühlem stürmischem
Wetter, welches, ich fürchte, den Blüthen schadet,
die schon heraus sind; obgleich nicht die meisten.

— Diesen Morgen muß ich noch nach Hemden laufen, die
Markus giebt: i ch muß es, weil ich mich keine Mühe, kein
Klätern, keinen Weg, keine Anrede, und Rede mit gemeinen
Leuten verdrießen lasse: weil ich denke, je schneller die Hülfe,
desto mehr ist sie Hülfe: weil ich weiß, was k r a n k
s ch m a ch t e n i st; und keine Wäsche anziehen k ö n n e n,
eben so halte, als keine anzuziehen h a b e n. Unser großes
Lazareth war in einem s ch r e ck l i ch e n Zustand!! Wegen
unordentlicher Einrichtung und Deprädation. Kaum erfuhr es
aber die Stadt, so war ein General = A u f st a n d. J e d e r
schrie, lief, und gab. Ich schrieb Markus, dieser Böhm, Böhm
dem Civilgouverneur, die schnellsten Einsammlungen kamen in
drei Tagen zusammen; vom neuen Lazareth wurde alles hin-
geschickt; alle Ärzte sammelten, fuhren mit großen Geld-
beuteln: Wäsche aller Art, Betten, wurden nach ihren Häu-
sern geschickt, Essen, wo immer hundert fünf und zwanzig
Frauen kochen ließen; keine schlief, ruhte mehr. — Mir hat's
einen großen Theil Gesundheit gekostet; aber ich b i n gesund, und kann sehr laufen. Gestern lief ich darum von der
Dreifaltigkeitskirche bis in die Landsberger Straße, heute
wieder dahin. Ich schreibe dies mit Thränen in den Augen,
und mit Entzücken über unsere S t a d t.

— Die Juden geben, was sie nur besitzen: an die wandt'
ich m e i n Geschrei zuerst. Die Herz ist unendlich thätig: ich

sporne sie noch mehr. Nein, wie freut mich die Stadt! Kommt
sie doch zu sich selbst; thut sie endlich wohl, wie es Jesus meint;
und wie es mich peinigt, daß es nicht geschieht. — Welche
Wehmutswunden hat mir dies Lazareth geschlagen! Reil
nimmt sich der Sache jetzt an; ich will heute noch mit Böhm
sprechen: ich habe k e i n e Ruhe! Der Deutsche Beobachter
findet hier den größten Beifall: und ich behalte ihn niemals!
Alle Herren der Stadt lesen ihn. Was du darin geschrieben
hast, freut mich in der Seele. Behalten wir Herz, das innerste
Wollen, und unser Urtheil rein, und heißen wir meinetwegen
Vandalen, Jrokesen! Lieber guter August! in jetziger blutigen
Zeit ist es gewiß recht nöthig, gieb dir rechte Mühe, du
kannst alles, und schreibe ein Wort über Lazarethe! Nicht
wegen u n s e r e r letzten Katastrophe a l l e i n. Schon lange
drückt mir eine Reil'sche Aussage, und mehr was ich von
Lieferanten erfahren habe, das Herz! Reil sagte nämlich, als
die Frauen hier ein Lazareth errichten wollten, es helfe alles
nichts, wenn sie nicht selbst wirthschafteten, und der ganzen
Ökonomie und Pflege vorstehen wollten; in keinem Lazareth
in der Welt bekämen die Kranken, was sie sollten. Der muß
es erfahren haben. Sag' es recht populär, recht eindringlich,
welche gräßlichste Sünde eine Betrügerei an Kranken sei! daß
j e d e Stadt, die den Namen verdienen will, eine Kirche in
ihren Mauern haben, an göttliche und menschliche Gerechtigkeit Anspruch haben will, daß sie ihr geschähe, die besten ver-
ehrtesten Bürger aus ihrer Mitte dazu hergeben muß, solche
Werke zu unternehmen und ihnen vorzustehen; daß kein Liefe-
rant und kein Inspektor reich werden kann. Nenne u n s e r e
Stadt j a nicht: aber sage: in den bestgesinnten und vornehm-
sten gingen noch Gräuel darin vor; also muß ganz Deutschland, ja die W e l t sich gefallen lassen, Ermahnungen darüber

zu hören; und durch die That sie beherzigen. — — Lieber
August, wie dehnt sich alles! W a n n kommt man zum Leben;
lauter Bereitung, du bist schon mittendrin, und legst nur zurecht: i ch — aber viel habe ich erlebt, und bin an Höheres gewiesen, das ist auch viel und groß, wenn auch nicht leicht und
angenehm. Du schreibst mir hierüber sehr richtig, theurer
Freund! — Ach wir wissen alles! Wir wollen aber fleißig und
stark bleiben. Das Leben ist eine Arbeit, die man aufbekömmt;
und eine davon besteht darin, es verstehen, ertragen und ergreifen zu lernen; es nicht zu schätzen, weil es im Allgemeinen
und einzeln unsicher ist; und es sehr zu schätzen, weil es eine
Probe zu einer Existenz ist, und alles was wir kennen, und
womit wir das Mögliche errathen. — Gott gebe meinen geliebten Landsleuten Muth und Bescheidenheit. Unser a r m e s
Land leidet entsetzlich. Jeder Kerl geht mir in die S e e l e !
Bauerndörfer! Aber sie benehmen sich wirklich n o ch gut!
Alles hat Muth, Willen, und hilft in jeder Art. Auf der
Gasse kann man's hören, bei jeden Vorübergehenden, das
Papier ist zu klein zu allen Anekdoten! Jünglinge v e r-
z w e i f e l n, die nicht mit sollen; übernehmen drei, vier
Posten und Stellen für ihre Brüder, und sagen, sie überleben
die Schmach d o ch nicht! —

✱

AN VARNHAGEN IN MECKLENBURG

Donnerstag, noch immer in Prag, den 2. September 1813.

... Von Gentz möcht' ich dir gerne schreiben, kann aber
nicht; er thut mir Artigkeiten, wie Graf Metternich sie mir

thäte, wenn ich ihn fünfzehnmal gesehen hätte, wie ich ihn zweimal in Gesellschaft sah; glaubt, er bringt mir ein Opfer, wenn er von der Kleinseite zu mir fährt, alle acht, vierzehn Tage. Antwortet mir auf jedes Billet: hat ein Bedürfniß, — welches er befriedigt, wenn er mich sieht, — mir alles zu sagen, was ihn interessirt. Fragt m i ch nach n i ch t s. Kurz, hat kein Gedächtniß im Herzen. Kennt keine Welt mehr, als die aus Koterien vornehmer Leute besteht; kennt also das wahre Gewicht nach Zeit und Gewicht auch davon nicht. Mit Einem Wort, ich erlebe W u n d e r durch ihn; daß in d i e - s e r Zeit, bei d i e s e r Gefahr, bei diesen Verwundeten mir noch etwas das Herz atterriren kann, il ne cesse pas de m'atterrer le c o e u r. Die Naturgaben, die Eigenschaften, um derentwillen ich ihn lieben muß, liebte, und liebe, die hat er noch; leben aber könnt' ich nur mit ihm, wenn ich eine Herzogin wäre: oder mit seinen umging: sonst giebt er's gar nicht zu. A h n d e t aber dies alles nicht; sondern hält es für G e s ch ä f t e. Auch versteht er durchaus nicht was ich sage und schreibe. Er nennt mich sogar, räthselhaft; pikant — p i - k a n t ???!!! weil ihm die eilf Jahre hindurch, die ich ihn im liebenden Herzen hätschelte und verwahrte, die Grund-bewegungen, Aeußerungen und Gesichtspunkte der Menschheit abhänden gekommen sind! Du kannst dir meinen dumpfen, stumpfen namenlosen Schmerz darüber, zu dem ich nicht ein-mal Zeit habe, gar nicht denken! Weil ich den wirklich zu lieb hatte! Und, du starre wieder, über mich: noch habe. Mündlich alles im größten Detail. So viel nur noch! Man spricht oft in der Welt: Stände härten den Menschen ab, und nennt Aerzte, Wucherer, Soldaten, Advokaten; dies konnte ich nie ganz zugeben in mir, und fand es auch gar nicht; weder in dem Erlebten; noch im Wesen dieser Stände gegründet. Aber

Diplomaten ist das Gräßlichste in der menschlichen Gesellschaft. (Der S t a n d. Nicht jene Männer, die den schufen,
durch ihr Lebens- und Geschichtstalent.) Diplomaten werden
hart durch Weichlichkeit; und dies geschieht dem Henker nicht
einmal. Visiten werden Pflichten; Anzüge, Kartenspiel, das
müßigste Klatschen — Geschäfte; wichtige. K e i n e Meinung
haben, und sie nur dadurch nicht äußern, welches die aus-
gebreitetste, sündhafteste Krankheit des Pöbels (w e l c h e r
gemeint ist, weiß man) ist, — wird Klugheit, Betragen genannt; und wird eine wahre Verhärtung der Seelenorgane.
So haben sie eine eigne Phraseologie im Reden, wie in den
Depeschen; — in Deutschland ein Diplomaten-Französisch,
welches sich forterbt, und ich vor sechszehn, achtzehn Jahren
schon hörte; aber kein Franzose mehr spricht. Das hält so
äußerlich, wie die Equipagen und Manschetten, zusammen;
und Ein Willen in der Welt, oder a u f g e h ä u f t e Noth,
trümmert all den Lug zusammen; der Gräuel spricht sich aus
gräßlichen, wirklichen W u n d e n hervor; Krieg überschüttet
Europa; aber wer ist gesichert? — Diese Kerle mit Manschetten! Und d i e s wissen sie, sonst nichts. Glaube es; es ist
nicht zu grell, was ich sage; der lebendige Satan sollt' es
ihnen zeigen. Denn sie verletzen a l l e s; die Gesellschaft im
Großen; und jedes Herz im Einzelnen. Dies wird einmal von
der Welt gewußt werden; wie jetzt: daß Prozesse viel kosten,
Advokaten davon reich werden: im Krieg geplündert wird usw.
Glaub' es: es kommt zur Sprache. E i n genialer Regent
kann es machen: plötzlich. — ...

Noch immer bei Augusten
den 16. September 1813.

— Heute leider kann ich dir nur flüchtig schreiben, mein August: ein Schickſal: denn ich wollte dir beſſer, ſüßer ſchreiben! Aber mein Leben zu wiſſen, iſt dir genug: da iſt das, was ich dir, du mir biſt, drin enthalten. Höre alſo, was zum Theil ich dir in jenem Brief ſchon ſchrieb. Wir haben nach der Affaire von Dresden hier unendliche Verwundete: von den drei, und der feindlichen Nation. Dieſe Jammerſöhne lagen vorige Woche auf Wagen in den engen Gaſſen gedrängt, und theils in den Straßen ſelbſt, unter Platzregen da! Dieſe Zeit vergeſſe ich nie. Auf ſo viele war die Regierung nicht gefaßt, man hätte glauben ſollen auf nichts! Die Einwohner thaten wie in bibliſchen Zeiten alles! man verband, man ſpeiſte ſie in den Gaſſen, in den Hausfluren. Judenmädchen waren berühmt darin: eine Weiſemutter verband dreihundert in einem Tage: kurz das Unmögliche geſchah. Der Jammer war aber nicht zu ſteuern. Wir, Auguſte Brede, meine edele Hauswirthin Frau von Reimann, und ich, thaten, gaben, was wir konnten, ließen kochen, ſchickten Wäſche, Charpie: die Frauen Prags waren gut: ich lief zur Gräfin Moritz Brühl, und bat ſie, ihre Verwandten zu bitten; ſie verſprachs. Ich ſchrieb gleich Frau von Humboldt einen dringenden Brief, und Lea Mendelsſohn, Bartholdy's Schweſter, eben dahin. Vorgeſtern ſchickte mir Karoline hundertdreißig Gulden; nun kaufe ich Hemden, Socken, laſſe kochen, ſchieße reichern Ver- wundeten vor; kurz, bei mir iſt ein kleines Bureau: meine intimen Frauen helfen mir wie Engel: ich habe eine Menge Leute an der Hand: von jeder Klaſſe. Du kennſt meine Art bekannt zu werden, zu ſein. (Göttlich ſchrieb mir Karoline; — der ich auch ſchon geantwortet; ich habe gar keine Zeit —

sie wird mir mehr schicken, dies war nur, was sie und die Kinder bei der Hand hatten. Ja, sie m ü s s e n von dort: sie haben die Fahnen, die Adler, wir die Verwundeten!) Also Gott hat mir gelächelt: ich h e l f e etwas. Als nun gestern Nachmittag Tieck mir eben einen jungen Landsmann gebracht hatte, dem ich gegen Assignation vorschieße, — geht die Thüre auf, und Marwitz steht da. Weiter nichts! Den Arm in einer Binde, ruppig: kurz, er lebt; ist der Alte; ist gesund; hat acht Wunden. Sein Pferd fiel auf ihn und quetschte ihn. Polen fielen über ihn, gaben ihm Kolbenstöße, wovon ihm der Degen entsank: ein Anderer nahm ihn, und gab ihm drei Hiebe in Hand und Arm, Einer einen Lanzenstich, ein Andrer setzte ihm das Gewehr vor den Kopf, schoß ab, aber es ging nicht: der Oberst der Polen kam und rettete ihm das Leben: gefangen war er aber; und ist nun durch tausend Avantüren entkommen: und kommt durch vielerlei Länder h i e r her. (Mit einem Stück Kommißbrot in einem groben Schnupftuch eingewickelt: einen zerrissenen Bauerkittel hatte er an: jetzt trägt er einen Rock von Robert und dessen Wäsche; wir schaffen ihm alles an.) Frau von Reimann hat ihm vor andern Militairs ein Zimmer eingeräumt: und also wohnt er bei uns, und ißt bei mir. — Er ist einfach, gut, wahr, still; mild wie immer. Ohne a l l e s Vorurtheil über irgend ein Vorgefallenes. Besonders erschrocken habe ich mich nicht. (Eben tritt Marwitz herein, und will mir Briefe diktiren an seinen General 2c. auch habe ich hier mittendrin an einen Wundarzt geschrieben: auch war ein Goldschmidt dazwischen hier. Du siehst! — Leinewand muß ich kaufen. Essen kochen lassen, abtheilen, hinbesorgen, mich anziehen. Nach Breslau schreiben!) Lebe wohl! künftig besser und mehr! Ach August! Nun fürcht' ich für dich: und hoffe auch wieder, wegen Marwitzens Glück

bei dem Unglück: bei Koßwig wurde er gefangen. Obriſtlieu-
tenant Skrzynecki — ausgeſprochen Skirſchineßki; dies darum; wenn er euch in Noth aufſtößt, daß ihr ihn ſehr gut
behandelt, und dabei ſagt warum, — bot Marwiß gleich
ſeine Börſe an ꝛc. auch der Obriſt Szymanowſki. Leb wohl,
ich habe nicht mehr Zeit. — Gott, was iſt von Furcht, Angſt
und Erſchütterung in dieſen Kriegestagen in m e i n e r Seele
vorgegangen. Gott ſchüße uns! dich! unſere arme Länder,
a l l e Leidende. Nun iſt der Wundarzt da. Leb wohl! und
denkſt du an mich; ſo denke, ſie ſorgt, ſie betet, ſie h o f f t
ſogar für dich! Deine R.

*

AN VARNHAGEN IN LÜNEBURG

Dienstag, bald trüb bald helles Wetter,
ſehr windig: den 12. Oktober 1813.
Noch immer bei Auguſten.

… Ich ſchäme mich, daß mir Gott das Glück zuſchickt,
helfen zu können! und wenn ich mich ſchäme, daß ihr euch alle
ſchlagt, ſo tröſte ich mich wieder, über meine Bequemlichkeit
indeß, damit, daß ich auch thue im Helfen und Heilen. Ich
tröſte mit Worten, Jäger und Soldaten, ſo gut und eindringend, und einfach, daß ſehr Leidende ſchon oft plößliche
Freude lächelten von meinem bloßen Worte, und es fuhr, wie
Sonnenblick über düſteres Gewölk, über ihr Geſicht. Mich
beſuchen die Konvaleszenten. Und g ö t t l i ch beträgt ſich u n-
ſ e r Volk; unſer junges auch; welches ich vor dem Ausmarſch
tapfer glaubte: n u n ſ i n d ſ i e ’ s m i t W u n d e n :

und wollen und gehen zum Heere zurück: und wie einfach, wie bewußtlos, und bescheiden! Ich weine! Nicht E i n e n Rodomont fand ich. Du kennst m e i n e Kritik! m e i n Mißtrauen auf uns. Seit sechs Tagen hatte ich katarrhalisches Fieber: ich kurirte mich selbst: mußte den dritten zu Bette bleiben; hatte mein Bureau vor dem Bette etablirt: und alles trat davor hin; Ruhe hatte ich doch nicht. Soll ich Jäger und Soldaten t r o s t l o s abreisen lassen? G o t t bewahre. Ich h a t t e auch immer wieder Kräfte. Wie kann man seine Pflicht nicht thun. Ich verstehe es nicht. Wenn ich eine ordentliche Besorgung hätte! O! ich verstehe es, wie Friedrich der Zweite lebte. Ruhig, thätig, gewissenhaft; und dann Königlich, in Kunst und stillem Genuß. — ...

*

AN VARNHAGEN IN BREMEN

Prag, Donnerstag den 4. November 1813.

... Den 31. erhielt ich einen Brief von Frau von Humboldt, die mir sehr oft — auch durch General Bentheim, der vor acht Tagen angekommen ist, und den sie sehr schätzt und liebt (ich habe ihr geantwortet, Gott hat ihn hübsch gemacht und menschlich, für Menschen, die es sehen können) — schreibt, mit einem Billete von Frau von Wolzogen, die hier angekommen war, und mich besuchen wollte: Frau von Humboldt meinte, sie würde länger hier bleiben, und empfahl sie mir mit großer Liebe, für sie und für mich. Ich sah die Frau bei sich, weil sie unpaß wurde. Eine durchlebte, gütige, gefaßte, erschütterte Frau. Sie reiste gestern im Gefolge der Prinzes sin nach Weimar, um der Armee näher zu sein, mit ihrem angstvoll gefaßten Herzen, sie hat einen Sohn bei Blücher. Sie hat mich mit einem großen Glücke überrascht. Sie sagte mir mit einemmale: „Ich habe Briefe von Ihnen gelesen, die sehr schön sind!" Ich dachte, an Frau von Humboldt: sie setzte hinzu: „über Goethe; es hat ihn unendlich gefreut; es ist ihm so nöthig, er wird so häufig mißverstanden, so vielfältig nicht gut berührt," — so ungefähr sprach sie — „es hat ihm außerordentlich wohlgethan." — Ich sagte ihr, daß ich ihn v e r g ö t t r e , — und ich, die keine Silbe, zum erstenmale, von ihm hat, repetire mir ihn, den großen Geschichtsmann, im Kopf, bei jedem Schmerz, bei jedem Ereigniß: und lieb' ihn Punkt vor Punkt mein ganzes Herz durch und durch, von neuem! diesen K ö n i g der Deutschen! der blinden, unglücklichen, die ein Jahrhundert nach seinem Tod erwachen werden. Ich vergötte diesen begabten Weisen; agitirten ächten Herzensmenschen! — daß er mir im ganzen Leben beigestanden! — Sie sagte mir: man hätte ihr vertraut, — das kann in Weimar nur Goethe sein — die Briefe seien von mir, sie wolle es auch verschweigen; ich sagte, es sei nicht nöthig, denn da Goethe es wisse, könne es die ganze Welt wissen. Denk dir also mein inneres stilles Glück, daß ich meinen Herrn, meinen größten Liebling gefreut habe! Ach! und das ist es nicht: bei Gott nicht! denn wüßt' ich Einen, der ihn mehr liebt, verehrt, bewundert, anbetet; von der Natur besser ausgeworfen ist, als ich, ihn in jedem Punkt mit seiner aufzufassen; aus jedem Punkt alle andern zu verstehen; jedes Wort, jede Silbe, jedes Ach zu deuten weiß: seinem Leben dadurch wie zugesehen hat, i m m e r mit ihm einverstanden und zufrieden war: so wollt' ich ewig, ewig ignorirt bleiben; und ihm den zuschieben. O! gäbe es eine Fürstin, eine

Kaiserin, die so für seine Verehrung geboren wäre, fast wollt'
ich ihr mein Herz und meine Einsicht geben: leihen gewiß oft!
Marwitz, mit dem ich hier über alles die knetendsten, herrlich-
sten Gespräche führe, sagt auch: kein M e n s c h liebe ihn
mehr als ich. Weil ich sagte, ich möchte gern einen Menschen
s e h e n, der ihn mehr versteht und liebt. Und doch ist es möglich, wenn ich's auch nicht denken kann: drum möcht' ich's
sehen.

*

AN VARNHAGEN IN HOLSTEIN

Prag, den 1. December 1813.

— Die Gemüthsbewegungen waren diesen Sommer zu
stark für mich. Angst, Sorge, Ärger, Mitleid. Und was ich
h i e r sah!!! Nie sah ich so den Krieg. Im September war
ich schon krank, und wollte doch die Soldaten nicht weggehen
lassen, also ging ich immer auf den Flur zu ihnen mit Fieber:
zuletzt ließ ich sie schaarenweise vor mein Bette kommen;
es war au fort ihrer Leiden. Ein Schuft wäre ich gewesen,
hätte ich n i c h t s davon leiden wollen. Ich wußte es sehr gut,
ich fühlte wie es mir schadete, aber es ist mir noch eine Wonne!
Ich mache mir so bei jeder guten Suppe, bei jedem guten
Bissen ein Gewissen. Nun sind wir hier ruhig: aber in ganz
Deutschland, in Holland, überall hiebt und schießt man in
Menschen, in weiches, schmerzfähiges Fleisch, Adern und Ge-
bein. Man nimmt, darbt, mißhandelt! Ach von meinen Jä-
gern, die den ganzen Tag bei mir sind, weiß ich jedes Detail.
Da bist du drunter! gegen den bösen Davoust. Und doch wollt'

ich nicht, du wärst zu Hause. Ich kenne einen sehr braven
Jäger L. aus Lübeck. Sein Vater ist dort Uhrmacher, und
ursprünglich ein Genfer. Kannst du den Mann wissen lassen,
daß sein ehrlicher braver Sohn hier bei mir ist, so thue es.
Der preußische Generalchirurgus hier hat ihn mir aus einem
schweren Nervenfieber gerissen. Marwitz lief immer zu dem
Arzt. Kurz, er ist durch; und erblüht mir recht wieder unter
den Augen. Ich equipire ihn g a n z. Und mache ihm während
seiner Genesung jeden Tag eine kleine Freude. Auch ist er viel
bei uns, und diese Distinktion und mütterliche Freundlichkeit
stärkt und freut ihn am meisten. Kann ich mir irgend etwas
unter einem muthigen, braven, gut gearteten deutschen Jüng-
ling denken, so ist er's. Dabei ist er in Berlin erzogen, ein
Erz-Preuße, und Berlin sein Leben. Ich tadle ihn wacker,
und lehre ihn die Welt schonen, lieben und ansehen. — Wir
Preußen werden vergöttert: und in Tapferkeit, Betragen und
Sitte angestaunt. Wie ich zum Guten und zur Bescheidenheit
ermahne, kannst du denken! Ich möchte sagen, sehr lieber
Freund, ich folge dir! so gleich denke ich über alles mit dir:
so freue ich mich über jedes Thun von dir, so billige ich in
tiefster Seele jedes Wort, jeden deiner Ausdrücke! Beinah
habe ich dir nichts zu schreiben. — Man lobt mich in Wien,
Breslau und hier sehr. Dies aber bloß, weil ich das G l ü c k
hatte, für die Soldaten etwas zu e r l a n g e n ; die Thätigkeit hätte mir niemand ohne das Gelingen berechnet. — Es
freut mich, ausgestoßen wie ich war, ohne Vermögen, Stand,
Jugend, Namen, Talente, zu sehen, daß ich doch meinen Platz
in der Welt finden kann. Deinen Besitz, deine Hülfe rechne
ich oben an: aber warum liebst du mich? bloß weil ich recht-
schaffen bin, und das Andern gönne und thätig schaffe, was
i c h selbst gerne will. — A. Mendelssohn beträgt sich gegen

mich ganz ausgezeichnet freundschaftlich, thätig und zuvor-
kommend, und hat sich als wahrer Freund und eigentlicher
Bruder gegen mich bezeigt, indem er mir de but en blanc
hier einen Kredit machte; weil i h m einfiel, es könne mir angenehm sein! er hat das letzte Geschäft mit einer Pünktlich-
keit und Ausrechnung zu meinem Vortheil besorgt, als wäre
ich eine Königin, deren Gunst er sich schaffen wollte. Außerdem
beträgt er sich in diesem Krieg, und betrug sich hier in Prag,
wie der größte Weltpatriot: man kann n i ch t edler. Auch hat
er nun eine Freundin an mir, und einen Freund an dir. —

*

AN ERNESTINE ROBERT

Den 7. Januar 1814.

— Hier hab' ich herausgegrübelt: Schicksal und Glück sind
mir n i ch t gut; Gott und Natur lieben mich aber. —

— Wenn mir Gott Menschen schickt, bei mir ist kein
Athemzug, kein Pulsschlag, kein Blick verloren. Drum bin
ich so außer mir, wenn mir die Nächsten fehlen. Eltern, Geschwister, Geliebte! Weil ich an Gottes reinem Altar jedes
niederlegen würde; im frischen reinen Herzen hintragen! —

*

AN M. TH. ROBERT IN BERLIN

Prag, den 14. Februar 1814.

Obgleich tausend Dinge mich umgeben, die alle mit Ungeduld mich abrufen vom Schreiben, obgleich tausend andere

sich vordrängen, und gleich zuerst geschrieben sein wollen, obgleich ich seit Freitag von unserer gewonnenen Schlacht in
Frankreich weiß, so daß ich ganz mich und a l l e s Leid vergaß: so laß uns doch zuerst von unserm verehrten Lehrer und
Freund sprechen, dem ich Ehre und Leben in die Hand gegeben
habe würde, ohne noch hinzusehen; dem ich das tausendmal
in die Augen hineindachte, und nie sagte, welches ich jetzt
grimmig bereue, weil einem Menschen von andern edeln, den-
kenden, nichts Höheres werden kann, und wozu ich Elende
nie den Muth hatte! Laß uns von F i c h t e sprechen! —
Deutschland hat sein eines Auge zugethan; wie ein Einäugiger
zittere ich nun erst für das andere! Ich nenne keinen; wie die
Griechen die Furien umgehen, und wahre Herzensangst es
immer thut! Nun kann ja Unverstand, Lüge, Irrthum auf
dem ganzen Grund und Boden der Erde umherwuchern, und
wie üppiges, ungesteuertes Unkraut ihr alle Kräfte nehmen
und sich aneignen; keiner rottet es mehr aus; pflanzt, beför-
dert, macht ihm Platz, säet ihn aus, den reinen nährenden
Waizen, der Geschlecht zu Geschlecht verbessernd zu geleiten
vermag! F i c h t e kann umfallen und faulen! Das ist n i c h t
Zauber? Krank wie ich war, fand ich es vorgestern unvermuthet in der hiesigen Zeitung „aus Berliner Blättern." Ich
weiß nicht, ich war beschämter, als erschrocken; so gedemüthigt!
fast beschämt, daß i c h leben geblieben, und dann wieder eine
wahre F u r c h t vor dem Tode empfindend. Wenn F i c h t e
sterben muß, dann ist niemand sicher; mich dünkte immer,
Leben schützt vor dem Tode: wer lebte mehr als der? Todt ist
er aber n i c h t, gewiß nicht! — Fichte konnte also nicht erleben, daß sich die Länder vom Krieg erholten, Zäune wieder
aufgebaut würden, dem Bauer geholfen, den Gesetzen nach-
geholfen, daß die Schulen sich wieder herstellten und füllten,

* 147 *

daß gewitzigte Staatsleute ihnen von den Fürsten Schutz verschafften! daß Gesetze erfunden und ausgetheilt würden, daß die Denker frei, ohne den Augenblick zu schaden, sie Volk und Regenten zur Geistesprüfung vorlegen dürften; dies selbst ein Glück, zu aller Zukunft Glück! Der Mann, der dies, und a l s o Deutsches, was a l l e i n so genannt werden dürfte, nur einzig und allein beabsichtigte, mißverstanden von den meisten Mitlebenden! Also auch er soll n i c h t aufgehn sehn, was er aus den dunkeln Schluchten, im Schweiße seines Angesichts, in dem ganzen Aufwand seiner Seelenkraft hervortrieb? — Lessing! Lessing liegt auch; von wenigen nur nicht vergessen; und mußte kämpfen um das, was jetzt p l a t t in jeder Zeitung stehen darf, um das, was solcher Gemeinplatz geworden ist, daß sie den Erfinder vergessen, und es in stupider Albernheit n u r i h m n a c h sprechen dürfen! Und was würde er j e t z t wieder den Andern v o r sprechen! Wie würde er sie über ihren Dünkel abkappen; sie polemisch, lebendig überführen, ihnen zur rechten Minute Völker und Geschichte vorrücken, in die blinde Aufgeblasenheit Löcher reißen, und ihnen die Aussicht für That und Sache öffnen und frei machen, mit Ernst und Spott. Dieser Mann mußte sich mit einem Goeze abringen, und Schutt wegräumen, der damals fest und gerade stand wie u n s e r e Gebäude. So auch Racine und Voltaire und all die Andern, die sie jetzt verachten wollen, weil sie die Zeit nicht fassen, in der jene leben mußten. Racine mußte große Kränkungen erleben, große Korrespondenzen führen, weil sein Sohn Manschetten angehabt hatte, und in einer gewissen Schule darum nicht mehr geduldet werden sollte, und mußte diesen jungen Menschen deßhalb schelten, und sich anklagen und entschuldigen! Eine vornehme Dame wurde krank, und von ihrer Tochter verfolgt, weil diese rechtgläubig, und die Mutter es n i ch t war! Mit Gewalt schickte man einem Dichter, welcher krank wurde, die Sakramente! Und diese Leute sollten d a v o n sprechen und schreiben, was jetzt vorgeht? Die Religion der Jetzigen ist prahlerischer, als der Abscheu jener vor den herrschenden C e r e m o n i e n derselben. Lessing, Fichte! und ihr Ehrlichen a l l e, möget ihr unsere Fortschritte s e h e n, und uns mit euren starken Geistern segnen! So denke ich mir Heilige, begabt von Gott, geliebt von ihm, ihm treu. Selig sei unser ehrlicher Lehrer! —

Montag, den 28. März 1814.

... Zwei unaussprechliche Fehler hab ich aber: und die kennt niemand. O! könnt' ich sie darstellen, wie ich sie kenne! Jede Eigenschaft wird einer, die man nicht regieren kann. Es ist mir nie gelungen, und ich verzweifle nun auch ganz dran. Drum beicht' ich sie gern. Ja, denk dir, es existiren zwei Abbildungen von mir, ein Basrelief von Tiecks f r ü h s t e r Arbeit, und das Bild, welches bei meinem Bruder hängt; beide sind' ich sehr ähnlich: und es sind die widerwärtigsten Gesichter für mich, die ich kenne. Bloß, weil ich jene Eigenschaften bis zum langgezogenen Fehler darin sehe. Auch in noch zwei andern Menschen ihren Gesichtern — die sehr hübsch sind — kenne ich sie, nur im leisesten Grad, und doch sind sie schon Karikatur. Beide Personen haben auch diese Züge im Karakter. — Die beiden Eigenschaften aber sind: eine zu große Dankbarkeit, und zu viel Rücksicht für menschlich Angesicht —. Eher kann ich nach dem eignen Herzen mit der Hand fassen, und es verletzen, als ein Angesicht kränken, und ein gekränktes sehen. Und zu dankbar bin ich, weil es mir zu schlecht ging, und ich gleich an lauter Leisten und Vergelten

denke; auch weil nur i ch immer leistete, dies letzte ist ganz
leidenschaftlich und mechanisch zugleich geworden. Dies alles
kommt daher: weil die holde, freigebige, sorglose Natur mir
eins der feinsten und starkorganisirtesten Herzen gegeben hat,
die auf der Erde sind; weil ich keine persönliche Liebenswür-
digkeit habe, und man es also nicht sieht: weil auch mein
rauher, strenger, heftiger, launenhafter, genialischer, fast toller Vater es übersah und es brach, b r a ch. Mir jedes Talent
zur That zerbrach, ohne solchen Karakter schwächen zu können.
Nun arbeitet dieser ewig verkehrt, wie eine Pflanze, die
nach der Erde hinein treibt: die schönsten Eigenschaften werden die widrigsten. Du wirst es ganz verstehen! Ich wäre
ein sehr, für Aller Augen, verkrüppeltes Geschöpf geworden,
läge nicht großartige Betrachtung der Natur aller Dinge in
mir, und jenes Vergessen der Persönlichkeit, ohne welches die
genialischsten Menschen auf der Erde, und in jeder Wissenschaft, keine wären. Dies ist der einzige Leichtsinn, den mir
der doch gütige Gott mitgegeben; und die e i n z i g e Grazie
in meiner ganzen Natur. Zugleich mein Glück, die Sphäre
meines Gebets — jeder Erhebung — mein eigentlichstes Dasein, die expansive Möglichkeit zu fernern Existenzen, das
höchste Leben, welches zu anderm Leben hinauf glimmt und
flammt. Und denk dir, Freund, d i e s war der Sinn, in dem
ich dir gestern schrieb: „Die Gesellschaft könne mich für ein
Müllerweib ansehen, nur um deinetwillen hätte ich noch für
mich Ambition;" und nicht Zorn über dies oder jenes Ereigniß. Die Gesellschaft war mir von je die Hälfte des L e -
b e n s. Weil ich richtig fühlte, was sie sein sollte: der sich be-
wußte, behagliche Verein im Genuß und Weiterbringen alles
menschlich schon Geleisteten. Durch keinen Kampf aber muß
man in solchen Bildungskreis, wo Natur und Geistesaus-

beute ſich durchdrungen haben, gelangen! Wie zu keinem Glück! Den Kampf alſo bin ich ſatt; weil ich ihn nicht zu führen verſtehe; weil ich ihn verachte, mit dem Schickſal, welches m i ch dazu verdammen konnte. — — ...

Prag, den 28. März 1814.

Die Geſchichte der Madame de la Pommeraye in Diderot's Jaques le Fataliſte iſt für mich viel tragiſcher, als die von Romeo und Julia im Shakeſpeare. In jener iſt gar kein zufälliges Unglück, welches ſich zu dem der Liebe noch erſt geſellen müßte. Die Frau muß ihr größtes Leid erleben, worein ſie nicht willigen will; ſie ſchafft ſich Rache, die ihr gelingt, ſie drückt ſie feſt auf das ſchmerzende Herz. Vergeblich! dem Feinde iſt Glück in der Liebe zugedacht, er findet es in der Schande, die ſie ihm bereitete, weil ein Gott ihn ſegnete, aber von ihr ſich wendet, und allein muß ſie bleiben, mit dem Schaden für's Leben. Das hat Diderot ſehr richtig gefühlt, und auch er allein nur, meines Wiſſens, dargeſtellt. Das iſt nicht tragiſch, was andere Moraliſten zeigen; wie man ſich ſelbſt ſchadet, was man vermeiden könnte, wie man ſich Unglück zuzieht, wie man mit den Göttern wählen ſollte und nicht ohne ſie, wie innerer Friede ſchätzenswerther als ander Gewünſchtes ſei. Tragiſch iſt das, was wir durchaus nicht verſtehen, worein wir uns ergeben müſſen; welches keine Klugheit, keine Weisheit zerſtören noch vermeiden kann; wohin unſere innerſte Natur uns treibt, reißt, lockt, unvermeidlich führt und hält; wenn dies uns zerſtört, und wir mit der Frage ſitzen bleiben: Warum? warum mir das, warum i ch dazu gemacht? und aller Geiſt und alle Kraft nur dient, die Zerſtörung zu faſſen, zu fühlen, oder ſich über ſie zu zerſtreuen. —

Sollte Goethe mit Bedacht im Wilhelm Meister alle die=
jenigen, denen die Liebe das ganze Leben in sich aufnahm,
haben sterben lassen? Sperata, Mariane, Mignon, Aurelie,
der Harfenspieler?

Und sollte er die beiden Texte zu dem Buche in dem Buche
kennen? die des ganzen Werkes Keim sind, aus dem es nur
Goethe's Geist, wie Sonne, hervortrieb? — die Bemerkung
nämlich, „daß jeder Fluß, jeder Berg genommen sei auf der
Erde," und dann das, was Meister Aurelien, vor oder nach
seiner Verwundung an der Hand, sagt: „O wie sonderbar ist
es, daß dem Menschen nicht allein das Unmögliche, sondern
auch so manches mögliche versagt ist!" Dieses Netz von Witz,
in dem uns die Götter hier gefangen halten, in welchem wir
errathen, toben, arbeiten, beten müssen, und durchschauen und
durchgreifen können. Für möglich halten wir manches; das
was nicht ist, ist unmöglich; wenn wir das immer wüßten
und dächten, thäten wir nichts; und kein Buch würde wohl
geschrieben mit seinen Voraussetzungen, Bildern, Beweisen
und Erörterungen.

Darum finde ich auch in Goethe's Tasso das tragischeste
Ereigniß. Ganz seiner innersten Natur zuwider, muß er sich
am Ende an den halten, der ihm das Abscheulichste ist; im
Kampfe mit der Seligkeit seines Herzens überwunden, sie
fahren lassen; und endlich, um das Vernünftige zu ergreifen,
die Seele nach der unnatürlichsten Lage hinrenken; und so
das Herz in fremden, rauhen Gegenden ausströmen lassen,
welches geboren war, nach seinen selbst erkornen Himmeln zu
strömen. Solcher Todtschlag bleibt ein ewiger Schmerz: ist
nicht zu bekämpfen, nicht zu ändern, und einzig tragisch.

Dienstag früh 8 Uhr.

Nun gratulire ich dir und Allen, die wahren herzlichen
Antheil an der Welt wahrem Wohl nehmen! Ich gönne unserm K ö n i g für seine Kränkungen, daß er auch eingezogen
ist, in das Herz des monstruösen Reichs, das alle andere in
seiner holden leichten Glaubhaftigkeit zu verschlucken und
t r e t e n zu können meinen mußte. Es muß jeder französische
Soldat, jeder Franzose wissen, daß man auch zu ihm kommen
kann, das wird s i e höflich im H e r z e n machen; und uns
den Kopf o b e n halten lehren für eine Zeit. Daß nur
Einer geopfert wird, und auf den aller Haß gegossen, aus
den vergallten Herzen der Menschen, und daß man mit der
lieben Nation sich wieder befreundet, und sie lieben darf,
freut m i c h. Dann bitte ich zu G o t t und h o f f e es auch,
daß es gut sei, was geschieht!! Luft mußten wir haben, das
ist schon ausgemacht! Das Größte schon jetzt, ist mir das;
daß Napoleon sich zum Kaiser machte; und nicht ruhte
bis er's n i c h t mehr war. Alles er selbst. W e r hätte ihn an-
getastet! M a n m u ß e s n i c h t v e r g e s s e n! Kaiser-
und Königstöchter hatte er. E n g l a n d hinter seinem
Meere sogar, unterstützte noch vor wenigen Monaten der
Bourbons Proklamationen n i c h t. Der Mann hat ganz
allein wie Macbeth fünf Akte gespielt: s e i n e Zauber-
schwestern kennt man noch nicht. . . .

✳

AN FRAU VON GROTTHUSS IN DRESDEN

Prag, Freitag den 24. Juni 1814.

... Vorgestern eröffnete mir der ständische Schauspiel-
direktor Liebich, als der einzigen Vertrauten in der Sache,
die nun kommt, Folgendes. Er würde Goethen schreiben: und
ihn bitten und ihm vortragen, daß er für gesammte deutsche
Bühnen ein Stück schriebe, welches den 18. Oktober auf all
unsern Bühnen zugleich aufgeführt würde: und so alle Jahr
den achtzehnten, und im g a n z e n J a h r sonst keinen Tag.
Mir schauderten gleich die Backen, und Thränen standen mir
in den Augen. Aber w i e sagte dies der Mann, mit welcher
Einfachheit, Ehrlichkeit, Anspruchslosigkeit, und wie durchdrungen: und was fügte er hinzu! „Ich will keinen Ruhm
davon, sagte er, aber w e m! kann man's zumuthen, als
Goethen!" und sprach so, wie man's nicht wiederholen kann.
Ich genieße d e r Ehre, daß, wenn man Goethen huldigt,
man es mir vertraut! Denk dir, Grotta — mir zittert das
Herz diesen A u g e n b l i c k in Thränen — wenn man in
g a n z Deutschland, in derselben Stunde Goethens Worte,
seine Meinungen, s e i n e Gedanken spricht: alle Bessern
unserer ganzen Völkerschaft versammelt sind, i h m zuzuhö-
ren, von ihm zu lernen was sie zu denken haben; und er uns
zur That schafft was Ereigniß war! Die Welt ist nicht mehr
so roh, daß die Thaten sie gestalten und sie denken lehrten;
dies müssen unsere besten Denker und Dichter thun: die
Edelsten der Nationen! Wie sie es schon thaten (Hermann
und Dorothea n u r zu nennen!!!). An unsere Dichter, an
unsere Weisen knüpft sich alles Zusammenhängende an, die
Thaten selbst, langsam: wie Trophäen großen frischen Bäu-
men angehangen werden: sie müssen ihre ganze Zierde doch

aus der Natur nehmen; und hier erst ist verständlicher Akt, was vorher Ringen der Begebenheiten war. L i e b e Grotta! Rede ihm z u, daß er's thue, daß er's n i c h t abschlage. Wenn es ihm auch Mühe macht: und einen Entschluß kostet. Es ist das erstemal in meinem Leben, daß ich denke: Goethe soll, mag eine Müh haben. Denke dir, geliebte Freundin, wenn ganz Deutschland denkt: jetzt hört ganz Deutschland dieses Stück, schaudert, bebt, horcht, und klatscht, und jubelt, und weint mit uns! Ich falle auf die Erde und weine! Wir haben ja keine Forums, keine Märkte, keine Rednerbühnen, nichts Öffentliches; nichts Unzerstückeltes ist uns überkommen, wir schaffen ja nur a b, und nichts! — Aber als Naturnothwendigkeit für alle in Völker versammelte Menschen steigt den Regierungen selbst unbewußt die Schauspielbühne als ein solcher Mittelpunkt unbemerkt und ungelockt empor. Verkündigt man uns nicht Siege von i h r herab, dankt man Helden nicht von ihr herab? sammelt s i e nicht ganz allein die Menge, darauf still zu horchen, was sie hören, erfahren, lernen und bedenken soll? Nein, es ist Goethens, unsers erhabenen Lehrers ganz würdig! Vertrete Liebich bei ihm. Er war sehr kleinmütig; aber wie zu einer Pflicht fest entschlossen, ihn anzugehen, schon gefaßt in Traurigkeit — wie man es ist — auf eine abschlägige Antwort. Gedrückt sagte er: „Ich habe dann das Meinige gethan. Keinen Würdigern weiß ich nicht! Einem A n d e r n kann man d i e s doch nicht anfordern." Ich ermunterte ihn! Ich habe eine Freundin, sagte ich, der ist Goethe sehr hold und zugethan, und der vertraut er: der werde ich die Sache vortragen; die soll sie unterstützen und ihn b i t t e n!! Nun, glückliche Grotta, von der man dies sagen kann, thu' es auch! Sprich d e i n e Sprache! Aber thue es g l e i ch. Ich habe Liebich bewogen, seinen Brief bis zum nächsten Dienstag zurückzuhalten, dann ist wieder sächsischer Posttag; damit deiner, zum allerwenigsten, zugleich mit seinem kommt, oder gar früher: und damit Goethe ihm nicht in der Geschwindigkeit, eh deiner kommt, ein Nein schreibt. Wie auf deine Ehrlichkeit, verlasse ich mich darauf, daß du, wenn du nicht sterbend bist, g l e i c h und s o schreibst, wie du k a n n s t: eindringend, daß, b i s e r' s thut! Wie wird's ihm die Kaiserin, seine Freundin, danken! Ganz Deutschland beglückt er; es flammt von neuem auf! Soll ich dir noch hinzufügen, daß Liebich der einfachste, braveste, gütigste, w o h l t h ä t i g s t e Mensch ist? und in manchen Fächern seiner Kunst unübertrefflich: voller guten Willen, und ohne Vorurtheil? Dir diesen Mann dankbar zu machen, muß dich auch freuen! Wenn es Goethe annimmt, und es ist so weit, daß es Goethe erlaubt, will Liebich ein gedrucktes Zirkular an alle Bühnen ergehen lassen. Grotta, du m u ß t! Adieu, Liebe! Schreibe; und antworte mir. Empfiehl mich deinem Gemahl!

R. R.

A n m e r k u n g. Goethe empfing die beiden Briefe. Er schrieb an Liebich diese Antwort:

Weimar, den 10. Juli 1814.

Für den an mich ergangenen sehr ehrenvollen Antrag hab' ich alle Ursache, meinen lebhaftesten Dank abzustatten, wobei mir sehr angenehm ist, daß ich Ihren Wünschen, wo nicht unmittelbar, doch mittelbar entgegen zu kommen im Stande bin.

Es hat nämlich vor einigen Monaten die angesehene Generaldirektion des Berliner Theaters von mir ein Festspiel verlangt, zur Feier der Ankunft ihres Königs und seiner höchsten Gäste. Ich habe diese Gelegenheit benutzt, um alles zur Sprache und Darstellung zu bringen, was in den Gemüthern seit so vielen Jahren vorging, und was sich nun in diesen letzten Zeiten so glücklich entfaltet hat. Mein Bemühen, nichts zurückzulassen, was man fordern und erwarten könnte, hat jenes Stück zu einer solchen Vollständigkeit gebracht, daß ich, wenn ich ein neues fertigen sollte, mich nur wiederholen müßte.

Mein stiller Wunsch, diese Arbeit nicht nur für Berlin, sondern für das ganze Vaterland, nicht nur für den Augenblick, sondern auch für die Zukunft unternommen zu haben, scheint sich durch Ihren Antrag der Erfüllung zu nähern.

Jenes Drama ist dergestalt eingerichtet, daß ganz reine Rezitation, Rezitation mit melodramatischer Begleitung, Rezitativ, Kavatine, Arie, Duett, Terzett und Chor mit einander abwechseln, so daß die vorzüglichsten Schauspieler sowohl als die Sänger darin ihre Talente entwickeln können. Hr. Kapellmeister Weber arbeitet an der dazu nöthigen Komposition, welche, nach den mir bekannt gewordenen Musterstücken, von großer und schöner Wirkung sein muß.

Das Stück*) wird gleich nach der Aufführung gedruckt erscheinen, und Sie werden alsdann selbst urtheilen, ob es werth sei, ein Sekularstück zu werden, und ob es Ihren Wünschen entspreche. Haben Sie alsdann die Gefälligkeit, mir ganz offen Ihre Meinung zu sagen, und erhalten mir bis dahin Ihr freundliches Andenken. Ergebenst

Goethe.

---

*) „Epimenides Erwachen".

AN VARNHAGEN IN PARIS

Frankfurt a. M. den 20. August 1815.
Sonntag Abend, ein Viertel auf 11.

Nein, August, welches Glück! Ich kann auch nicht zu
Bette gehen, ohne es dir zu melden: wie weinte und bangte
meine Seele schon, daß du es nicht mitgenossest. Gestern, in
einem Brief, den ich dem Chevalier Capadoce-Pereira mitgab, und den du spätestens Mittwoch erhältst, referirte ich dir
doch unsern ganzen Aufenthalt hier; heute Nacht sind die
Jetten weg, ich in einem angenehmen und angenehm gelege-
nen Quartier, in einem niedrigen Hause, meine Wohnstube
nach der Allee, wo das Komödienhaus steht, mein Schlafzimmer nach einer andern Straße, das Haus hat keinen Hof.
Vallentins im Schwan, grade gegen meinem Schlafzimmer
über: bei ihnen aß ich sehr gut, und bequem: schlief zu
Hause, und fuhr um 5 in dem Götterort, in der Anmuths-
gegend, mit ihnen aus; als ich hinab kam, saß noch ein Herr
im Wagen; ich glaube Weiland stellten sie ihn mir vor; ein
Klavierspieler, der alles liest, weiß, gereist ist; kurz, ein gebildeter, neumodischer Mensch, der s o viel weiß, daß es leicht
an Narre gränzen kann; sehr dem Prinzen ähnlich mit den
ausgestochenen Augen, dessen Namen wir nicht erfahren
konnten. Ein Jude; dem man's nicht anmerkt. Er spricht
sehr gut. Wir fahren zu einem herrlichen Thore hinaus, an
einem herrlichen Kai am Main vorbei, an kultivirten Gärten in der wohlhabenden Gegend, durch Weingefilde, im
köstlichsten g e s ü n d e s t e n Wetter (wie es in z w a n z i g
Jahren nicht war), nach einem Forsthause, wo man Kaffee
nimmt; dort gehen wir im Walde spaziren; wir treten endlich a u s dem Wald, sehen eine weite schöne Wiese, am Ende

ein hellbeschienen Dorf. Der Herr fragt, ob wir das sehen wollen. Ich sage, die Sonne sei zu stark, lieber später; er sagt, es ist Niederrad, das Dorf, wovon Goethe so viel schreibt, wo er immer mit seinen jungen Freunden hinging. Dann wollen wir durch die Sonne, sag' ich: und Schauder griefelt mir über die Backen. Getrost, fröhlich, ja zerstreut im Gespräch, gehen wir hin; es hat Straßen, wie die öster-reichischen Dörfer; ich table das; wenig Menschen gehen hin und wieder: e i n niedriger halber Wagen, mit einem Be-dienten, fährt den langsamsten Schritt; ein Herr fährt vom Bock, drei Damen in Trauer sitzen drin, ich sehe in den Wagen, und sehe Goethen. Der Schreck, die Freude machen mich zum Wilden: ich schrei mit der größten Kraft und Eile: „Da i s t Goethe!" Goethe lacht, die Damen lachen: ich aber packe die Vallentin, und wir rennen dem Wagen voraus, und kehren um, und sehen ihn noch Einmal; er lächelte sehr wohl-gefällig, beschaute uns sehr, und hielt sich Kräuter vor der Nase, mit denen er das Gesicht fächelte, das Lächeln und das Wohlwollen uns, aber besonders seiner Gesellschaft, die eigentlich kikerte, zu verbergen. Der Wagen hält in seiner Langsamkeit endlich ganz, der Herr vom Bock wendet sich, und sagt: Das ist der Schwan! Nämlich, d a s Wirthshaus, von welchem Goethe schreibt, dort immer eingekehrt zu sein. Also auch Goethe ging heute in seine Jugend wallfahrten, und i ch, d e i n e Rahel, trifft ihn, macht ihm eine Art Scene; greift ein in sein Leben! D i e s ist mir ja lieber, als alles Vorstellen, alles Kennenlernen. Als ich ihn das zweite-mal sehen wollte, sah ich ihn n i ch t, ich war so roth wie Scharlach, und auch blaß, ich hatte den Muth nicht. Und als er vorbei war, am Ende der Straße durch ein Fabrik-gebäude und eine Pappelallee entlang aus dem Dorfe fuhr, zitterten mir Kniee und Glieder mehr als eine halbe Stunde. Und laut, und wie rasend, dankte ich Gott in seine Abend= sonne laut hinein. Auch die Andern konnten ihr Glück nicht fassen! sie hätten es gar nicht gewußt; Vallentin sagte, er sei der Büste ungeheuer ähnlich; sie ist ganz beglückt. Und noch Einmal müssen wir Gott danken und hoffen: er hat sich in den z w a n z i g Jahren gar nicht verändert, g a n z wie ich ihn sah; und s e h r vergnügt beobachtete er uns. — Ich schrie s o s e h r, aus E i l e, die Andern sollten ihn a u c h sehen, und weil man's g a r n i c h t erwarten konnte! E i n Wagen, und das ist e r. Den Mainherrn nennen wir ihn: er ist Herr hier. Das erfand ich gleich. Gott, August! ich bin so agitirt: w ä r s t d u h i e r; (Jetzt wein' ich.) In diesem Mond, h e u t e! Wer gönnt es mir wie du? Meine lieben Augen s a h e n ihn: ich l i e b e sie! — Geheimerath Wille= mer's Familie waren die, welche mit Goethen fuhren. —

Frankfurt a. M., den 27. August 1815.

Leset in Goethe's Leben, erster Band, von Seite 427 bis herab Seite 437. Und wenn ihr sie in's Auge fasset, wird die goldene Weisheit euch verblenden, verstarren in Bewun= derung! Er schildert g a n z die heutigen Erscheinungen in Wien, Paris und allerwärts, die n e u e r e Begleitung und Folge des Kriegführens; hebt durch den bloßen Blick, mit Worten, ein solches Stück Geschichte aus dem Zeitenflusse, daß es sich wiederholen muß, wie vor wahren Propheten! Den Gährungsprozeß des Abgestorbenen, welches man in guter und schlechter Meinung erhalten will, mit der sich neu erzeugenden Mischung; wie das dumm, lächerlich und traurig wirkt, weil, der Masse nach, zu wenig Bewußtsein, als

Sonne, es reinigt, bildet und gestaltet. Auch ich dachte dadurch, und in welcher Zeit, in welchem Ort ich das Buch
lese, viel nach. Und sehe in allem, was Menschen wirklich
mitzubereiten im Stande sind, nur das Eine: daß Weniges
in der Natur gelingt, und sich nach ihrer wahren Absicht aus-
bildet; so auch in des Menschen Natur; Alle sollten selbst-
ständig und selbstdenkend, daher sehend und erfindend, sein,
das ist ihr natürlicher Zustand. Aber der ist so verweset
und verwirrt, daß die, welche naturgemäß sind, Ausnahmen
machen, und Genies sein müssen, oder genannt werden, und
alle Andern in trübem Dasein denen alles auf eine Weile
nachmachen; immer wenn es schon unzeitig ist, also verkehrt.
Das geht auch wieder ganz deutlich aus Goethe's Buch hervor; dies nennt man beständig fort die alte und die
neue Zeit: es wäre immer eine neue, wenn man nicht faul,
dumm, albern, dünkelhaft-stolz übertragen wollte: denn in
der ganzen Weltgeschichte wirkten und sahen nur, die groß,
die frisch wirkten und sahen, und belebt: und die belebten.

Frankfurt a. M. Mittwoch, den 30. August 1815.

— Es war den Sonntag natürlich die Rede von Goethe,
und da erbot sich dann Otterstedt wieder, er wolle hin, und
ihn schaffen; welches ich verbat; er sollte ihn nur wissen
lassen, wer es war, der ihm in Niederrad nachschrie. Frau
von Schlosser meinte, ich solle nur grade mit Otterstedts zum
Kommerzienrath — der ein preußischer ist — Willemer hin-
fahren, und dort die Damen besuchen! Das fehlte mir! —
Das alles mißfällt mir: Goethe muß ich anders, natürlich,
sehen: wie alles. Du weißt, im Leben hab' ich noch keine Bekanntschaft gesucht, als eine, der mehr an mir, als mir an

ihr liegen mußte. Man steht sonst zu dumm da; was sollt' ich Goethen sagen. Wenn er sich's erinnert, weiß er wie ich ihn liebe; oder auch nicht: denn dies grade weiß er nicht. Povero vecchio! rief Einmal über das andere neulich, in den einfältigen Stücken, eine Italiänerin neben mir aus, die nicht ein W o r t deutsch verstand, und der ihr Gemahl, ein russischer General, alles in's Ohr übersetzte; povero vecchio! wie ein Wucherer ein schönes junges Mädchen n i c h t bekam, und bekommen sollte. Er sah ihr so mitleidig aus. Bedauerlich! wollte ich jetzt auf Goethe sagen: das h e i ß t poveretto. Dies fehlt ihm; den Genuß schenkten ihm die Götter n i c h t; den refüsirte das Schicksal. Ich habe U n e n d l i - c h e s von ihm gehabt. Er nicht mich. Und so laß' ich es denn! Getrost. Mich d ü n k t sogar, es muß Wichtiges im Leben zurückbleiben, Wichtigstes, worauf wir einen größten Werth setzen; mich dünkt es so, wenn das Leben selbst sehr wichtig, oder vielmehr wir uns so bleiben sollen. So hab' ich es kennen lernen, und erlernt; dazu hab' ich Kraft: im Gegentheil bin ich ganz ignorant, und verstehe es wahrlich nicht; die größten Menschen sind gewiß die, welche im Vollgelingen des Glückes ergründen, sich ausbilden, und Kräfte bekommen: solcher bin ich nicht, und solche Starke kenne ich auch nicht: auf solches warte ich nicht, aber solche möchte ich noch kennen: s o n st „acht' ich keinen Mann mehr!" wie Schillers Elisabeth, ziemlich dumm und unverständlich, zu Posa sagt. Ihre Gaben, ihren Herzenskern, liebe und schätze ich noch: aber einen ganzen Menschen bewundere ich n i c h t m e h r. Im Ganzen sind sie nicht besser, als ich. Marwitz war der letzte, den ich über mich stellte; mit Thränen hat er's gebüßt; und st e i n e r n fand mich d i e s e r E n g e l; der aber n i c h t mehr war, als i ch! — ...

Frankfurt a. M., den 5. September 1815.
Dienstag Mittag 1 Uhr.

... Mach dir kein Gewissen, treuster, liebevollster Freund, daß ich komme. Ich bin wahrlich allein; und ohne Beziehung, wo du nicht bist! Ich fühle es ununterbrochen. Ja, ja! man kann sich einen Menschen erobren; wenn's ein M e n s ch ist: du hast mich dir erobert in Liebe, und Einsehen meines Besten in mir. — Schelte nicht! Ich weiß, wie du, daß Goethe viel an mir hätte: eine Sorte, die er noch nicht hatte: und dreist ging ich zu ihm, könnte ich es ihm in einem Gefäß reichen, auf einem Korbe darbringen, lebte er in einem Walde, wo er nicht gerne ist; aber hier in einer Familie, wo er sich ausruht, hat was er will, allein sein will; wie soll ich kommen, was soll ich sagen. Und besonders, da er nun die aufmerkende langjährige Liebe von mir kennt. Nun genire ich ihn. Denn d i e s, daß ich doch unschuldig neben ihm sitzen würde, kann er auch nicht gleich wissen. Hätte ich ihn von ungefähr getroffen, durch, mit Andern gesehen; alles wäre gegangen. Viel eher fühl' ich in mir den Muth, ihm in Weimar, bei sich in seinem Orte, die Erlaubniß ihn zu sehen, zu fordern. Mit Goethe mag ich nichts wagen: dem will ich wirklich nicht häßlich erscheinen. Sonst vertrag' ich viel; du weißt es. Aber ein Wort schreiben will ich, fragen will ich ihn, ob er das Paket durch den Kaufmann R. erhalten hat. Da es der Freund von einem Tage zum andern schiebt. D i e s Interesse versteht er durchaus nicht; wie ein Hund ein Buch nicht versteht; und in diesem Sinne verzeihe ich's ihm. — Ich weiß auch gar Goethen nicht in kurzen anständigen Worten genug zu schreiben! Doch will ich's. — ...

Frankfurt a. M. den 8. September 1815.
Freitag Mittag halb 3 Uhr.

Dies ist den Brief werth. Nun wirst du selbst dich freuen,
daß ich noch hier war. Guter theurer August. Goethe war
diesen Morgen um ein Viertel auf 10 bei mir. Dies ist mein
Adelsdiplom. Aber ich benahm mich auch so schlecht, als Einer,
dem sein geehrter, über alles verehrter, tapfrer, weiser König
den Ritterschlag vor der ganzen Welt giebt. Ich benahm
mich sehr schlecht. Ich ließ Goethe beinah nicht sprechen!
O! wie weissagte meine Seele gestern, als ich dir schrieb, ich
hätte den größten Geschmack, und müßte mich immer so ge-
schmacklos, so ungraziös betragen: immer selbst so erscheinen!
Und ich kann w i e d e r nicht dafür; zwanzig Umstände, Ereignisse, reichten sich die Hände, um mich dazu zu zwingen,
mich durch Überwältigung hinein zu stürzen. Höre nur! Als
vorgestern und gestern keine Antwort von Goethe kam, be-
schäftigte es mich immer unter allem Leben heimlich, wie eine
kronische Krankheit; (und noch Einmal sei dir diese größte
Liebeserklärung gethan; nur dir zu Liebe, nur dir zu will-
fahren und zu folgen, mich und meine heimliche Leidenschaft
aufopfernd, schrieb ich ihm) — und ich dachte, der Brief sei
ihm nicht abgegeben; oder, t r o t z d e r U n m ö g l i c h k e i t!
er käme lieber einen Moment zu mir, als daß er mir auch
nur eine Zeile antwortete: oder, er habe schwer einen Boten:
und so dacht' ich mir denn sein Kommen, oder Schicken; und
dabei, daß es gewiß geschähe zur Unzeit, und wenn ich's
gar nicht dächte; wie immer. D a s aber konnte ich mir
n i c h t denken: ein Viertel auf 10 ist zu arg. Ich hatte
gestern ein erhitztes rothes Auge; u n d solche Beschwerden
an den Augen, wie du sie an mir kennst; wozu mir denn die
gestrige Komödie nicht half. Als ich den Morgen erwachte,

so war das Auge nicht mehr roth, aber beide thaten mir weh, als wäre Staub darin; und um nicht zu lesen, und sie zu ruhen, blieb ich im Bette — sonst steh' ich jetzt ziemlich früh auf — frühstücke im Bette, nehle sehr, und stehe endlich um 9 auf. Grade im Zähneputzen, im rothen Pulver, mit meinem Flanellen angethan, kommt mein Wirth, und sagt Doren, ein Herr wolle mich sprechen. Ich denke, ein Bote von Goethe. (Noch n i e kam der Wirth, und nie in solcher Art Angst.) Ich lasse fragen, wer es ist, und schicke Dore hinunter; diese bringt mir Goethens Karte; mit dem Bescheid, er wolle ein weng warten. Ich lasse ihn eintreten und nur s o lange warten, als man Zeit braucht, einen Überrock über zu knöpfen; es war ein schwarzer Wattenrock; und so trete ich vor ihn. M i c h opfernd, um ihn nicht einen Moment warten zu lassen. Dies nur blieb mir von Besinnung. Auch entschuldige ich mich nicht, sondern danke ihm! „Ich dank' Ihnen!" sagte ich; und meinte, er müsse wissen wofür! daß er kam. Entschuldige mich nicht; denn ich meine, er muß wissen, daß ich g a n z schwinde, und nur er berücksichtigt wird. Dies — leider!! — war die e r s t e Bewegung meines Herzens. Nun denk' ich in heftigster, ja komischer, quälender Reue a n - d e r s ! Er sagte mir, mit einer etwas sächsischen, sehr aiséen Sprache, er bedaure nicht gewußt zu haben, daß ich bei ihm war. „Wir wollten n u r wissen, ob Sie das Paket erhalten hätten. Wir hatten es einem Wiener Kaufmann gegeben, der es mit bis nach Leipzig nahm." Ich danke Ihrem Herrn Gemahl, sehr grüßen Sie ihn von mir; ich habe auch gleich antworten wollen, und legte es deßhalb zurück, aber mit den interessantesten Sachen geht's einem am meisten so, man kommt nicht dazu. Ich danke Ihnen sehr! „O! das glaub' ich wohl, es geht mir ja sogar so. Ich wollte auch nur

wiſſen, ob es in Ihren Händen ſei." Er ließ dich wieder
grüßen, wohl dreimal, fragte, wo du biſt. Ich ſagte ihm meinen Fall mit dem Nachkommen; wie der Kongreß auf mich
gewirkt habe: deſſen war er, g a n z w e i ſ e, und abgethan
und zweihundert Jahre alt, einverſtanden; und meinte auch,
es ſei nicht zum Nacherzählen, w e i l es keine Geſtalt habe;
ich ſagte ihm, ich hätte erfahren, daß der Krieg umbringe,
aber nicht zerſtöre, und geſtand i h m zu, daß man dies an
Frankfurt ſähe, deſſen Umgebungen wir um die Wette lobten, und er meinte, es würde ja dort bald aus ſein, und wir
auch noch etwas Gutes davon erfahren. So glimpf! ſo hoff-
nungsreich auf die Natur; ſo gelaſſen, freundlich, und un-
ſicher, ſo vague, und feſt. Daß es m i r eine Luſt war! Er
überredete mich zu Bieberich, Wiesbaden, und dieſer Reiſe;
geſtand, wo er wohne, ſei die beſſere Seite von hier. Er lobte
Heidelberg, und daß man noch ſähe, daß es eine Reſidenz
war. Und als ich von Lokal und ſeinem unbeſiegbaren Einfluß
ſprach: bejahte er's; „Darin müſſen wir ja einmal leben,
das thut ſehr viel." Er fragte mich, wo wir immer wohnen.
Im Ganzen war er wie der vornehmſte Fürſt: aber wie ein
äußerſt guter Mann; voller aisance; aber Perſönlichkeiten
ablehnend: a u ch vornehm. Auf d i ch, ziemlich geſpitzt; und
äußerſt verbindlich. Er ging ſehr bald. Ich konnte ihm nicht
von der Pereira, nicht von der Grotthuß, von nichts ſprechen!
Nur ganz zu Anfang ſagte ich ihm: „Ich war es, die Ihnen
in Niederad nachſchrie; ich war mit Fremden dort, eben weil
Sie davon geſprochen hatten; ich war zu überraſcht." Er ließ
dies ganz durch. Es war mir Recht. Ich fühle, daß ich mich
im Ganzen ſo betragen habe, w i e d a m a l s in Karlsbad.
Mit der haſtigen Thätigkeit: lange mein ſchönes ſtilles, be-
ſcheidenes Herz nicht gezeigt. Aber wenn man Einen nur einen

Moment, nach so langjähriger Liebe, und Leben, und
Beten, und Weben, und Beschäftigung, zu sehen bekommt,
dann ist es so. Und mein Negligé, mein Gefühl von Ungrazie
brachte mich ganz danieder; und sein schnelles Weggehen.
Aber nun besuche ich ihn: Otterstedts wollen es schon die
ganze Zeit: ich aber wollte nicht. Im Ganzen ist es rasend
viel, daß er kam. Er sieht keinen Menschen. Wollte Prinzes-
sin Solms, des Königs Schwägerin, mit dem neuen englischen Gemahl durchaus nicht sehen. Kurz, ich fühle mich über
die Maßen in meiner Erniedrigung geehrt. Nur i ch weiß,
wie elend ich war. Goethe hat mir für ewig den Ritterschlag
gegeben. Beim Himmel! Er w e i ß es, der Himmel! Kein
Olympier könnte m i ch mehr ehren, mir von m e i n e r Ehre
mehr bringen. Erst wollte ich dir, meine Guste, die Karte
schicken; aber ich traue sie keiner Post an. Nun höre g a n z,
wie lächerlich ich bin. Als er weg war, zog ich mich sehr schön
an. Als wollt' ich's nachholen, redressiren! — Ein s ch ö n e s
weißes Kleid mit hohem schönen Kragen: eine Spitzenhaube,
einen Kantenschleier, den Moskauer Schal: schrieb Frau
von B. ob sie mich sehen will, und wollte doch einem Andern
würdig erscheinen!!! — Sie wollte mich: und ich fand eine
liebe Freundin der B. eine reizende Frau, die dir gewiß gefallen wird, und worauf ich mich freue. — Nun will ich d i r,
wie Prinz Louis mir, sagen: „Nun bin ich Ihnen unter
B r ü d e r n zehntausend Thaler mehr werth; Goethe war
bei mir!" L i e b e Guste! Theurer; meinetwegen ist es dir:
ich weiß es! d e i n e t w e g e n schrieb' ich; wisse es. Und nun,
da er da war, kommt mir mein Billet nicht mehr so öde, so
unperiodisch, so gestaltlos vor; sondern g u t. Gestern sah ich
eine hübsche Oper göttlich gesungen von Mad. Graf, geborne
Böheim. Les acteurs ambulants, aus dem Italiänischen.

Jetzt muß ich essen und ruhen. Ich war bei Otterstedts und
Herzens. Fahr' um halb 6 aus. S o l l in die Komödie,
Mad. Vohs spielen sehen, die alte Weimarin. B i n müde;
und weiß n o ch nichts Näheres über meine Reise. Heute bist
du mir n i ch t böse! Als mir die Frau von B. sagen ließ, sie
erwarte mich: sagte Dore: „Nun! h e u t e gelingt a l l e s."
Gleich betete ich laut: Gott soll dich kommen lassen, und
Preußen beschützen. So ist der Mensch. Man liebt sein Land!
Ich mußte selbst drüber weinen. Adieu! Deine stolze, be-
schämte, ärgerliche, treue, kluge bei der Dummheit!   R.

Frankfurt a. M. den 11. September 1815.
Montag Mittag halb 1 Uhr.

Gestern Mittag, als ich von einem Sonnengang mit Doren zurückkam, fand ich deinen mich überaus beglückenden
Brief vom 2. September, mit den Modekupfern und Ney's
Vertheidigung. L i e b e s! „gelehriges Herz!" du verheißest
mir in diesem lieben, aus Liebe gewebten Brief die Mitte
Oktobers zu dem nicht zu erwartenden Glück, dich wiederzu-
haben! Wenn ich nur leben bleibe! In keiner Krankheit hab'
ich mich so vor dem Tode gefürchtet. Ich s o l l vergnügt sein!
Einziger theurer Freund, ich bin es, (ich w i l l Geduld haben!) da ich dich bald sehen soll: wir werden hier, auf der
Reise, allenthalben sehr vergnügt sein; zu Hause allenthalben; und die Welt geht ihren Gang, „wie Sonne und
Mond und andre Götter," wir erleben das Ende nicht, drum
wollen wir in der Mitte l e b e n, und ihr zuschauen. Du
denkst unaufhörlich an mich? fragst bei aller Gelegenheit um
meine Billigung und Einsicht bei deinem ganzen Thun und
Lassen; leider wohl oft ohne sie zu bekommen, fürchtest du;

aber darum doch nicht ablassend in deinem Eifer? Und ich —!
konnte, eh' ich dich hatte, gut, ganz gut, allein leben auf der
Welt; hofft' es, ersah es, prätendirte es gar nicht anders,
suchte es nicht mehr, in Gelassenheit, und Vergnügtheit,
wenn sie mich in R u h e ließen, und ein ungraziöses Schicksal mich nicht aufzustören b e f l i s s e n war, „fand mein
karges Futter" vergnügt und reisefertig „auf jedem Hof."
Gott weiß es, du auch; und es ist wahr. Nur geneigt war ich
nicht mehr, weil ich es nicht mehr fähig war, mein L e b e n
wieder für ein Vierteljahr Zusammengehen bei irgend einem
Wesen vom Menschengeschlecht einzusetzen; die Proben meiner unbedungenen Hingebung hatte ich m i r, also allen andern Freunden und Freundinnen, zur G e n ü g e rein und
völlig abgelegt; ein zum Narren haben an mir selbst aus-
und aufgeführt, war bei einer unschuldigen Seele, bei einem
unbefleckt, unerschüttert redlichen Herzen unmöglich; so war
meine Seele und Herz. D u hast es erfahren, wie ich ein
ernstes Herz in meines aufnehme. Mit meinem Leben er-
wiedre ich's. Wisse, ermesse, wie ich es ansehe, daß du mich
wieder in's Leben hinein geführt hast. Ich will ja nun leben,
weil du es wünschest, weil ich mit dir leben kann. Von dir
hab' ich ja erfahren, daß auch ich geliebt und gehegt werden
kann, wie ich Andere hege und liebe; daß ich kein verzaubertes
monstre bin: worüber ich, du weißt es, ganz gefaßt und vergnügt war. Ich liebe dich deiner Liebe wegen: und nicht, d u
glaubst es, weil ich der Gegenstand dieser schönen Herzens-
entwickelung bin: nein! weil sie in dir möglich ist, weil ich
dies schöne Spektakel sehe; weil ich solchen gehaltenen, er-
glühten Ernst nie sah, und sah ihn nie, weil er nur selten,
weil er so schön ist; ein G e l u n g e n e s! Ein Ächtes; und
vom Schicksal Bejahtes mit einem Gegenstand. Ich sehe in

dir eine Unschuld, ein Gewährenlassen, ein sich entwicklendes
Herzensgedeihen: so denk' ich mir hätte ich meinem Herzen
zusehen können, hätte man; in ächter, rother durchsichtiger
Gluth nahm ich ohne Rückhalt, ohne Vorbedacht alles unschuldig auf; und wurde nicht Einmal natürlich begegnet.
Angeschrieen, überschrieen, beseitigt, unberücksichtigt, die ganze
lange Jugend durch; das Andere mag ich gar nicht einmal
nennen. Gott selbst hörte mich nicht. Er wollte es so: und ich
h a b e mich auch schon längere Zeit unterworfen. Sei auch
nachsichtig, August, wenn du jene Frische oft n i c h t findest,
die Einem Glück konservirt, oder Untugend, und eitle Ge-
dankenlosigkeit, loser Geiz, der an die wahre Herzenskammer
nie anfordert. Goethe sagt so schön in seinem Leben, bei Gelegenheit der Katastrophe mit Gretchen: die Knaben- und
Jünglingspflanze war ihm aus dem Herzen gebrochen, und
es bedurfte längerer Zeit ‚ — so ungefähr — eh Neues sich
erzeugen konnte: dies ist der Sinn der letzten Worte, die ich
nicht mehr weiß. Mir brachen Eltern, Geschwister, Freunde
und Freundinnen, und elende Geliebte ganze Vegetationen
hinter einander aus. Ich schwieg in meiner Jugend, in meinem Reichthum, und dachte es müßte so sein. Hielt ewig
m i c h für ungraziös, und das so intim, so gewiß, daß ich's
nicht einmal sagte, da doch, meiner Meinung nach, mir niemand auf solche Klage zu antworten hätte, wie auf die wegen
eines Buckels, oder andrer Gebrechen. Ich bin aber n i c h t
unglücklich, weder im Gefühl, noch in der Überlegung. Ein
schönes Schicksal hatte ich nicht; aber gottgesegnet war ich
doch; es war immer Feiertag in mir. Mit all diesem wollte
ich dir nur zu ermessen geben, wie du mir mit deiner Art und
Liebe gegen mich erscheinen und sein mußt: und ob ich dir
erwiedere, dich erkenne! . . .

VERFÜGUNGEN

(Vorgefunden und zuerst gelesen nach dem 7. März 1833.)

Frankfurt a. M. den 23. April 1816.

— Ich fühlte mich in Mannheim so krank, daß ich mir gleich vornahm aufzuschreiben, wie es mit dem, was mir gehört, und worüber ich freies Walten habe, geschehen soll; sobald ich nur einen Tag es thun kann, ohne daß du es, lieber August, siehest. Unterdeß sagte ich Dore manches Kleine, und ward schon dabei sehr vergnügt; und auch körperlich frei, für den Augenblick, von einem harten Anfall. So wenig verstehe ich eigentlich, hypochondrisch zu sein.

Die Hauptsache bei meinem Tod für mich hat mir Varnhagen auf Ehre versprochen; nämlich mich ohne allen Putz in einen schlechten Sarg legen zu lassen, welcher keinen zugenagelten, noch einen nur im m i n d e s t e n s c h w e r zu öffnenden Deckel hat: mein Sargdeckel soll von G l a s sein, und wären es auch, welches ich sogar will, die kleinsten grünen Glasscheiben. Der Sarg selbst wird nicht in die Erde gegraben, sondern in ein wenn auch noch so kleines Häuschen gesetzt — etwa wie ein kleines g a n z geringes Wachthäuschen bei Bauten, oder dgl. — oder in Souterrain-Zimmer, oder sonst einen Ort ꝛc. Mein größter, wichtigster Wunsch ist der; sollte ich nach Varnhagen sterben, so ist der von meinen Geschwistern, der dafür nicht sorgt, mein ewiger, bitterer Feind!!!

Mein Klavier bitte ich sehr, Schwester Rose zu schik=
ken! — es geht zu Wasser. — Weil die mich sehr liebt,
selbst spielt, und mich hunderttausendmal daran hat sitzen
sehen, im väterlichen und mütterlichen Hause; in Kinder=
thränen beim Lernen, in Mädchenthränen, das Herz voller
Wünsche, und vaguem wenigen Hoffen; kurz, in allen nur
möglichen Abstufungen von Leid, Freude, und Stimmungen,
und Gedanken. An diesem Klavier dacht' ich mir beinah alles
aus. Stirbt auch Rose, kann es Varnhagen zum Ansehen
bekommen.

Dann besitze ich einen kleinen Ring von Smaragden und
Perlen; so lange mein Vater lebte, war dies das e i n z i g e
Geschenk von meiner Mutter; als ich sechzehn Jahre alt war,
sah ich ihn in einem englischen Laden in Pyrmont; ich hatte
gar zu große Lust dazu, Mama kaufte ihn mir für einen hal=
ben Louisd'or. Ich nannt' ihn in jüngern Jahren Wielands
Pflaster, — Straßen=, oder Garten=Pflaster, wie es wohl in
seinen Mährchen vorkommt. Später dachte ich mir aus, ihn
wegzugeben, wenn ich in unbedingtem Glück — ich hielt es
auch für mich nicht unmöglich damals — mich selbst verlieren
würde. Noch später hatte ich immer Verzürnungen, wenn ich
ihn am Finger hatte; die Bemerkung drängte sich mir auf;
ich verlor ganz den Muth, ihn zu tragen, welches ich trotz der
schlechtgewordenen Hände gethan haben würde; auch wollte
ich's noch öfter versuchen, dacht' ich, wenn mir an meiner
Umgebung eben nicht alles läge; aber sie schien mir im Ver=
lauf doch nie gering genug zu dieser Probe. August, Lieber,
du weißt von diesem Ringe! und stellte er mich nicht als
Mädchen vor, und käme er nicht von Mama, so würde ich
dich nicht bitten, auch ihn Rose'n zu geben: wünschest du ihn
aber besonders, so schenk' ich ihn dir doch. Mein lieber Hans,

meine älteſte Schwägerin, weiß auch, wie ich ihn liebte.
Dann hab' ich noch einen ganz kleinen Ring, von einem
Rubin mit zwei kleinen Juwelchen: den gab mir mein Vater,
als ich vier Jahre alt war. Markus e b e n ſolchen; ich erinnere mich des Akts. Markus ließ ſeinen vor unſern Augen
in der Kinderſtube, gegen dem Rathhauſe über, fallen, und
nie konnte er wieder gefunden werden. Meinen haben Jo-
hanna und Fanny als Kinder getragen, und Fritz Fromm.
Den behalte du, mein Auguſt; und Dank, Segen, Anerkennung, Liebe, und Troſt ſtröme dir daraus entgegen! —
— Meine armſeligen, aber mir lieben Bijouterieen theilt
Auguſt. —
— W e r m i ch l i e b t, ſorgt für Line — Line Brack
aus Wuſterhauſen, — die hat hundert und hundert Nächte
bei mir ſich gequält und gewacht; und allen meinen Jugend-
zorn und ungewitzigtes Weſen zu ertragen gehabt! Ihre Geſundheit und Jugend an uns verloren. Papa gedient, wie ein
Pudel, in harten Winternächten, unverdroſſen; Mamaen;
und dir, Markus, in Krankheiten, Bäder getragen, alles.
Ihre Fehler ſeien ihr, w i e A l l e n, v e r z i e h e n! —
Auguſt, und Markus, ihr ſorgt ſo lange ſ i e lebt für ſie. —
Ich werde noch weiter unten von ihr und Dore ſprechen. —
— Mein Vermögen iſt nie eine Fortüne, ſondern ' kann
nur eine angenehme, oder nöthige Hülfe ſein. Meinem Gewiſſen nach, bin ich es dir, Auguſt, ſchuldig; du theilſt aber
die Zinſen gewiß gern mit Ludwig; und er nimmt es auch
g e w i ß w i l l i g. Er hat nur mäßig zu leben, kein Eta-
bliſſement; Sinn für Freiheit, eine gemordete Jugend; und
eine gräßliche Krankheit in meiner Gegenwart erlitten, und
Geiſtesangſt gekannt. Lebe wohl, lieber Robert. Ich denke
wie du über Leben und Tod, und wurde beſſer und gütiger.

Genieße die Muße, und die Natur; und ruf' auf mich, in schöner Gegend. Marwitz, Louis, Mama, alle sind weg!

Dir, mein August, vermag ich nichts zu sagen! Zehre an meinem Leben. Freue dich deines. Mache w i e du es kannst. Je weniger du dich der Betrübniß hingiebst, je mehr freust du mich! Ich danke dir; und liebe dich; und ehre dich, und sehe dich ganz ein. Lieber! Scheue k e i n neues Leben! und widme m i r nur, was du mir nicht nehmen kannst. Ge-liebter! einziger! ehrlicher Freund! Ich nehme Theil an allem. Wie sonderbar! noch hör' ich den Orgelmann im Hof, sehe hinten das Feld, die Sonne: und diese Blätter werden so angesehen, wie ich Mama ihre ansehe. Ich bin g a n z ruhig; recht vergnügt. (Man störte mich oft. Senator Smidt; André, von Tettenborn's; Dore; Stamm.)

Moritz Robert, der Spaß machen soll, und sich n i c h t erschrecken noch grämen, und den ich sehr liebe, und er weiß wie sehr kenne, und wie sehr ihm gleiche, bekommt meine beiden Spiegel mit den goldenen Rahmen: die kannst du zusammensetzen lassen, dann ist es e i n schöner. — —

— Wenn du mich liebst und ehrst, August, schickst du mit einem g u t e n Billet meiner Freundin i h r e Briefe an sie zurück; mit freundlichen Grüßen von mir. Ich bin ihr freund; und nie böse, wenn auch manchmal aufgebracht gewesen. Sie soll sich nicht grämen, nnd denken was sie mir noch sagen möchte: ich nehme alles Gute schon jetzt auf und an. Men-schen irren und übereilen, und verstocken sich; wir sind Alle gedrängt. Ich umarme sie in zärtlichster Freundschaft. — —

— Dann hab' ich noch ein Venetianer Kettchen, welches ich mir selber machen ließ. Von diesem soll man nur wissen, was es war: ein wirkliches Zeichen der Treue: deren ich bis zum Tod fähig blieb. —

— Gott segne euch Alle! Vorzüglich mit ruhigen Gedanken, und einem großen Naturgefühl. Keinen Abschied!
Adieu, adieu! Es bleibt alles wahr.

Rahel Antonie Friederike 2c.

Die armen Verwandten bekommen Zulage von Ludwig
und August. Nicht wahr?

*

AN VARNHAGEN

(Versiegelt vorgefunden und erst nach dem 7. März 1833
eröffnet.)

Frankfurt a. M. den 24. April 1816.

Theuerster armer August! Könnt' ich dich trösten, wenn
du dies liest! Aber ich kann es und thue es: durch L i e b e,
und Beistand, die noch wirken werden; durch hundertfältige
Gespräche, die wir hatten, über Dasein, und seine Gestalt im
Leben; über das Nichts, und Etwas. Ich war beim Aufzeich-
nen meines Willens, was mit meinen Besitzthümern nach
meinem Leben geschehen soll, sehr ruhig und ganz vergnügt.
Im großen Sonnenthal von Frankfurt, nicht erschütterter
als immer von dem Gedanken des Todes. Wohl aber weinte
ich sehr, als ich von meinem alten Sopha sprach; und von
meinem Perlenring. Auf dem ersten starb Papa, litt ich
u n e n d l i c h. Alle Krankheiten außer der Prager; alle Gei-
stes-, alle Herzens-Verzweiflung; alle Perplexitäten und
Angst des Lebens; den Rest von Jugendleiden, alles alles.

Den Gedanken mit dem Ringe bekam ich nur, als ich schon dunkel aber gewiß wußte, mit mir würde es nichts; da erschien mir die Bedeutung, das Aussehen des Ringes meinem inneren Dasein ähnlich. Unschuldig, jung, edlen Ansehens, und vornehm, und aparte, und auch wie verzaubert, ganz einsam, und in der tiefsten Tiefe wieder freudig und putzhaft-festlich, aber immer allein. Da dacht' ich mir, er bleibt als Bild und Zeichen bei mir, bis es anders wird. Du weißt, wie leicht und gern ich ihn gab: nur Bitteres sollte g a r nicht drunter sein; du Engel, mein Erdenengel, schienst es zu verstehen, und gabst ihn mir willig wieder. L o b ist die Geschichte dieses Ringes, kein Tadel oder Vorwurf. Überhaupt: so sehr es m ö g l i c h war, deiner Natur möglich, eine wie meine zu verstehen, verstandst du sie; durch großartigstes, geistvollstes Anerkennen: mit einer Einsicht, die ich nicht b e- g r e i f e, da sie nicht aus Ähnlichkeiten der Naturen kommt. Unpersönlicher, großartiger, mit m e h r Verstand ist es nicht möglich, daß ein Mensch den andern in sich aufnimmt und behandelt, als du mich. Mehr im ganzen Herz des Wollens hat nie eine Einsicht in einem Menschen gewirkt, als deine über mich! A n e r k a n n t e r kann das nicht werden, als von mir; und mehr in Liebe gewandelt dies Anerkennen auch nicht werden. Diese Worte sind schwache Abrisse, und Schatten der Schatten unsers Lebens, welches wir miteinander führen, mein treuer geliebter August! — Wozu also? — und welches wir noch mit einander verleben werden!!!

Diese Zeilen schreib' ich dir eigentlich nur, um dich fest und fest zu bestimmen, ja die Hälfte meines Vermögens zu nehmen, welche andere Hälfte ich keinem S t e r b l i c h e n schuldig bin, als auch dir; und nur Louis sie aus L i e b e, und Kenntniß seiner, bei seinem Leben lasse.

Wegen * schreib' ich dir! Vergiß * * n i ch t, und denke an * * *. Mache g l e i ch ein Testament. Ein Mensch ist i m m e r sterblich. Thue es mir zu Ehren s e h r bald. G l e i ch. Lebe wohl, Geliebter! Gottes bester Segen mit dir. Mein reinstes Gebet. Deine treue wohlwissende was du bist Rahel.

*

AN ERNESTINE G. IN BERLIN

Frankfurt a. M. Dienstag den 21. Mai 1816.

Sie haben Recht, liebe Golda, daß Sie mir schreiben, wenn Frühling, „goldene Sonne" und alles Schöne, woran man Anspruch hat, Sie ängstigt! Auf immer Elendere verweise ich Sie zum Troste; oder besser! zum Herauslesen des Besten, aus der Lage — oder Klemme — worin man ist; es ist noch schön, wenn noch Wünsche, Verlangen, Sehnsucht in uns rege gemacht werden kann, und wir es nur so vor uns zu haben meinen, was uns beglücken könnte. Es ist schön, wenn Frühling, Luft und Wetter, Horizonte, Lichter und Scheine jene Gährung erregen, die uns zu peinigen vermeint, aber auch, die schönsten Lebensbilder und alle Wünsche, alte und neugeschaffene, in uns hervorruft, die das Herz nähren, die Seele spannen, und den Geist beschäftigen (wenn auch ohne die Ruhe des eigentlichen Genießens); und ein strenges Bedürfniß, ja Bedingung des ganzen persönlichen Seins! Wie ist es aber dann, wenn jene Bilder sich nicht mehr stellen wollen; weder in Erinnrung, noch in Phantasie für die leere Zukunft; wenn Wünsche keinen Weg mehr finden, wo sie voreilen können, und kein Lebensplan sich in dem ganzen Weltgewirr gestalten kann! einem das Herz wie unter einem großen Grabstein hinter der Brust gepreßt ist; nicht lebendig mehr; aber doch keiner andern Welt angehörig, und man nichts mehr fühlt, als dieses Pressen und die Angst, wie es anders, und vergeblich war; und auch so nicht wieder werden kann. Wenn man dem Schicksal Recht giebt, obgleich man u n e n d l i ch von ihm beleidigt ist, und grad' in Kleinigkeiten: und g a n z müde ist, und meint, es ist g e n u g: ich gab sie ja auf, diese ganze Welt: ich kann sie gar ja nicht mehr erfassen mit meinen Kräften, Wünschen, Bemühungen: nur der Qual genug! R u h e. Wenn sich eben dieser Zustand im Körper abbildet; und der ohne Schmerz, aber in Widerspruch oder Verwirrung ist, die sich wieder im Kopfe, als ein Summendes, Fremdes, Störendes, Plagendes, Schmerzloses, äußert, und den ganzen Kreislauf des Leidens bewegt, wie ein erstes und geschäftiges Rad, wie vom klügsten Meister dazu bestellt; und man n u n endlich weiß; du b i st alt; das i st alt; und Plage war die ganze Jugend; nun ist sie aus: und auch so kommt es mit dem Leben? ??? — — — Dann wird es doch wieder anders; ein Wetter hat guten Einfluß, hebt den Körper, erlaubt ihm Luft und Bewegung, mischt ihn auf; ein kleines Ereigniß erfreut, zerstreut; und wir dienen uns und dem Schicksal von neuem! Schon einige solche Schreckensfrühlinge hab' ich erlebt: die ersten schon vor mehreren Jahren; rein durch Krankheit, deren Schwinden mir noch einen Wollenstoff — so fühlt' ich es — zwischen meinen Sinnen, und der holden, heilenden Natur fest vorbreitete, und mir die Nerven strammte, lähmte, und widrig reibend reizte. Da war ich t i e f - unglücklich, weil ich wahre Verdammniß, eine andere, schlechte Natur, mit der meinen fühlen mußte. Ich fühlte es, jammerelend, nur: nen-

nen kann ich es erst jetzt. Das war schrecklich: ganz übernatür=
lich entsetzlich! Mir war auch diesen Frühling, als ich Ihnen
neulich schrieb, furchtbar zu Muthe, und Klagen, wie gesagt,
wollten dem Herzen nicht mehr entströmen. Nun ist mir wieder
viel besser. Ich gehe, empfinde das Wetter; gut und schlecht,
aber doch natürlich; finde mich mit Menschen leichter und
heiterer zusammen; ja, munter. Meine Schuld ist es nicht: ich
befinde mich nur leiblicher; es ereignete sich manches für die
Geselligkeit besser, das arge Wetter ließ nach, welches mich
in einem leichten Gebäude, sowohl Wind als Sonne ausge=
setzt, sehr plagte. Aber auch ich war thätig mit Einsehen, und
habe wirklich gelernt, n i c h t auf dem Lande wohnen, ein ge=
sunder Wunsch dort zu sein, sei schon gut; gehen können, vor=
trefflich; nah an schönen Spazirgängen zu wohnen, herrlich;
und n i c h t zu appuyiren auf das, was einem fehlt, eine Art
Schuldigkeit; und mit Gesundheit, eine leichte Klugheit; und
so zu schätzen was man hat, als ob man's verloren habe, ein
o r d e n t l i c h e s G l ü ck !! Ganz glücklich gehe ich spaziren;
ganz glücklich seh' ich einen weiten besternten Himmel Abends
aus meinen Fenstern; und fühle, mich gesund fühlen fehlte
mir am meisten, und daß ich wirklich nur Erreichbares und
Leichtes bedarf!!!

*

AN TROXLER IN BEROMUNSTER

Frankfurt a. M. Mittwoch den 26. Juni 1816.

— So lebe ich immer provisorisch, und schlecht in allen
Einrichtungen, und in Hinsicht des Umgangs. Doch bin ich

seit einigen Tagen über alles dies in mir sehr revolutionirt! d. h. beruhigt: denn in einem Zimmer sitze ich auch: o h n e A n g st. Ist gutes Wetter, sehe ich und geh' ich in's Grüne. Was ich will und b r a u ch e, hätte ich vor der Hand nirgends: und was mich so s e h r peinigte, daß ich mein jetziges Leben nach meiner Vergangenheit, d. h. mehr noch nach den Wünschen derselben, als nach dem wirklichen Leben, was ich in ihr führte, einrichten wollte, dahinter bin ich endlich, und plötzlich gekommen, das muß ich aufgeben. E s g e h t n i ch t. Also sitz' ich und sehe meinem eigenen Leben zu; gewissermaßen. Ich lebe es nicht: nur g a n z innerlich. Ich weiß noch, wozu ich fähig war; und diese Fähigkeit müssen wir doch scheinbar, für die eigentlichste Bestimmung halten. Aber es ist nicht so! Wie Blüthen, und wie die meisten sogar, fallen wir, vom großen unbekannten Winde ab: obgleich wir hätten Frucht werden können. Die Menschenblüthe fühlt die verletzende Vernichtung stark; hingegen kann sie auch über sich selbst reflektiren: und das thue ich. Der Mensch besteht nur aus seinem Karakter: das ist er, und das ist sein Schicksal; Karakter ist nur Muth: Muth, der unsern einmaligen Gaben beigegeben ist! Muth, der ihnen die ganze Bewegung und Richtung giebt. Ich habe viele Gaben; aber keinen Muth: nicht den Muth, der m e i n e Gaben zu bewegen vermag, nicht den Muth, der mich genießen lehrte, wenn es auch einem Andern etwas kostete: ich setzte jenes Andern Persönlichkeit höher, als meine; ziehe Frieden dem Genusse vor: und habe nie etwas gehabt. Solche Menschen liebt nur selten das Glück. Und so bin ich großbegabt sitzen geblieben. Ganz fallen konnt' ich nicht, weil ich unendlich unschuldig bin: und unpersönliche Genüsse meinen reichen Gaben nach in Fülle habe. Dies ist le mot de l'énigme. Sie werden es verstehen. Sie sind auf entgegengesetztem Wege, mit dem größten Muthe, bankerott. Und so winken wir uns, blicken uns tief in die Augen, und wollen uns die Hand reichen. Liebe Freundin! das Herz wird ganz steif vor Wunder, wenn man dies erkennt. —

*

AN VARNHAGEN IN MANNHEIM

Frankfurt a. M., den 26. September 1816.
Donnerstag.

— Ich muß mich grämen, wenn du mich so sehr vermissest, daß du dein schönes Dasein nicht genießen kannst! Genieße alles, lieber Freund, und bedenke vielmehr meinen Antheil daran: so mache ich es auch. Ich mache es aber auch wie du, ich denke beständig an dich, und gönne mir nichts; oder vielmehr, ich denke beständig daran, wie ich es dir mittheilen will! und auch sehe und genieße ich wieder für dich mit, und, daß du die Freude hast, mir den Genuß zu verschaffen. Dabei gebrauch' ich ganz die Freiheit des Bewegens der vereinzelten Persönlichkeit. Mit Einem Wort, ich durchwühle meinen Zustand, und das für dich mit: und so machst du's auch. Wie sonderbar, daß man auch bei den geistigsten Herzensgegenständen einen Schritt zurück und aus sich heraustreten muß, um sie deutlich zu sehen; heißt hier empfinden: so sehe ich von hier aus erst von neuem und im Ganzen die Lage ein, in welche mein Verhältniß zu dir mich setzt. Bei Allen ist es wohl so; aber du kennst mich: mein namenloses Freiheitsstreben! Jede Nähe — mit allen Gegenständen — scheint wenigstens zu beengen; und so muß ich meine Lage manchmal von ferne beschauen, um sie von neuem mit dir an's Herz zu drücken! Du kennst mich: ich bin dir kein Geheimniß; und die Bedingung, das Element des Glücks in dem Verhältniß zu dir, ist, daß ich dir keins zu sein b r a u c h e: daß ich mich eigentlich vor dir gar nicht scheue, den freiesten Beurtheiler an dir habe. — ...

1817.

Die menschliche Seele ist von Natur aus eine Christin.

*

AN VARNHAGEN IN BERLIN

Frankfurt a. M., Dienstag den 28. Oktober 1817.

... Den ehemaligen Freund kenne ich: d. h. von dem wundert es mich weniger als von manchem Andern, wie allerlei aus ihm werden konnte: aber ich sehe doch nun erst, daß das, was ich in ihm für eine Seelenblüthe, für Milde hielt, auch nur Biegsamkeit aus Schwäche war: er pflegte meine Außerungen schon auf eine Art zu bewundern, die den höchsten Widerspruch in ihm offenbarte, und mich nur stutzig oder ungeduldig machte; er gab mir bewundernd zu, was ich behauptete, und reservirte sich einen nicht mit Gründen zu belegenden Widerspruch; ein dunkles Bedürfniß, etwas zu vergöttern, ließ sich bei ihm spüren, wozu ihm die Macht fehlte, einen Gegenstand zu finden; weil das Bedürfniß der Vernunft, und der Sinn für das, was d a i st, der Wahrheitssinn, bei ihm nicht scharf genug ist. Der faule Punkt im Geschlecht, woraus

sich alle Geistesepidemieen, Schwächen und Erhitzungen bilden: all jene Krankheiten! in all ihren ekelhaften und merk-
würdigen Nüancen. Solche Leute können auch grausam werden; wie man längst darthat, daß Grausamkeit sich aus
Schwäche erzeugt. Dieses ganze Gelichter von epidemischen
Geisteskrankheiten wurde, in der verschrieenen Aufklärungs-
epoche, von den braven Aufklärern, heilsam und unschädlich
durch Lächerlichmachen gehemmt; man sieht: nicht auskurirt;
doch hoffe ich, eine Stufe tiefer im Volke. Ich wollte nur von
dem Einen sprechen, und spreche von Allen; sie empören mich
zu sehr; und mein neuster Gedanke drängt sich auch hier
wieder ein. Jeden großen Irrthum, nämlich der in seinen
Folgen so groß werden kann, werden Nationen nur durch
Blutvergießen los. Jemehr in Massen gehandelt wird und
geschieht, je schwerer wirken m e n s c h l i c h e Gedanken: alsdann nur immer die der Natur; die sich aber immer nur ganz
materiell für uns ausdrücken, wie sie in jedem Augenblick thut
und wirkt, und wir sie gar anders nicht kennen. So sieht
mein Geist ein reelles Unheil voraus, wenn die Narren noch
länger fortarbeiten: und gelingt ihnen ihr läppisches Schul-
knabenwerk, oder auch nur etwas davon, so werden Schwerter
geschwungen werden, Knüppel, Hacken: und beide Partheien
an Wunden leiden: aber an den Wunden wird's genug sein,
wie am Blitz, wenn er auch trifft: die Luft wird für eine Zeit
gereinigt. Gelehrte Männer, Gesetzgeber, Männer der Regierung, können nur wie große Ärzte, naturkundige Geburtshel-
fer, die Entbindungen des Menschengeschlechts sanft begünsti-
gen; ihm seine großen Schmerzen erleichtern, vorschreiben
wie es sich betragen darf; aber die Art der Geistesgeburt
können sie so wenig vorschreiben noch bestimmen, wie jene.
Natur, Klima, a l l e s wirkt dort wie hier. Und diese Leute

und Konsorten wollen Religionen, Überzeugung ꝛc. alles nur so herbei empfindeln! Der Handel z. B., der den ganzen Weltverkehr mit all seinen Entdeckungen und Bedürfnissen zum Grund und zur Folge hat, ist schlechtweg sündhaft: und mehr dergleichen dictons: ich kenne sie alle. O! armer Novalis, armer Friedrich Schlegel, der gar noch leben bleiben mußte; d a s dachtet ihr nicht von euren seichten Jüngern. Großer, lieber, g a n z b l i n d gelesener Goethe, feuriger ehrlicher Lessing, und all ihr Großen, Heiteren, das dachtet ihr nicht: konntet ihr nicht denken. Eine s c h ö n e Säuerei! Aber auch wir sehen sie zu befangen, weil sie uns grad ärgert: welche kleine Biegungen im ewigen Strom des Seins; das h e i ß t, des Werdens! ...

Frankfurt a. M., S o n n a b e n d Morgen halb 11 Uhr.
Wahrscheinlich der 1. November, 1817.

... Also d u hast für m i ch geweint in der Jägerstraße! Ja. D a ist mein Mausoleum. Da hab' ich geliebt, gelebt, gelitten, mich empört. Goethe'n kennen lernen. Bin mit ihm aufgewachsen, hab' ihn u n e n d l i ch vergöttert! da wacht' ich und litt viele viele Nächte durch: sah Himmel, Gestirne, Welt, mit einer A r t von Hoffnung. Wenigstens mit heftigen Wünschen: war unschuldig; nicht unschuldiger als jetzt, dachte aber alle Leute seien vernünftig, können es sein. Ich war jung. (Eben war Mad. Schlosser hier; und störte mich bei dem Worte jung. Nun soll's auch dabei bewenden.) Du Lieber. Wir gehen noch Einmal z u s a m m e n vor dem Dachfenster vorbei! „Ach! wer ruft nicht so gern Unwiederbringliches an!" — „Reich' ich ihr doch kaum bis an die Schultern." Sagt auch Goethe Einmal von der Erfüllung der Wünsche. Reiche ich doch kaum dem Glück, in einer Verbindung wie die unsrige zu leben, an die Schultern, und fasse sie wirklich nicht immer, genieße sie nur. Adieu, mein theuerster August! Morgen kommt ein Brief von dir! Grüße alle Geschwister, Nichten und Freunde. Deine R. Es ist heute schönes Wetter. Adieu, adieu!

∗

AN KAROLINE VON WOLTMANN IN PRAG

Karlsruhe, den 26. März 1818.
Widriges, unstätes, unbrauchbares Frühlingswetter.

... Es bleibt entsetzlich, daß ein M e n s ch, ein Wesen mit Gedanken, fähig ist, gemartert zu werden. Wissen Sie, die bloße Möglichkeit, die Vorstellung davon, bringt mich in meinem ruhigen Bette oft zur angstvollsten Spannung; das ist meine größte Hypochondrie, erst vorgestern Nacht bekam ich von solchen Gedanken einen schwindelnden Blutzufluß nach dem Kopfe, ein Dröhnen in den Händen, und einen Schreck in der Brust. Nein, zu Ihnen kann ich mich gar nicht vergleichen! Und wenn ich Stärke habe, so kommt sie mir auf eine so andre Weise als Ihnen zu, daß ich mich dabei n i ch t l i e b e n s w ü r d i g f i n d e; bei Ihnen wird es ein schönes Gebild, Ihr Schmerz, Ihr Leid, weil sie zur That, zur ruhigen That, werden, eine Gestaltung zum Weiterleben, zum Weiterbilden, eine Art Elysium, wo, wenn auch nur Gedanken gebildet werden, sie doch für Sie und Andere ein abgeschlossenes schönes Leben führen, unserem Schönsten ähnlich, und anfeuernd hier zum Weiterhandeln; kurz, bei Ihnen

wird der Verlust schön, der Schmerz ein Ressort zum Leben!
Bei mir ist es jedesmal eine Amputation, — und („Wer
nicht verzweifeln kann, der muß nicht leben") kann es das
Schicksal wollen, G o t t, — nun dann, i ch muß es l e i -
d e n; daß es recht ist, ist jener Sache. Ich kann nichts
Schönes darin finden, nichts Schönes daraus machen. Ich
trage es so, so wie es ist. Und meine Freude ist, mir recht
zu sagen, was ich nicht bin, was ich nicht habe, was mir
fehlt. Nun sollte man denken, daraus käme eine Erbitterung,
eine Schärfe gegen Menschen? Die reinste Milde! Alles
verzeihe ich ihnen; das Meiste von ihnen verstehe ich, ihre
Lage finde ich so erbarmungswürdig, so gedrängt, erkläre mir
alles daraus! Nur Eines empört mich noch zum augenblick-
lichen Zorne, wenn ich Wahrheitssinn, und die Liebe —
eigensten Geist — zu ihr, vermisse, und wenn mich dünkt,
die Menschen wollen nicht verstehn, aus stupiden, niedern
kleinen Absichten. Vor dem großen Werke des Daseins
überhaupt bin ich in der d e m ü t h i g st e n Bewunderung!
Und ganz guten Muths! das überragt mich ganz. Alle nur
ersinnlichen Vorstellungsweisen, und sogar die Unverständ-
lichkeit davon, machen mich eigentlich in der Tiefe munter;
diese große Betrachtung reißt mich fort zur größten Hoffnung, wie hier, jetzt schon in's Leben, zum Leben, diese große
zu erwartende Neuigkeit! Und dies ist auch eine Gemüthsart,
woran die Mischung des Blutes Schuld ist und der Leichtsinn, der bei Schwermüthigen mit dem Alter kommt, da sie
früher m ü d e werden müssen, und auch sehen, daß bei allem
Hetzen sie doch mit dem Strome schwimmen, wenn sie auch
noch so seitwärts getrieben haben, und daß die Ufer nur
scheinbar da sind. So steht's um mich: das kann wohl weich
und hülfreich machen, stark und gewandt, das eigene Leben zu

ertragen; aber sonst Schönes, Kunstwerken zu Vergleichen-
des, auch nur Fabrikenartiges zum Lebensgebrauche, bringt
es nicht hervor. Keine rechte Erdentochter bin ich nicht, wenn
auch ein rechtes Erdenkind; ich hänge gewaltig an dem, was
die Erde mir bieten kann; aber es müssen reine Geschenke
von ihr sein: ihren H a n d e l verstehe ich nicht, oder vielmehr in den kann ich mich nicht einlassen, und thue ich's
einmal, so hat sie mich angeführt, und dem Necken kann ich
mich auch bei keinem Gotte fügen, auch fällt es mir gegen
niemanden niemals ein. So bleib' ich denn eine Art Be-
trachter von ihr und keine Tochter, die ihre Art annähme
und Heirathsgut und Geschenke aller Art erhielte! Ich bin
eine Art gesünderer, brünetter, vergnügterer Hamlet. Mit
großer Bewunderung für geistreiche Leute, die nicht so sind
wie ich, das sind Sie! — ...

*

AN M. TH. ROBERT IN BERLIN

Karlsruhe, den 5. December 1818.

— — Ich möchte dir doch gar zu gerne bei dieser Gelegenheit sagen, wie ich über Religion denke: weil ich ein
Drängen habe, bei diesen tiefen und umfassenden Gegenständen, den wenigen Menschen, mit denen ich e i g e n t l i ch
rede, kein Geheimniß zu sein, und besonders ihnen nicht gar
ein falsches Bild von meiner innern Gedankentafel zu lassen.
Ich war gestern besonders gegen eine gewisse Art von Religiosität sehr aufgebracht, weil ich eben gestern viel in einem
ganz neu erschienenen Buche von F. las. Dort spricht dieser

Gelehrte, als hätte er dem lieben Gott in die Karte gesehn, und wäre zu a l l e m geistigen Anfang durch bloße
Frommheit gekommen, und setzt diesen in die S ü n d e. Ist
aber tiefsinnig, geistreich und scharfsinnig genug, um sich häufig, auf jeder Seite könnt' ich sagen, zu widersprechen. Zum
Beispiel, behauptet sein guter Verstand, neben seinem will-
kürlich= eitel= stolz= oberflächlich= demüthigen Setzen s e i n e r
S ü n d e, daß Schuld aufhören könne, und man immer von
neuem wieder unschuldig würde. So phantasirt er, geistvoll,
unwahr, tiefsinnig, fade, das ganze Buch hindurch; schlägt an
alle Geistesgränzen an, braucht Wissenschaft und Systeme
aller Art, und — bringt mich in einen wahren Ärger!
S o l c h kluger Mann! S o l c h e Gaben, solche Hervorbrin-
gungen des Denkens, so seicht zu verschleudern, mit aller
Emphase der Wahrheit, und dem Schein des Ergriffenseins!
— Was zwingt einen menschlichen Geist, eine Sünde anzunehmen, durch die wir hier sein sollen? N e b e n einem
lieben Gott! das heißt neben einem Geiste, der alles begreift,
sich, uns, alle Nothwendigkeit, alles Dasein, alle Verhältnisse; und den durchaus wir nicht begreifen, weil wir nichts
evidenter wissen als unsre Gränzen; den wir nur durch eine
uns eingegebene Gabe voraussetzen müssen, nämlich durch
unsres eignen Geistes Fähigkeit, uns unendliche Geister zu
denken, und weil es, der Natur unsres Geistes gemäß, sinni-
ger ist, einen alles begreifenden, vorstehenden Geist uns zu
denken, als bei Unsinn, wie vieles für u n s e r n Geist ist,
stehen zu bleiben. Diese Voraussetzung ist uns z u g l e i c h
Trost; wäre sie aber n u r Trost, — so sehr wir seiner
auch bedürfen, so könnte doch unser Geist, aus Trostbedürfniß
allein, ihn nicht annehmen. Was in der Welt — die Bibel
nicht! — kann mich zwingen, neben Gott, für dieses Dasein

eine Sünde anzunehmen? Mir ist folgendes natürlicher und einleuchtender. Wie finden wir uns? frag' ich. Mit einem persönlichen Bewußtsein; erstlich begränzt in dieser Persönlichkeit selbst, dann in den Bewegungen unsres Geistes, so sehr dieser auch das Weitreichendste in uns ist; die Persönlichkeit ist die schärfste Bedingung und der für uns zu erreichende Grund unsres Bewußtseins. Durch sie wird allein Sittlichkeit möglich: u n s e r Höchstes j e t z t; einzig sicheres, einzig mögliches Handeln, mögliches Schaffen. Nur in Persönlichkeit können wir Glückseligkeit und Unglückseligkeit finden. Daß uns der größte, also auch gütigste Geist diese Persönlichkeit nur unter so harten Bedingungen verleihen mochte oder konnte — hier gleichviel! — ist sein Geheimniß; die Ergebung in d i e s e s Geheimniß, meine Religion, meine Demuth, meine Weisheit, meine Ruhe! Alle andere Voraussetzungen sind mir kindisch und willkürlich. Mein Geist kann immer höher steigen, mächtiger, schauender werden; und ist Gott mit allem E i n s, so ist's wie mit uns selbst; auch zu uns gehört unser ganzer Leib und die Intelligenzen aller unserer Organe, und es ist doch eine vornehmste da: der Kopf weiß vom Fuß; der nicht vom Kopf! Diese ganze Voraussetzung hier nur ganz beiläufig, nur zum Beweise, daß sie nicht passe. Denke dir nun, wie mir ein Gott, oder wie mir Menschen vorkommen, die Opfer fordern; das Unsittlichste in der Welt; wie das Sittlichste, diese Forderung an sich selber zu machen, und die Opfer zu leisten. Daß ü b e r h a u p t Opfer gebracht werden müssen, würde ich tadeln, wenn dies nicht ganz auf Gott zurückfiele; der aber hat den größten Witz darin angebracht, den wir hier kennen, nämlich hat es zur tiefsten Aufgabe unseres persönlichen Daseins gemacht, zur Aufgabe der Sittlichkeit, die aber ein jeder nur an sich selber machen kann und beurtheilen kann. Rechne es mir hoch an, daß ich dir dies alles schrieb, es ist das Höchste, was ich weiß. Mir ist unter allen philosophischen Systemen — ich kenne ja was sie aufstellen — keines haltbarer, natürlicher, wahrhafter, einfacher in der Voraussetzung. — —

Ich muß noch ein Wort hinzufügen. Das Buch von F. ist, ich wiederhol' es, ein Werk voller Geist, handelt von den wichtigsten Gegenständen, regt unendlich zum Denken auf. Wenn der Verfasser mich in Ärger brachte, so liegt das in seiner und meiner Art zu sein, und in der, wie wir zu unsern Gedanken kommen, und sie zu Folgerungen gebrauchen. (Frau von Stael z. B. ärgert mich auf dieselbe Weise.) So ärgert mich nicht sowohl seine Religiosität, als vielmehr die Stellen, wo er sie anbringt, und die Wege, wie er zu ihr kommt; dich aber wird sie unendlich ansprechen, weil es ganz deine ist; und du wirst ihn, wo du ihn ehrlich (h i e r nur konsequent) findest, darum besser verstehen, als ich. Ich empfehle dies Buch, weil es dich sehr beschäftigen und dir in vielem neu sein wird. Lavater aber und Saint-Martin, die ich dir auch zu lesen empfahl, und andre solche großartige Seelen, kommen wie aus einem religiösen Meere mit ihren Gedanken hervor, ohne zu ihren Beweisen ein Stück Religion vor sich zu nehmen, und daraus eine Mosaik von strengen Folgerungen und Axiomen e i n e r b e s t i m m t e n Religion zu machen, wodurch mir dann diese bestimmte bewiesen sein soll! Mein Urtheil nimmt das nicht an, mein Geist sträubt sich, meine Seele empört sich gegen solche Zumuthungen; daher scheine ich dann zornig. — —

AN FRAU VON R. IN ROM

Berlin, den 3. November 1819.

Es wird eine Zeit kommen, wo Nationalstolz eben so angesehen werden wird, wie Eigenliebe und andere Eitelkeit; und Krieg wie Schlägerei. Der jetzige Zustand widerspricht unserer Religion. Um diesen Widerspruch nicht einzugestehen, werden die entsetzlichen, langweiligen Lügen gesagt, gedruckt und dramatisirt.

Geschichte ist in närrischen Händen sehr schädlich, und ein Grundirrthum über sie in Umlauf; man hört überall den höchsten fast bis zu den niedrigsten Ständen empfehlen, sie möchten die Geschichte fragen und die studiren. Wer ist denn vermögend, Geschichte zu schreiben oder zu lesen? Doch nur solche, die sie als Gegenwart verstehen! Nur diese vermögen das Vergangene zu beleben, und es sich gleichsam in Gegenwärtiges zu übersetzen. Daher ist das Wort von Friedrich Schlegel: „Der Historiker ist ein rückwärtsgekehrter Prophet," so sehr richtig; darum Goethe ewig und stets von neuem so groß, belebend und lebendig: alle Zeiten, Religionen, Ansichten, Extasen und Zustände begreifend und darstellend und erklärend. Diejenigen aber, welche mehr Geschichte lesen, als selbst leben, wollen nur immer eine gelesene aufführen oder aufführen lassen: daher der seichte Enthusiasmus, die leeren Projekte, und dabei das Gewaltsame; weil der große Lebensgang, einem Gewächse gleich, nicht herabgehalten noch erdwärts gebogen werden kann, sondern nach eignem Himmelsausspruch emporwächst, und aller Anstrengung, es anders zu gebrauchen, mit größter Kraft widersteht. Römische Geschichte aufführen wollen, mit Intermezzo's aus Ludwigs des Vierzehnten Leben, halb Napoleon

entthronen. Es wird gewiß bald dahin kommen, daß Schriftsteller der Geschichte, die bloß durch Geschichte in's Leben
blicken, von denen, welche die Geschichte durch das gegen-
wärtige Leben auffassen und darstellen, scharf und klassen-
weise werden unterschieden sein. Dann werden die leider doch
noch zu geistreichen Faselbücher nicht gelesen werden können,
und bald nicht mehr geschrieben. . . .

*

AUS EINEM TAGEBUCH

Mittwoch, den 17. Mai 1820.

Natürliche Kinder werden die genannt, welche keine
Staatskinder sind; wie Naturrecht, und Staatsrecht. Kinder
sollten nur Mütter haben; und deren Namen haben; und die
Mutter das Vermögen und die Macht der Familien: so be-
stellte es die Natur; man muß diese nur sittlicher machen; ihr
zuwider zu handeln gelingt bis zur Lösung der Aufgabe doch
nie; fürchterlich ist die Natur darin, daß eine Frau gemiß-
braucht werden kann, und wider Lust und Willen einen Menschen erzeugen kann. Diese große Kränkung muß durch
menschliche Anstalten und Einrichtungen wieder gut gemacht
werden: und zeigt an, wie sehr das Kind der Frau gehört.
Jesus hat nur eine Mutter. Allen Kindern sollte ein ideeller
Vater konstituirt werden, und alle Mütter so unschuldig und
in Ehren gehalten werden, wie Marie. —

AN OELSNER IN PARIS

Berlin, den 20. Mai 1820.

... Es muß eine neue Erfindung gemacht werden! Die alten sind verbraucht. Priester, Regierungen, waren sonst ihrer Zeit vor; brachten Gesetze von Bergen, aus Wolken, von nicht bekannten Ländern; diese Gesetze sind durchdemonstrirt; jeder Miethwohner des Erdenrundes weiß ihren Grund, oder wenigstens, er ist ihm zu Ohren gekommen: nun will keiner sie mehr als einseitiges Gebot halten, sondern sie machen helfen: und eine gesetzliche Weise in diesen Zustand zu bringen, wird allein noch gar nicht helfen. — Es ist noch Phantasie im Menschen übrig für idealische Zustände, und die will Stoff, Nahrung. Alle gemeinscheinende Ansprüche gründen sich darauf; weil sie auch von denen, die sie machen, nicht verstanden werden; und diese sich in Mittel und Stoff vergreifen. Darum denk' ich mir einen Gesetzgeber, einen Regenten jetzt als einen solchen, der eine hohe, allgemeingültige Ansicht des Lebens zu erfinden wüßte. Etwa ein neues religiöses Element, welches die Sittlichkeit schärfer zu verstehen gäbe, allen gebotenen Handlungen eine andere Richtung, einen neuen Ehrgeiz. ...

∗

AN ADAM VON MÜLLER IN LEIPZIG

Den 15. December 1820.

— Angelus*) tiefste, erhabenste, schönste, kühnste Sprüche sind und bleiben nur unschuldige Fragen, und demüthiges

---

*) Angelus Silesius.

Verzichten. Die ersten bis zur kühnsten Keckheit eines geistvollen Kindes. Ich muß hier noch sagen: es findet sich schon
in Kindern diese Sitte, wie ich es nicht anders zu nennen
weiß: die ganze Anlage, der ganze Keim zur Moralität.
Wie sollt' ihnen auch sonst verständlich werden, was sich
darauf bezieht? Aber verschieden sind die Kinder; grad nur
darin. —

Und ich möchte sagen, was ist am Ende der Mensch anders,
als eine Frage! Zum Fragen, nur zum Fragen, zum ehrlich
kühnen Fragen, und zum demüthigen Warten auf Antwort,
ist er hier. Nicht kühn fragen, und sich schmeichelhafte Antworten geben, ist der tiefste Grund zu allem Irrthum: und ist
man in diesem auch ehrlich, und irrt nur, so ist es doch Ver-
zärtelung und Mangel an Klarheit; und bei beiden können
wir nicht immer verweilen: Die große allgütige Einrichtung
Gottes, das wirkliche Verhalten der Dinge untereinander,
und der Gedanken zu den Dingen, wird uns doch zum
schwereren, demüthigern Werke mit fortreißen. Auf solche
Weise, glaub' ich, sind wir zum ganzen hiesigen Dasein gekommen. Wir mußten es durchmachen. Wie überhaupt Men-
schengeister lernen. Mit eigener Mühe; dabei fängt die große
Mitgift, Persönlichkeit an. Dies ist f ü r   m i c h „der Gedanke aller Gedanken, die Menschwerdung Gottes;" die
Gnade, uns eine Person werden zu lassen, und in d i e s e r
Gnade find' ich auch gleich ihren eigenen Grund; sie enthält
ihre Bedingung in sich selbst. — Den Urgeist beurtheile ich
n u r nach meiner Mitgift von ihm, im Verhältniß von mir
zu ihm: nicht ungemessen, ungebührlich, was er sein kann.
Der Gedanke Sein schwindet mir sogar bei solchen Möglichkeiten. Wie ein Adjektiv komme ich mir vor. —

AN MAD. DOMEIER IN LONDON

Freitag, den 20. April 1821.

Unser innerster Wille ist wie eine Pflanze: einfach, bestimmt: aber ohne Wurzel in der Erde; unser Geist das Bewußtsein drüber, wie eine in uns mitgegebene Sonne.

*

AN FANNY TARNOW IN DRESDEN

Mittwoch, den 14. November 1821.

Handlen ist an und für sich sittlich: da hebt es an. Man kann gar nicht unsittlich handlen. Im Zustand der größten Leidenschaftlichkeit schieben wir uns Rechtsmotive unter — alles andere ist Leiden. — Bei Handlen ist, im Handlen, Wählen, Richten, Wollen. Wollen ist geistiges Handlen. Klar sein, oder es nicht sein, ist ein Zustand, ist die unverstandene Welt. Wir verstehen nichts, auch gar nichts, als unsern Willen. Wir wollen es gut machen; richtig; konsequent; uns selbst verständlich. Boshafte Gemüther, wie es denn wirklich viele giebt, sind unklar; in einem unrichtigen Zustand; durch die Saiten auf ihrem Herzen; die natürliche Bewegung desselben haben sie schwer; es bewegt sich schwerer; eine stärkere erst macht sie ihr Leben fühlen: sie müssen auf Andere agiren wie wir, und müssen sehen, daß sie Bewegung hervorbringen; das zeigt ihnen der Andern Ärger, Scham, Zorn leichter; dann glauben die Boshaften, sie haben etwas bewirkt: wie sie anderes Zusammenhängenderes, Sanftes bewirken konnten, ist ihnen nicht klar, und nicht leicht; und ihrem schwerbesaiteten Herzen nicht leicht vernehmlich: so sagt es ihnen wieder nichts. Aber jede Bosheit, jeder Boshafte, kann klar gemacht werden: ist die Bosheit erhellt,, dargethan, daß sie eine Schiefheit ist, einen Mangel zum Grunde hat, so wählt kein Mensch — heißt kein vernunftbegabtes Wesen, kein sich fortentwickelndes Vernunftprinzip — sie aus ganz unzubegründender Liebhaberei. Und Fichte beweist es; und mir ist es lange bewiesen, man kann jedes verständige Geschöpf zur Verständigkeit zwingen. Größtes Konzert! Zwang, zum Recht des Rechthabens! —

*

AN OELSNER IN PARIS

Berlin, Donnerstag Abend 10 Uhr,
den 27. December 1821.

Es ist hier noch immer Thauwetter, ohne gefroren zu haben; Einmal den 8. dieses fiel Schnee, der nicht liegen blieb; alle Mittag giebt sich die Sonne Mühe; die Sterne des Abends; man sieht sie. „Italien!" schreien die Leute: sie meinen das Wetter.

Sie haben mir gesagt, wie Sie meine Wetternotizen finden: ich will Ihnen sagen, warum ich sie mache. Grad aus dem entgegengesetzten Grund, aus welchem die Chemiker es thun, von denen Sie sprechen. Diese wollen die Methode mit daraus bilden, nach der sie zu verfahren gedenken: ich aber will, daß es mir helfe meine unmethodische Verfahrungsart zu entschuldigen. Das Wetter hilft die ganze Situation des Tages machen, ja sie besteht zum Theil daraus; und hat nun mein Leser die Physionomie — ich bilde mir ein, es physionomisch zu schildern — des Wetters in sich aufgenommen, so faßt er die ganze Unregelmäßigkeit meiner Reden leichter, und sie erscheint ihm wenigstens mit etwas im Zusammenhang. Ich schreibe nicht ganz ohne Wahl, in der Art wie ich es thue. Ich will nämlich, ein Brief soll ein Portrait von dem Augenblick sein, so hoch auch Kunstanforderungen an ideelle Veredlung lauten mögen: von denen man allerdings wissen soll, aber nach denen sich zu gebärden affektirt, und leer ausfällt. Glücklich die schönen Gebilde eines lächlenden Naturmoments, die aller Menschenerfindung weit entrückt der kunstreichsten zum Vorbilde dienen können! Aber ersieht man sich nicht als ein solches, so ziehe ich es vor, E i n e r zu sein, als Keiner. Es giebt methodische, gemessene Geister, denen es an Fülle nicht gebricht, die sich a u c h nur gehen zu lassen brauchen, und sich doch nur immer im schönsten Maße zeigen. Das sind die beglückten Gebilde; die haben keine Laune, kein Wetter! oder vielmehr: ihre Launen sind eine Musik der schönsten Stimmung; und ihr Wetter ist Sonne, die durch die reinste, mildeste Luft scheint. Sie sollen sehen; das plätschernde Kind — Sie verglichen mich mit einem solchen — an den Wogen der Zeit, hascht mit Bedacht, in diesen Wogen, und unterscheidet seinen Fund selbst. Da es der Arbeit — der mit Plan und Zweck — unfähig ist, so wäre das Arbeiten vergeblich: ja, das Kind bemerkt sogar, daß dieser Strom den Fleißigsten und Geschicktesten mit forthelfen muß, oder sie hemmt. Denn was gehörte nicht zu diesem Strom, selbst die Philosophieen über ihn, die ihn erklären sollen! — Herr von Brinckmann behauptete immer, Liebe mit einem Adjektiv sei schon nichts werth. Das möchte ich hier von der Weisheit sagen! Der S ch u l weisheit begiebt sich das Kind; die kann nur Weltweisheit lehren; ob es Weisheit an sich giebt, fragt es. . . .

AN LUDWIG ROBERT IN KARLSRUHE
Sonnabend, den 9. Februar 1822.

Vormittag 12 Uhr. Duschig, nach dem gött-
lichsten Frühling, den ich genoß.

Heute nur ein Wort! und das ist: „Nun hab' ich mein
Sach nicht mehr auf nichts gestellt!" (Lies das neueste Heft
Kunst und Alterthum: „Geneigte Theilnahme an den Wan-
derjahren.") Ich habe Friedrich des Zweiten schwarzen
Adlerorden: er bedeckt mein belohntes Herz. Er ist gemacht:
aus allen Thränen, die ich weinte und verschluckte, aus allem
was ich litt; liebte; lebte; genoß im Bösen und Guten. Mein
Leben ist an seine Adresse gelangt. Daß d i e s e r Mann e r -
l e b e von seinen Zeitgenossen, daß er vergöttert, anerkannt,
studirt, begriffen, mit dem einsichtigsten Herzen geliebt würde,
war der Gipfel all meiner Erdenwünsche und Kommission!
Dieser vollständigste M e n s ch; dieser Repräsentant, der alle
andern in sich trägt; und so mächtig ist, sie uns zu zeigen.
Dieser Priester, dieser wahrhafte Gesandte! dieser sagt nun
befriedigt selbst, er sei verstanden; d a s h e i ß t: geliebt; geliebt mit einer Liebe, die Er nur erschaffen konnte. D i e s
hab' i ch ihm verschafft. Ich Ball in den Händen der Vor-
sehung, — Mad. Guion w i l l das sein — und auf dies
Glück, a l s Ball, bin ich stolz; nämlich freudig: und das
freut den lieben Gott. Und der Triumph geht von Berlin
aus: und das freut mich noch besonders, weil Er von Berlin
häßlich berührt wurde, weil ich ewig Friedrich dem Zweiten
dankbar bleibe; und weil es die beste deutsche Stadt ist. (So
wird sie auch mit Recht am besten gehaßt.) . . .

Den 2. November 1822.

Das Wort „Geist der Zeit" möchte ich außer Umlauf setzen können; es verwirrt entsetzlich. „Die allgemeine Überzeugung," möchte ich es nennen, was man im Guten damit zu bezeichnen denkt. Als man die vermeintlichen Hexen verbrannte; das war der Geist der Zeit: die allgemeine Überzeugung machte aber, daß dieser alberne Gräuel aufhörte. — Und so herrschen diese beiden sehr verschiedenen Zustände oft noch neben einander, wenn auch die allgemeine Überzeugung den Geist der Zeit immer verdrängen muß.

Montag, den 5. November 1822.

Franzosen, Engländer, sonst die Spanier und Italiäner — und natürlich auch die alten Nationen — haben Nationalmeinungen, solche Gefühle, Ehre, Ehrgeiz, und Strebungen, die sich auf theils bleibende, theils eine große Zeit lang sich wiederholende gesellige Zustände beziehen; ihre Kunst, ihre Künstler und Dichter müssen sich auch darauf beziehen, wenn sie verstanden werden wollen, wie sie auch selbst darin befangen sind. Wir Deutschen klagen schon lange, und immer öfter darüber, daß unter uns die Dichter nicht auf Autorität verehrt werden. Diesen Übelstand können wir aber ertragen, wenn wir betrachten wollen, was wir eigentlich sind. Ein Volk nicht zu einer Nation abgeformt und geschliffen: der Menschheit, und also allen Nationen noch nahe; unser Dichter sieht sich in der ganzen menschlichen Welt nach Zuständen um; erhöht sie, denkt sie sich wie sie sein könnten, müßten, nicht nur wie sie sind, und sein können in einem engen vorgefundenen Zustand, den er noch ändern will, gemein mit allen Gesetzgebern, und Erfindern; je größer solches

Menschen Geist, je erhabener seine Seele, je belebter sein Herz, je reichhaltiger, vielfältiger, muß er wählen und darstellen, und Zustände kombiniren, und in dem Alten Neues sehen und zeigen: aber desto weniger auch wird er begriffen, oder desto häufiger ihm nicht gefolgt werden können, er unverstanden bleiben; und also oft nicht anerkannt werden, und von Dreisteren, die sich vieles angelernt haben, ohne das zu ahnden, was nicht angelernt werden kann, getadelt; grad'zu. Dies ist eben der Zustand, in dem sich unser Publikum mit seinen Autoren befindet. Bei weitem vorzuziehen einer nur in einer Zeit, und auch da nur von den Verständnißreichen, wahr gewesenen, jetzt zu einem Patentbeifall gewordenen, unverdauten Anerkennung; die eine gänzlich äußere wird; aber auch Ansehen, Einkünfte und Orden giebt: bei uns ist alles dies im Werden und Wachsen; ganz lebendig mit allem andern Aufstreben und Gedeihen; in einer Art von Kriegszustand unter einander, der dem Selbst- und Doppelgespräch des Gewissens zu vergleichen ist; welches uns reinigt, fördert, immer beruhigen will, und eigentlich allein nur belebt. Welchem einzelnen Menschen wäre es wohl erlaubt, sich solche Komplimente zu schneiden, wie es jede Nation gegen sich selbst gelassen und blind ausführen darf; und wovon wir unfassionirten Deutschen bis vor einiger Zeit frei waren. Wir können ja eine ganz andere Nation werden; wenn wir nur wahr bleiben; und das Gute nehmen, wo es nur zu finden sein mag; andre nicht mit Nationalhaß verunglimpften, und uns nicht aus Nationalliebe verhätschlen. —

Wir hatten noch keinen Nationalkönig, dem wir Siege zuschoben, die seine Diener erfochten; mit dem wir galant waren, und dann mit ihm und allen lebenden Sünden in Reue verfielen, dessen Verschwendung wir wie uns von Gott

verliehene Gaben anstaunten, zu erhaschen suchten, und raub-
ten, wie es kam; dessen Pedanterei und Hoffährtigkeit und
Selbstverehrung uns nach langem Bürgerkrieg zu erretten
schien; dem wir alle Künste seines Jahrhunderts zuschrieben,
weil er in's Schauspiel ging, und sich seine Vergötterung gefallen ließ, der auf den Thron kam, als eine Menge regieren-
der Vasallen gebändigt, und ihr Land seinem Reiche einver-
leibt war, der, weil er nie allein sein konnte, und alles ge-
sprächsweise abmachte, die Nationalgeselligkeit auf den höchsten Punkt trieb, wohin der Letzte im Volk mit hinan ge-
zogen, und geschickt dazu ward; einen Mann, bei dessen Regierung die Welt gleichsam nach Luft schnappte, weil die kultivirten Gräuel bis auf den äußersten Gipfel gekommen
waren; aber doch noch oft von neuem wütheten; der sie ganz
gottselig befahl: und sie von Geistlichen und weltlichen Gelehrten sanktioniren, und rein waschen ließ. Wir brauchten
auch keinen Helden, der sein eigen Land besiegen mußte, wie
Heinrich der Vierte: wir haben eine ganz andere Geschichte;
und streben doch nach den Fehlern, die jene Geschichte der
Nation aufprägen muß: könnten wir ihre Tugenden ohne
ihr Unglück uns eigen machen! — Montag den 5. November 1822, nachdem Mad. Boucher gesagt hatte, Goethens
Tasso „c'est un hypochondre!" —

*

AN OELSNER IN PARIS

Berlin, den 28. November 1822.
...Grau in grau kommt mir die Welt vor: hab' ich
recht, oder stecken sie mir meine Haare bloß an? Mich dünkt,

die politischen Fragen und die den geselligen Umgang betref-
fenden, sind abgesprochen, abgewitzt und abgelebt. Die Führer
und Verwalter der erstgenannten suchen sich zu sichern und zu
schanzen, weil die heiligen Haine, hinter denen sie thronten,
durchschritten und gekannt sind. Die Arbeit geht nun an ein
paar große Institutionen — die man für Religion ausgab,
und hielt, und von ihr borgte — dünkt mich. Es wird nichts
helfen; man wird in allen Winkeln des Geistes und des
Herzens wahr sein müssen, und sich das große, allgemein
h e r r s c h e n d e D e f i z i t des N i c h t wissens, eingestehen
müssen. (Dies ahndet die größte Menge gar nicht; Viele von
den Andern wollen es nicht gestehn; noch Wenigere denken
sogar dagegen noch handeln und wirken zu können. Unnützes
Versuchen! Erstlich ist man immer selbst in der wahren
Schöpfung — Entwicklung — man drehe sich Kopf vorne
Kopf hinten, mit einbegriffen; und Jeder mittendrin; und
Zweitens, wo sollte es hinführen? Rückwärts? Wir müßten
w i e d e r vorwärts.) Man wird aufhören müssen, da für die
menschliche Gesellschaft bauen zu wollen, wo kein Grund, als
selbstgemachte Fabeln, zu finden sind, und sich das Herbe eingestehen, daß man Mangel, für's Erste kennen muß, und ihm
nicht mit Verläugnen abhilft. Seinen Himmel wird sich jeder
Einzelne ausdenken müssen zur Unterhaltung — wahre Poesie — schaffen wird er ihn sich müssen, in seinem Gewissen:
und daß er das muß, wird er wissen m ü s s e n: Gesetze für
den Lebensverkehr werden klarer, intensiver — mit dem innersten des menschlichen Geistes, und seiner ganzen Natur —
treffender und wirkender ausgedacht werden; und das, daß
niemand einem Gesetze entgehen kann, ganz allgemein und
herrschend werden. Dahin, dünkt mich, will die Welt, und die
häusliche Gesellschaft: und vor diesem großen Werke — groß

nur weil es endlich erkannt wird — steht sie jetzt stockend still: und darum ennuyiren wir uns! Das nenn' ich ausgeholt: weit ausgeholt! Aber so ist's: will man nahe kommen, muß man weit ausholen, mir geht's immer so. Ich hoffe, Sie ennuyiren sich auch. Nämlich, man wird weder erschüttert, noch angenehm hingehalten; und muß auch dies für sich allein übernehmen. Sie thun es gewiß: ich auch. Ich lese: es fällt mir dabei etwas ein; das amüsirt mich. Ich gehe, ist's möglich — nur irgend einträglich — in's Theater; sehe wo möglich noch passable Menschen; und liebe Gedanken, Denken und Einfälle immer mehr: ich glaube, je weniger ich habe; sie ergötzen und stärken mich ungemein. Sie heilen und flicken mich aus. . . .

*

AN GUSTAV VON BRINCKMANN
IN STOCKHOLM

Berlin, Freitag den 24. April 1824.

Sonnenhelles, seit drei Tagen, warmes Wetter; nur noch leichtes Knospengrün: die Straßen immer breiter, immer heller. Jedoch heute erfrischender, und viel Morgenthau auf der Erde.

Ich lebe noch. Nun wissen Sie alles. Da Sie doch auch wissen, daß man sich, umgekehrt wie gesagt wird, nicht ändert — garstig werden u. dgl. abgerechnet —. Was aber schlimmer ist, unser Schicksal ändert sich auch nicht: denn, woraus

besteht es, als aus uns selbst! Und nun wissen Sie noch Einmal alles: und noch obenein, daß sich unser Stil auch nicht
ändert; dies zeigt uns das still- und tiefere Studium Goethens, und aller andern Menschen; und dann noch Einmal,
ich. Hab' ich Ihnen wohl je andere Morgenbillets geschrieben,
als das hier über Meer und Zeit? Es wird uns nach ihr
(nach der Zeit) weiter gar nichts fehlen — zu hier — als,
daß wir wissen, daß Sie Brinckmann heißen, und ich Rahel.
Eines sollen Sie nur noch wissen, weil Sie es, glaube ich,
sonst nicht genau wußten. Meine größte Kränkung besteht
darin, daß ich in keinem Garten lebe; in keiner Gegend; mit
Einem Wort, auf keinem Ort, wo ich aus der Thür' in's
Grüne trete: aus dem Fenster dahin sehe. Es liegt nicht in
meinem Schicksal, mir das zu schaffen, was mir das Wichtigste ist; nur das liegt drin; daß ich das bin, was mir das
Wichtigste ist. Verstandum? (kein Witz auf dumm, nur eine
lateinische Frage, aus Spott und Verzweiflung:) diese Kränkung aber greift in alle Stunden ein: und darum halte ich sie
für eine. Große Herzensschläge, die man nur mit sich ab-
macht, existiren für mich nicht mehr. Nur Ungemach; und
Privationen — der „fünf nöthigen Dinge.“ Nie wird etwas
gesprochen oder gelesen, was Sie hätten hören, oder sagen
müssen, wo ich Sie nicht laut nenne: und Varnhagen kennt
sie, und spricht von Ihnen, wie wir Andern. (Ich bin Einmal treu gemacht: mir treu; und so auch allem. Daran können
Sie nun wissen, daß, geschieht ein Loslassen, es kam immer
von den Andern; ihr Katholischwerden allein macht es bei
mir nicht einmal: sie müssen noch aparte ausspannen. So
lieb' ich Gentz als größten Publizisten; — ich würd' ihn
Privaten nennen — noch immer. Er trägt das Kind noch in
sich, das liebe: und er mag sagen was er will: er liebt Wahr-

heit: und — ift nie eine Lüge. So ift's mit vielen Andern, die fich öffentlich über ihn ftellen, bei weitem nicht. . . .

. . . (Rahel, damit Sie mich kennen;) Friederike Varn-hagen.

Meine Namen find: Rahel, Antonie, Friederike; mit dem letzten unterfchreibe ich alles Offizielle. Der Zug R bleibt mein Wappen. Mein Bruder Ludwig Robert hat eine fehr fchöne Frau geheirathet, auf die Sie hundert Gedichte machen wür-den: fie ift auch liebenswürdig und dichtet auch: Lieder. Mein jüngfter Bruder hat eine h u b f ch e talentvolle Polin, und zwei Knaben; der ältefte eilf Jahr. Als riff' ich Gräber auf und mein Herz, und beftürmte mit zwanzig neuen Leben mei-nen Kopf, fo ift es mir, muß ich einem Alten fchreiben! Man muß bei einander bleiben: man ift zu dumm, man fucht Fortüne und verläßt Glück. Wir find getrieben. Ich werde je klüger, immer dümmer. Ruhe, Garten! Garten! Vieles ift nicht von hier: darunter gehören Blumen, Düfte, Stille. Wenn das Leben aufplatzen wird, was ift dann? Neue Ju-gend: Wunder. Gewiß. Adieu!

★

AN KARL GRUNEISEN IN DRESDEN

(Durch Ludwig Tieck.)

August 1824.

Der Unterfchied der antiken und der modernen Welt befteht bei mir in dem Einen Punkt, aus dem alle andern hervorgehn. In der antiken waren die Regierungen den Völkern vor. Gefetzgeber, Propheten-Könige, halbe Zaubrer. Schutzhelden,

Erfinder der erſten Elemente der Lebensgenüſſe. Ministres des dieux, — Himmelsvermittler, Religionsſtifter. In der modernen, nicht geoffenbarten, ſondern offenbaren Welt, wollen die Regierungen mit den Ruinen der alten Mittel wirken; die jeder aus dem ganzen Volke handhabt; und wovon jedes, von einer andern Klaſſe aus dem Volke, zu ſeiner Kunſt und Wiſſenſchaft gemacht iſt; und ſo gebraucht wird. Nun müſſen Regierer neue große Erfindungen machen. Der Geiſt muß regiert werden: und exploitirt von größerm: „die Erde iſt genommen."! — …

★

AN ROSA MARIA ASSING IN HAMBURG

1826.

Niemand iſt gnädig gegen uns, als Gott und unſer Gewiſſen. Weil kein Anderer uns und die Weiſe, wie etwas in uns vorgeht, kennt. Auch wir lieben nur die, welche wir kennen; und müſſen Alle lieben die wir kennen. Gehäſſiges bleibt uns immer fremd; und Tadel und Haß ſind nur eine gehäſſige Bemühung und Probe zur Liebe; die dem leidenden ſowohl, als dem thätigen Gegenſtand derſelben wehe tun; darum können wir nicht zart und behutſam genug damit umgehen: und wir lügen nicht, wenn wir ſie verbergen, und dieſe Verſuche ſo zart anſtellen, als der weiſeſte Arzt die Werkzeuge ſeiner Kunſt gebraucht. Überhaupt thäten wir gut, einander als erſt Geneſende zu behandeln, da wir ja Alle erſt die völlige Geſundheit des geiſtigen Lebens zu erſtreben haben. Welches wir immer vergeſſen. —

AN VARNHAGEN IN NÜRNBERG

Durch Liebe erfährt man nur, daß man selbst existirt, sonst wüßten wir nur von Dingen und Gedanken. Denn: wir machen unser Ich kontinuirlich, und können es nur in der Vergangenheit betrachten, wenn auch in der nächsten; als Ganzes sehen wir nur den Andern. Wir lieben nur Andere, nicht uns.

*

AN GENTZ IN WIEN

Januar 1829.

Der Kunst Bestreben ist, alle Bedingungen, unter welchen die Forderungen der menschlich=geistigen Natur befriedigt werden, zu erfüllen; vornämlich durch Vorstellungen eines beßern Zustandes, als der ist, in welchem wir uns befinden können, — wenn auch nur durch solche Bilder gezeigt, die uns an dem Zustand, den wir ewig erstreben müssen, verhindern. Dies geschehe nur durch Bilder — jeder Art, — oder durch die Rede — jeder Art, — durch Vorstellungen, die sich auf leibliches Dasein, oder auf das von unsern Gedanken hervorgebrachte beziehen. Kunst ist nichts als das Kinderspiel der Erwachsenen. Sie sind bemüht, sich ein Dasein vorzu= spielen, welches sie nicht erreichen können, über welches sie keine Herrschaft haben. Dieser große Trieb, dies unabweis= bare Bestreben, dieses Suchen nach einem Surrogat, dies Neubilden — ist auch schon in den Kindern höchst ehrwürdig, gar nicht scherzhaft, sondern tiefer Ernst.

AN VARNHAGEN IN BONN

Freitag, den 13. März 1829, halb 11.
Duschiges Wetter, trockne Straße.

— X.*) ist in französischen Blättern wegen seines Gedichts gelobt, das übersetzt ist: da sagte Heine: „So lange er lebt, wird der unsterblich sein." Von der Bach'schen Musik, die er vorgestern auch hörte, sagte er — sagte er, ist hier zu viel, — er hätte acht Groschen Profit dabei; einen Gulden kostete sie, und für einen Thaler hätte er sich ennuyirt. Sehr gut: das Erste auch. Voilà ce que vous me demandez; de ses bonmots! — Auch ich hatte Langeweile in dieser Musik. Chöre gehn in Berlin — wo sie so stolz drauf sind — immer beleidigend schlecht; komplettes Blaffen: sie ist voller Chöre. Erstlich. Dann der bizarrste ergiebigste Text. Christus letzte Tage und Tod, rein aus der Bibel. Aber wie hätte der behandelt werden müssen! Da hätte der große Mann nicht längst-erfundenes — auch von ihm nicht — Gesangswesen gebrauchen müssen, und was nun jetzt schon als ganz abgegriffene Münzstücke längst eingeschmolzen, und anders gebraucht und abgebraucht, und von schlechtern Künstlern, aber schöner geprägt in Umlauf ist. — Mad. Liman hat Recht, die mir gestern sagte: „Es ist wichtig es zu hören, wie man die Nibelungen und dergleichen liest, und den Über-setzern danken muß: aber die Poesie ist mit unserm ganzen Le-ben weitergeschritten; wir müssen weder Einhalt thun, noch rückwärts verweilen, nur das Rückwärts kennen: Gluck und Mozart haben Sebastian studirt; das Beste von ihm

---

*) Bezieht sich auf Michael Beer und seinen „Struensee".

benutzt und sind weiter." — Sebastian, sage ich lange, ist durchaus Kant: mit großer Dichtungsgabe, Phantasie; ein Stück St. Martin in sich; ein großer Architekt in Urproportionen; eine reine, sich zu Gottesgedanken schwingende Seele. Immer sublim, u n d unterhaltend, wenn er dem Impuls s e i n e r Eingebungen und sogar Meinungen und Vorsätze, folgt. Nicht aber, wenn er Texte, Worte bemusikt. Da ist es ihm noch nicht eingefallen, alles Hergebrachte mit Eins zurückzulassen; bloß nicht eingefallen; und ich g l a u b e, aus großer Musikfülle. Er hat s o viel Großes, Reiches, Üppiges, Erhabenes, Richtiges, Neues gemacht, daß er e i n Feld ganz vergaß zu überarbeiten; weil es auch nicht sein eigentliches war. Denn, m i r ist es ausgemacht, daß Vokalmusik nicht so rein, so himmelverwandt, so erhaben ist, und sein kann, als Instrumentalmusik. (Ich weiß; j e t z t, contra Welt aber es wird schon ein Mann kommen, der es beweist in einem breiten sich Platz machenden Buche.) Und auch daher muß e r s t komponirt werden, und dann der Text gemacht: erst ist die Empfindung, die Meinung, der Eindruck aller Dinge vague da; und alsdann erst kommt Grammatik, Logik; und alles das Gerüste, und die w i l l kürlichen Zeichen; wovon die Sprachen noch nicht frei sind. So haben dem Gluck, der revolutionairer mit den Texten umging, die Franzosen so sehr geschadet und eingeengt; so groß, so keusch, so weise, so erfindungsreich er war. Die, mit ihrer Sprechsprache! die derentwegen in weltlichen Dingen so voraus sind, und auf deren Sprache wieder die Welt so eingewirkt hat; wie weit ab dies von Gesang, hat ihnen Rousseau auf ewig gesagt. Cet original; heißt auf Deutsch: der Tolle. Richtig, daß er ihnen toll erscheint. Er geht in allen Dingen auf's Singen zurück; und sie sprechen so schön! Singen ist bei ihnen ein

Scherz: und soll es Ernst sein, ein Spaß, für uns, für mich, für Rousseau: ein Leid, weil es nicht dafür angesehen wird. Und wir Deutschen nun gar auch deklamirende Opern hören, sehn, und schreiben! Das heißt Empfindungen auf Grammatik und Silbenzahlen spannen; und je weniger das geht, und Musik a u s b l e i b t , je gelungener, richtig-deklamirter es halten! — Mozart, der neueste Revolutionair, zertrat das alles wieder; zwang aber den Gesang zu sehr unter die Instrumente; wer aber so musiktrunken, so von Fluth der Eingebung gehoben, daß er i m m e r e i n G a n z e s bildete; und in einem solchen muß, und kann manches unterliegen; um so größer! Da er Bach, und Gluck studirt, und benutzt hat, mit dem größten Witz und sich unabhängig von ihnen gehalten. Dann kommt Spontini, den auch die Franzosen erdrückt; der aber in Nebeneinanderstellung der Instrumente neu, und im Besinnen neu i s t : nämlich, er besinnt sich nicht etwa, wie Maria Weber, was er machen soll: sondern, auf alles, was er weglassen muß. Alle Andern können die Reminiszenzen nicht los werden; und haben nicht so viel Ursprüngliches um es nicht verschwemmen zu lassen. Mein Musikunterricht bestand in lauter Musik von Sebastian, und allen Bächen, und der ganzen Schule, also wir, von d e r Zeit, kennen das alles genau. Wie das Publikum, das frömmelnde, war, mündlich. — Sie lasen das Stück Bibel als Text, nicht etwa gerührt! nein, sie studirten es mit Lügenmienen, als wäre es schwer: und Kants Kritik der reinen Vernunft etwa. —

Freitag, den 13. März 1829.

Ich war zu erhitzt, um im Briefe heute alles ordentlicher zu sagen. Also nachträglich: Mozart ist mir Shakespear;

Gluck: Ähnlichkeit mit Klopstock; das nur oberflächlich: schon weil Gluck mehr von Leidenschaftlichkeit und Leiden weiß. Righini allein w e i ß v o n L i e b e, verliebter Liebe; versteht den Olymp, — was der sagen will — den Tartarus; welchem Dichter vergleich ich den? Heiteres lichtes Wetter auf Bergen weiß er auszusprechen, herzuzaubern; olympisches; Zauber, Nymphen, Liebesgötter, Liebesrausch. Zerrissenes Herz. Meines Wissens im letzten e i n z i g dastehend. Für den Sänger der Größte; noch so Bizarres für Ohr und Gewohnheit, in bequemen, einfach zu findenden Tönen, so wie man's versucht. Händel weißt du schon. Alle diese Meister haben, wie alle Großen, schreckliche Nachahmer zu hundertjähriger Plage, für den der's versteht . . .

Sonntag Vormittag, 10 Uhr vorbei, der 15.

Schnee auf den Dächern und Straßen. Er verdunstet aber schon; die dicken Wolken spalten sich: Helligkeit, wenn auch nicht Sonne, bringt hervor.

Ich erwarte halb einen Brief von dir diesen Morgen, und weiß nicht recht, ob, wenn er nicht kommt, ich diesen wegschicke: da i st er! Es ist wieder Liebesbalsam auf mich wie ein Mairegen geträufelt; gegossen. Ich nicke dir! — Elise sitzt ganz sicher auf dem Schrank; ist auch furchtsam und vorsichtig, ich und Dore stehen unten: sie wirft uns die Bälle in Schürzen, wir sie ihr auf den Schrank. Auch wenn wir entfernt sind, bleibt sie behutsam sitzen; er ist ganz breit. Mit m e h r F u r c h t, als ich!!! läßt sie sich hinauf und herab heben. — Von Heine'n — wollt ich dir eben schreiben. Das Resümé, was ich heraus habe, ist und bleibt sein großes Talent;

welches aber auch in ihm reifen muß, sonst wird's inhaltsleer, und höhlt zur Manier aus; — er denkt überhaupt, was ihm entschlüpft, was er sagen mag, ist für die Menschen gut genug. —

— Wir sprachen Alle viel. Einer oft à tout hasard: welches er aber doch noch anders meinen muß; ich nur, wenn es mit mir durchlief, wegen damaligem Hustenkrampf. Die Rede kam auf Auswärtsstehen. Nike erwähnte die ägyptischen Bildwerke. Ich nahm ihre steifen Haltungen in größten Schutz: ein S t r o m ergoß sich aus mir — ein längst zurückgedämmter — ich erwies, die Natur im Vaguen, und alles, was die versucht und zu thun gezwungen ist, aus lauter nur für sie geltenden Gründen, nachahmen zu wollen, sei durchaus falsch, und daher unthunlich; in eine menschliche Schranke müssen Künste sich engen; in einen solchen, für den höchsten gehaltenen Menschenzustand, in Beschränkung, in Gränze ihre Einwilligung geben, das allein sei ihre Freiheit; und so seien der Ägyptier Stellungen eine Art Bild ihres geselligen Daseins; nicht arbeitend, nicht strebend, nicht noch bewegt. Der Gegensatz d a von sei der Wiener Walzer; der oft so unsinnig angebracht schiene, nach jedem ernsten Kampf öft; mir aber immer guten Eindruck mache und gefalle — ohne daß ich lange den Grund deutlich gewußt — so wie ein Leid, ein Kampf, eine Verwirrung, ein Vollbrachtes geschehen sei: gewalzt! Was will der Mensch mehr. Schweben, Leben, Sein, Fertigsein! Heine schlug über die Fauteuil-Lehne, blutroth, ganz weg vor Lachen; er brach wider Willen aus. „Tollheit! schrie er, toll, ganz toll; o wie toll! Tollheit, nein, das ist rasend: solcher Unsinn ward noch nicht gesagt:" und so blieb er lachend. So wie er wieder zu sich war, war es reinster, lichter Neid. Ich sagte ihm auch: „D e n Unsinn möchten Sie gemacht haben."

Ich lachte auch. Die letzte Hälfte, die vom Walzer, mußte ich ihm erklären: er frug ganz ernsthaft; und fand es dann sehr gut. Aber dies Lachen! So natürlich sah ich ihn nie. Das wollte ich dir erzählen, ehe dein Liebesbrief kam. Um 9 Uhr ging Heine. Moritzens kamen: wir aßen Sardellenfische, und waren beredt und vergnügt. — ...

*

AN ANTONIE VON HORN

Sonntag, den 11. Oktober 1829.

Meine wohlgeneigte und wohlbegabte Freundin! Sie sollen selbst ermessen, wie lieb mir Ihr Schreiben sein mußte, wenn ich Ihnen eine kurze Rechenschaft gegeben habe, wie das, was Sie lasen, entstanden ist. Obgleich ich seit einer Anzahl Jahre beinah nicht mehr schreibe, so hat wohl Voltaire und seines Gleichen nicht mehr Briefe und Billete ausgehn lassen, als ich in früherer Zeit. In dieser Zeit aber wußte ich nicht, was ich that: und hätte ich darüber etwas gemeint, so wär' es wohl dies gewesen, zu glauben: so schrieben alle Menschen, so viel, und was ihnen e i n fiele. In diesem, vom Himmel verliehenen Unschuldswetter leb' ich bis auf den kleinsten Rest meiner Jugend durch; obgleich ganz im Anfang derselben, zum zwölften und dreizehnten Jahr, meine Handbilletchen und Geschwisterbriefe Lachen und Redens genug erregten: ich glaubte firm — welch Glück! — dies läge nur a n d e n a n d e r e n L e u t e n: die wären so sonderbar; und verständen nicht recht, was ich sagen wollte; auch weil ich's nicht sehr gut sagen könnte; übrigens wären sie und dächten sie wie ich. Dabei blieb ich — bis zur Schande lange —, nur jeden Fall sah ich einzeln ein, wo das anders war. Mein Glück! einziges, größtes. Von Jugend an, ging es reich, und der Wahrheit gemäß in mir her; Natur wirkte scharf und richtig auf scharfe Organe; ein felsenfestes, empfindliches Herz hatte sie mir mitgegeben, das alle andre Organe immerzu, und redlich belebte; — der Kopf war für tieferes Bedenken und Auffassen gut; — beinah keine Grazie nach außen. Da konnte es denn nicht fehlen, daß ich alle Kelchchen und Kelche, bitter und scharf gefüllt, austrinken mußte; kein Keulenschlag, kein Nadelstich, kein Nagel, kein Haken, wurde mir erspart; nichts Verkehrtes versäumt, mir zu reichen; doppelt verkehrt, weil ich's nicht immer dafür nahm; und erkannt' ich es, nicht immer abwies. Kurz, ich machte die Universität durch; und diese Sprüche,*) aus einer U n z a h l Briefen genommen, und aus wenig Merkbüchern — von Varnh. gesammelt — sind der Ertrag von stummen, langjährigen, ignorirten Schmerzen, Thränen, Leiden, Denken; Freuden der Einsamkeit, und Langeweile der Störung. Perlen, die ein halbes Jahrhundert aus einer sturmbewegten Menschenseele warf, Schätze, die s i e wie das große Meer enthält: wenn sie sich nicht zum affektirten Gartenteich einsperrt, wo ihr Schicksal S t a g n i r e n wird: u n f e h l b a r: wenn auch nicht bald bemerkt, und von Unkundigen bewundert, (wie so viele Figura zeigen!) Das Meer ist oft stürmisch, graulich, häßlich; besonders fügt sich's nicht. — Und lange wurde ich gescholten und getadelt: ich meint', es müßt' so sein. Konnt's nicht beachten; nur gestreichelt fühlt' ich mich nicht: obgleich viele

---

*) Unter dem Titel „Aus Denkblättern einer Berlinerin" erschienen von Varnhagen zusammengestellt eine Anzahl Aphorismen der Rahel.

auf mir herumfuhren; zur Luft, und Bequemlichkeit, wie auf einem wirklichen Meere; a u ch ohne Dank. —

Als die Sprüche und Auszüge nun gesammelt waren, freute es mich, daß doch etwas Sichtbares, Faßbares, zur Mittheilung Taugliches, außer ich selbst, von so reicher, einträglicher Zeit übrig geblieben sei; ich ermaß die Freude, den Genuß, den es schaffen kann, an dem, den mir Ähnliches gewährt, wenn i ch ' s finde. D a s sind die Brüder, die wir auf der Erde haben, und hatten; diese Brüder, diese „Gleichgesinnten" (Freunde, ruft Goethe in der Elegie „Gleichgesinnte, herein!") sind einer dem andern der Magnetkompaß, der Bürge, daß er recht segelt: der Trost, in Leiden ohne Trost; und der ist so erhabenen Ursprungs, und Wirkung, daß er schon über die Zeit hinaus wirkt! „Es winken sich die Weisen aller Zeiten" sagt wieder Goethe. Und Sie geben mir nun auch das Glück, bei meinem Leben, zu erkennen, u n d z u s a g e n: „Hier hat ein Mensch gesprochen, und gelebt: i ch M e n s ch erkenne das, und sage dir es gern und freudig." Das freut m e i n e Seele: und ich sage es Ihnen gerne; d a rum dankbar.

Wohl, meine Liebe, ist es, wie sie sagen, Eitelkeit und Beschränkheit, wenn L e u t e sich in eines M e n s ch e n Gesellschaft gedrückt fühlen. Aber noch eigentlicher: L ü g e. Sie wollen nicht sein, wie sie sind: und davon werden sie L e u t e; g e m a ch t e Fabrikwesen. Jeder Mensch ist ein Original; sonst wär' er nicht geschaffen: i s t es auch immer in der Tiefe, wo der Wahrheitsquell wogt; er verschütte sie noch so sehr mit Lug und Trug, und Fälschlichkeit, die gegen ihn selbst gekehrter Irrthum wird. Am Ende ist's eine Tugend, eine Gemüthseigenschaft, der Muth, der uns erschafft: uns selbst ist es überlassen, Menschen aus uns zu machen; oder vielmehr, uns gegen die immer vernichtend-anstrebende ganze Welt — nicht nur Leute — dazu zu lassen. Dies erfordert Muth; Vernunftmuth (nicht den, gegen Unvernunft zu handeln; der wird abkommen): denn die Unvernünftigsten g e - b e n v o r, in Vernunft zu handeln.

So lautet mein Dank! A u c h schwerstes Geschütz: in Ihrem Zeughaus paßt es: drum lasse ich mich gehn. Nichts kajolirt mich mehr, liebe Frau von Horn, als daß Sie sich behaglich bei mir fühlen; und mich gutmütig finden. Dazu gehört Vorurtheilslosigkeit — das so Seltene! — Auf guten Glauben halten mich die Bessern für ein Wunderthier von ich weiß nicht welch unbegreiflichem Zeuge! Ich aber bin zufrieden, wenn die Andern zufrieden sind! ...

AN HEINRICH HEINE IN HAMBURG

Dienstag, den 21. September 1830.

5 Uhr Nachmittag. Sonnentag, nach einer kleinen Ausfahrt, einem kleinen Diner, einem kleinen Nachmittagsschlaf.

Vielleicht zerstreut es Sie, in dem jetzigen Leben, und bringt Sie zu sehr hohen allgemeinen Betrachtungen, indem es Ihnen die Befriedigung unseres kleinen Herzens, als das Wichtigste zeigt, wenn ich Ihnen sage, klage, erzähle, daß ich ein zerschlagenes Herz im Busen habe, weil ich heute meine Kinder den Eltern wieder abgeben mußte. Rein abgeben, als wenn es ihre wären; und i c h liebe sie. Ich lebte endlich acht

Wochen, von Morgens 7 bis 9 — und auch des Nachts mit zwei-drei-viermal nach ihnen sehen — Abends, mit, für, und nur durch sie. Ich machte ihnen F l e i s c h durch Pflege; und ließ ihre Seelen wachsen; ihren Geist sich heben und regen. Den g a n z e n Tag hatten die Drei, wovon Sie meine älteste, Elise, gewiß kennen, Prätensionen an mich; den halben war ich mit ihnen in Wald, und Feld, und Gärten. Nun ist's aus. Alles aus; und ich in Eifersucht allein; daß Andre h a b e n, was ich besitzen sollte; — und daß kein Despot, keine Armee, kein Gericht existirt, welches m i r dies Gut zusprächet: und der liebe Gott w o h l weiß was mir gebührt; und ich leide. Sehr gut. Und ich soll wieder elend warten, bis ich denken muß: er hatte Recht; sonst wär' es ärger gekommen. E s h i l f t m i r n i c h t s, aus der Zeit der verliebten Liebe zu sein; i c h l e i d e d o c h. Und Sie mit; denn ich mag nicht — s o s e h r k a n n i c h n i c h t — schweigen; und Ihnen will ich grade heute schreiben. Auch scheint es mir verstockt, ein Verrath und freundlos Benehmen, einen schweren, schwarzen Klumpen Leid im Herzen zu tragen, es in Schmerzen überschwemmt zu fühlen, und dies — s c h r i f t l i c h — zu verheimlichen, ganz zu übergehn; und vom Tag, oder anderm Ernst und Scherz zu sprechen. Wissen Sie, daß ich einen T o d schreck von den Schneidergesellen — wegen falscher Berichte eines erschrockenen Domestiken, der während des Tumults, wie Roller vom Galgen, zu mir stürzte, um mir die Stadt als saccagirt vorzu s t o t t e r n — hatte, einen Tag, wo ich wegen Nervenaffekt und Rheuma ein Schwefelbad mit all den Üblen in dem Körper hatte; und nur aus ungefähr nicht davon todt blieb; g l e i c h nachher bekam ich den Brief, der mir die Ankunft, durch die ich die Kinder wieder missen sollte, zum surlendemain ankündigte! — gemelkt fühlt' ich mein

Herz. Unfähig meinen Körper. Seitdem hab' ich gelacht, geredet, gedacht, die Honneurs der Tage gemacht, wie immer. Und bin durch nichts in meinen Ansichten und Meinungen gestört. Hepp ist mir so wenig unvermuthet, als alle andere Unducht. Kein großer Trumeau, kein „Jungfernkranz," kein Elephant über Theaterbrücken; keine Wohlthätigkeitsliste, kein Vivat, keine Herablassung; keine gemischte Gesellschaft, kein neues Gesangbuch, kein bürgerlicher Stern, nichts, nichts konnte mich je beschwichtigen. Die Pockenmaterie muß raus; Schminke hilft nichts; und wäre sie mit Hausanstreichpinseln aufgeklext! Nur Despoten können uns helfen; die Einsicht haben: o d e r — so gesagt, so geschehn! Unversehens hab' ich Sie hier gegrüßt, mit allem was ich jetzt, über jetzt zu sagen weiß. S i e werden dies herrlich, elegisch, fantastisch, einschneidend, äußerst scherzhaft, immer gesangvoll, anreizend, oft hinreißend sagen; nächstens sagen. Aber der Text aus meinem alten beleidigten Herzen wird doch der Ihrige bleiben müssen. Und auch hier wiederhole ich: Gott weiß das alles; sieht was uns fehlt; und schickt gewiß den trefflichen Despoten mit Bedacht aus weisem Grunde nicht. Dieser Grund ist Geschichte und das mindeste bischen Einsicht davon schon genug zu Geschichtserzählung. Unsre Krankengeschichte ist allein unsre Geschichte. Alle haben wir mit gefressen; und das muß wieder heraus. Kommen Sie bald; schreiben Sie noch früher! Ich leide schrecklich an Ungewaschenem, was jetzt auch sonst Gescheidtere und Gewaschenere hervorlassen. Wie wenig wird ächt gesehn und gedacht. Adieu. Gesundheit und heitre Tage.

AN GENTZ IN WIEN

Dienstag 10 Uhr Morgens, den 26. Oktober 1830.
Feiner Regen in dunstigem Wetter.

... Auch ich, theurer Schmeichelfähiger! habe Ihre Diktums nicht vergessen, und wiederhole sie wohl täglich — O! welch amüsanten Busen führ' ich in mir. Das Lebenstheater darin wird immer reicher; nichts vergeht, weil es lange her ist! — Mein Schreiben gliche öfters frischen aromatischen Erdbeeren, an denen aber noch Sand und Wurzeln hingen: sagten Sie einmal; dem bin ich eingeständig. Und nichtsdestoweniger halte ich mich für einen der ersten Kritiker Deutschlands. — Schauen S i e   d o c h   a u c h in meinen tiefsten Busen; ich scheue mich nicht, die Eitelkeit zu zeigen, die ich hege; höchstens ist sie ein Irrthum; und dem kann widersprochen werden. — Eins muß ich doch noch von meiner Art zu schreiben, aussprechen: über das Allermeiste, was darin endlich ausgebildet sein sollte, kann ich — aus innren, und v i e l äußren Gründen — nicht Herr werden; über eines aber, was man gewiß auch dazu rechnet, mag ich nicht Herr werden. Nämlich, ich mag nie eine Rede schreiben, sondern will Gespräche schreiben, wie sie lebendig im Menschen vorgehn, und erst durch Willen, und K u n s t — wenn Sie wollen — wie ein Herbarium, nach einer immer todten Ordnung hingelegt werden. Aber auch meine Gespräche sind nicht ohne Kunst, d. h. ohne Beurtheilung meiner selbst, ohne Anordnung. Ist ein Schreiben, es sei Buch, Memoire, oder Brief eines Andern nur vollständig gehaltene Rede, so hat es für mich immer einen Beischmack von Mißfallen. D i e Ausnahmen, wo es Rede sein soll, gestatte ich, wie ein Anderer ...

Berlin, Montag Abend 9 Uhr, den 7. Februar 1831.
Feuchtes Thauwetter.

Geküßt hab' ich Ihren Brief; nach tiefer Verstummung, re-
gungslos in meinem Bette aufrecht bleibend; aus Rührung,
Liebe, Zärtlichkeit für Sie, Drang und Plan zum Helfen,
Staunen, Betroffenheit. L i e b e s, theures — wie es sein
muß — e w i g e s Kind! So wirft sich nur Goethens Tasso
Andern hin in die Hände, an den Busen, nur Sie, und die
Besten, und ich, wenn ich einen bessern Busen wüßte, als
den meinen! (G r o ß e s, hartes, ein noch nie ausgesprochenes
Wort.) Sie s i n d nicht unglücklich; g l a u b e n Sie es mir,
bis Sie diesen Brief ausgelesen haben. Lassen Sie mich mit
dem Unabweislichsten, Wunderbarsten, Schwärzesten anfangen, mit dem Tod. S i n d wir es nicht schon? Ist er wun-
derbarer, als das Leben? Dies Leben, mit den i n n e r n,
g e i s t i g e n Lücken? Dieses zerissene Bruchstück? Wo er
am Ende d o c h steht? W e r m i r d u r c h d e n d u n k l e n
M u t t e r l e i b h a l f, b r i n g t m i c h a u c h d u r c h
d u n k l e E r d e! Ich w i l l leben; also muß ich auch leben.
Mein Lebensgefühl, mein Glücks=, Ordnungs=, Vernunft-
b e d ü r f n i ß, sind mir auch die Bürgen für dies alles;
wie käm' ich sonst darauf? diese sind mein Gott in mir und
außer mir; mein letzter Winkel, wo auch mein Tempel und
meine Religion ist. Wen ich jeden Augenblick sterben kann, so
bin ich schon todt; d. h. ich lebe todt weiter. Und ich f ü h l e
all mein Leben, und nicht den Tod; wie sträubt sich unser
Innerstes bei jeder P r o b e, wo ihm nur Einhalt, Hemmung
gethan werden soll; jeden Widerspruch eines gerechten An-
spruchs von uns fühlen wir nur darum so empfindlich, ja
eigentlich so u n l e i d l i c h! — Gewiß werden wir w i e d e r
jung. Herrliches physisches Gefühl: nämlich ganz fertiges, nicht

erst zusammengedacht, gemacht, von uns selbst erst bereitet, sondern gleich passend, gehörend zu dem Ort, wo wir zu sein haben: das ist Jugend; darin besteht sie: einschlürfend das Dasein, ausströmend, erregend wieder ausströmend: und eine neue viel gesteigertere Jugend müssen wir wiederkriegen: in ihr fortleben: und in einer, in einer innern, leben wir schon fort! Und nur vielbehäutete Köpfe können es lächerlich finden, wenn Alte noch wollen, wie Junge. Wollen sollten sie auch nicht? Ist es nicht Erde genug, daß sie nicht können? Soll im Leben ein Oberceremonienmeister wie an Höfen herrschen? Wahrhaftig, das Volk aller Klassen versiegelt sein Leben, und alle Pulse, und ergiebt sich darein; noch ganz voll Sittlichkeitsstolz. Wie stupid sehen sie auch Alle aus! Über vierzig nicht mehr zu ertragen. Ich will sie auch nicht sehen, nicht kennen. —

Sie sind jung, lieber Freund; lieben, sind glücklich, haben eine reizende Geliebte;*) einen Freund — mich, — das herrlichste Kindergemüth: alle Ihre Jugendschwächen; wollen Rath und finden Rath; wie vor dreißig Jahren auf meinem Kanapee, ehe Sie zu Ihrem Vater gingen, um aus Berlin zu gehen. Nichts ist verloren; Einkünfte kommen wieder; andre. Die Welt — die olle politische — schwingt sich um: und Sie stehen ihr wieder en face. Nur mißkennen Sie ihre Entwicklungen nicht so, daß Sie selbst sagen, Sie kennten sie nicht mehr. „Dieser paradoxe Satz wird bald ein Gemeinplatz werden," muß man von Hamlet nie vergessen. Es sind jetzt andere Gemeinplätze in Umlauf; nie wird man die wieder für Paradoxe halten wollen. Der Geist der Zeit ist nichts als die jedesmal allgemein gewordene Ueberzeugung. Horchen Sie dahin: agiren Sie mit der, durch die! —

---

*) Fanny Elßler, die berühmte Tänzerin.

Ich Ihnen Politik! — Sie, die allgemeine Überzeugung muß Ihnen dienen, sie sei Ihnen ein Instrument. Überwinden Sie den Abscheu; kommen Sie ihr zuvor: Lenker bedarf eine jede. — Machen Sie face; lassen Sie das Heft nicht aus den Händen, senken Sie Kopf, Feder, — wie Krieger das Schwert — nicht als überwunden: sprechen Sie sich das b e s o n d e r s nicht selbst aus!! und sehen Sie nicht nur die Unordnung, sondern — eben nach „den vierzig Jahren Arbeit" — was die i n d e r Z e i t s i c h f o l g e n d e n M e n s c h e n nun jetzt zu wollen haben. Denken Sie nicht an das, was Menschen ewig wollen sollten: sondern fassen Sie in's Auge, was Weltwirrwar, a l t e Sünden, l ä n g s t Verfehltes nun e r l a u b t, und wohin eben dies d r ä n g t. Im ganzen gewiß auch nach dem, was der M e n s c h s o l l: aber maskirt. Scheuen Sie diese Maske wie jede andere nicht! Behalten Sie das Heft in Händen! Sein Sie g r o ß a r - t i g. „Vous en parlez bien à votre aise!" werden Sie denken. Fanny lebt noch, fragen Sie die; sie waren zugegen, als ich aus blauem Himmel Warschau's Revolution erfuhr, — Graf Mocenigo kam, und nach halbstündiger Tagesunterhaltung sagte er uns das, — ich glaubte zu s t e r b e n. Ein Brustkrampf befiel mich, aufspringen mußte ich, noch bin ich nächtlich krank davon. — — In der W e l t fürchte ich nichts so, als Pöbel, Hornvieh, Unvernunft, bis zur Besinnungslosigkeit, und Krämpfen, — ich will n i c h t s m e h r als Ruhe. Ich habe l ä n g s t meinen „Bankrutt" gemacht; ich könnte nur noch gemartert und blutarm werden; und hoffe d o c h. Und nun S i e! — Ein Lenker, wenn Sie wollen. Wem gehören denn die Länder, wer sind denn die Regierungen, als solche? O könnte ich mit dem Munde zu Ihnen re-

den! — Nur eine Frau! Keine Maintenon, und keine
Des Ursins, und doch nähmen Sie einen Rath von mir in
Gebrauch. Wie viel sah ich früh ein! wie viel sagt' ich vorher
von den Dingen, mit denen Sie hanthieren. Aber verwesen
mußte meine gute Einsicht. Erinnern Sie sich noch, wie Sie
mir in Prag erzählten, Sie hätten solchen göttlichen Plan
erfunden, solchen herrlichen Gedanken, und, wie Sie ihn
dem Fürsten Metternich mitgetheilt, wäre er an sein Bureau getreten, und hätte aufgeschrieben herausgelangt, was
Sie ihm gesagt? Sie wollten nie sagen, was es war. Es
war der deutsche Bund, dachte ich nachher. Damals war d e r
gut. Erfinden Sie w i e d e r etwas. Ich zweifle nicht. Verzweifeln S i e nicht: und alles ist noch gut.

Lieben Sie denn Ihre Blumen nicht mehr? Nicht Luft,
Wetter? Das Gefühl Ihrer selbst, das Wetter in Ihnen?
Wie krank bin i ch! Wie gestört! welche Deboires habe ich
Dezennien lang verschlucken müssen, welche Leiden! Und
Phönix nach Phönix stieg empor! Nicht, daß es mir so ge-
fällt; nicht, daß ich's a n n e h m e: Nein! Nein! Nein! und
ewig Nein! Aber ehrlich verarbeitet hab' ich's. Ich mag wohl
in zwanzig Jahren keine persönliche Satisfaktion gehabt haben. Und weiß es wohl. Und schaffe mir menschliche: durch
Theilnahme, durch Meditation, Einsicht, Schwung, Fröhlich-
keit, Güte, Unschuld — je ne parle pas à mon aise. —
Und Sie sprechen von vierzig Jahren Arbeit. G e n u ß war
die: und was brachte sie Ihnen ein! Allen Lebensgenuß und
Wohlhabenheitsfülle, Geselligkeitsgenuß; Reisen, Garten,
Pferde, Anregung, Leben jeder Art. (I ch sollte Ihnen erzählen!!) Wie bescheiden gucke ich aus meinem Winkel hervor
und hinauf! Wie tief- und frohsinnig: aber welche Abgaben
bekam der Teufel durch meine nun für mich nicht mehr zu

faſſenden Leiden aller A r t! Me voilà. Ich tröſte mich
und Sie. Und bin überzeugt, daß es mit zum Erdenleben gehört, daß jeder in dem gekränkt werde, was ihm das Empfind-
lichſte, das Unleidlichſte iſt: wie er da herauskomme, iſt das
Weſentliche. D a s ſind die neuen Eigenſchaften, die er ſich
anarbeiten, anleben kann. Darin, geliebtes Kind und Freund,
möchte ich Ihnen helfen. Dies iſt diesmal mein Schmeicheln:
tiefe Warheit, wie ich ſie mir ſelbſt vorſetze. Daß Ihr Herz
ſie nur erkennt! als aus meinem liebevollſten fließend! G l a u -
b e n Sie mir noch für's erſte; es wird gut für Sie. Shakeſpeare ſagt ſehr klar, klug und erfahren: „Oft iſt ein Fall
das Mittel, deſto glücklicher wieder aufzuſtehn!" deſſen ſeien
Sie eingedenk. Ich hab's öfter geſehen, kürzlich erfahren.
Glück auf, lieber Freund! Muth oben! Einſicht frei! Sie
können alles zu allem überreden. Wagen Sie das Neueſte,
die neuſte Behauptung. Sie ſollen einmal ſehen! — —

(M ü n d l i ch.)

„Ich habe mir nun auch eine Grabſchrift erdacht. Sie
ſoll heißen:

Gute Menſchen, wenn etwas Gutes für die Menſchheit
geſchieht, dann gedenkt freundlich in eurer Freude auch
meiner." —

April, 1831.

AN LUDWIG ROBERT IN BADEN

Königs-Geburtstag, 10 Morgens 1831.
Eben Sonne durch Wolken und Rest von
Dunst, nach unendlichem Regen; von 7 bis
wieder 7; als sollte er das Pflaster auf-
reißen.

... Wenn ich sterben muß, denke: sie hat alles gewußt:
weil sie alles kannte; nie etwas war, nichts beabsichtigte,
und alles durch Nachdenken siebte, und in Zusammenhang
brachte; sie verstand Fichte; liebte Grünes, Kinder; verstand
Künste, der Menschen Behelf. Wollte Gott helfen in seinen
K r e a t u r e n. Immerdar; ununterbrochen; und dankte ihm
für diese Beschaffenheit. „Das war dem alten Drachen seine
gute Seite."

*

AN GENTZ IN WIEN

Mittwoch, den 23. November 1831.
Dunstiges, trübes, feuchtes, nebliges Novem-
berwetter; hinter welchem, w i r k l i c h wie
hinter einem weiten Schleier, die Sonne
kiekelt.

Und so ist es mit allen uns bewußten Dingen: das Schöne
will hervor, das Gute, das Reine, das Freie, Glück (u n -
v e r l e t z t e s), Heiligkeit! Alles ist gestört: Chaos lebt noch.
So sehe ich endlich im Alter unsern Zustand, in intellektueller,

naturhistorischer, ethischer, politischer Hinsicht an. Das Wort
steht da: Alter. Aber n i c h t unglücklicher bin ich, als in der
Jugend. Keinen heftigeren Herzenszustand giebt es in dieser
Welt, als den, glücklich sein zu wollen; dies zu erhoffen;
noch zu glauben, daß solche Zustände für irgend jemand existiren: der ganz feinsinnig, tief, und b l ü h e n d intelligent
ist, und ein starkes, und zartes Herz hat; — d a r unter verstehe ich das ganze Faser- und Nervensystem, mit allen seinen
Dependenzen: findet kein Ganzes in irgend einer Kombi-
nation von Umständen, zu Einem Zustand gestaltet, der seinen
g e r e c h t e n Forderungen allen genügte: und nicht sogar,
quälte; oder auch nur: mir war dies nicht beschieden: (wie denn
j e d e r Mensch, der nur Besinnung hat, ein ganz einziges
Schicksal hat: ein Moment des Ganzen ist, — Gottes, wenn
Sie wollen, — der nur Einmal existiren k a n n). Einsamer
ist man nicht, als ich nun in allen Stücken. Ich s e h e noch hie
und da Menschen; lese, höre. Aber lebe ohne Pairs. Und
denke an Vergangenes wie ein Verstorbener. Aber wenn ich
mich bedenke, war es zu sechszehn, zwanzig, dreißig, vierzig
Jahren nicht anders mit mir: auch wußte ich es in der Tiefe
immer: nur überschrieen meine neuen Wahrnehmungen, Empfindungen, den Himmel, Natur und Welt belagernde Forderungen an all diese, die in der Tiefe immer zu findende Evidenz: und, Stück vor Stück mußte mir das Ganze genommen
werden, ehe ich den Muth, die Kraft, die Möglichkeit faßte,
daß ich n i c h t s haben sollte. Nur mich selbst. Auch darauf
bin ich nicht stolz: wie weiß ich, daß schon Krankheit uns uns
selbst entreißt, zerstört! Es giebt nur Einen großen Lehn-
herrn: und wir alle Kreaturen sind Vasallen. Nur durch
Miteinsicht erahnden wir Freiheit, — von d e r denke ich
anders, als die Kämpfenden, als je ein Publicist! —

Unser innerstes Wesen ist sogar gezwungen: unser Wunsch nach einem heiligen, freien, unverletzten Zustand. Müssen wir das nicht wünschen? Sind wir dieser Wunsch nicht selbst? Adieu! à demain! un mal d'yeux qu'il faut ménager, me fait quitter la plume. Bon jour! —

Heute ist Freitag; und noch trübes Nebelwetter. Ich will fortzufahren suchen. Nun denn; ich bin verarmt; und vermisse den Reichthum nicht, wie ich wohl in meiner reicheren Zeit und in damaligem Mangelgefühl hätte denken können. Auch an mein Alter würde ich nicht erinnert werden, wäre ich nicht leidend; auch das wäre ich erträglich, wäre ich geschont worden. Enfin es ist so geworden wie es ist. Ich habe alle meine Empfänglichkeit noch — für Gut- und Schlechtes, und freute mich auf Fanny's und Theresens Kommen, wie zu sechszehn Jahren; nur verdoppelt, vielfach verdoppelt, und aus allen Sphären her begründet, und bestätigt, hat sich mein Haß und meine Liebe. — Aber faux-frais zu Vergnügen und Glück kann ich nun durchaus nicht mehr machen; überhaupt keine frais; da ich Glück und Vergnügen missen kann, so müssen die beiden mir die Kour machen, wenn sie etwas mit mir zu thun haben wollen — es sei unter welcher Menschenmaske es wolle — Sie wollen aber nicht: und ich bin einsam!!! Aber nicht aus diesem Grund allein: in der höchsten aktiven, und passiven Aktivität konnte mir das geschehn: meine Einsicht, meine Gedanken sind zu abwärts: und in den größten Details noch mehr. Wie drücke ich das nur Ihnen verständlich aus! Sie haben mich jung gekannt, und kennen meine Ignoranz: aber ich weiß alles: durch Selbstthätigkeit. Mit den größten Schriftstellern finde ich mich überein. Komme zu ihnen auf ihren hohen Sternen; aber auf meinem Weg: oder, durch Einen glücklichen Aufschwung. Und so ist es noch wie in der Kindheit: in der schlechtesten Komödie, in der geringsten Gesellschaft, oder bei solchen Behauptungen, wird mir die höchste Tragödie, das höchste Beisammensein mit all seinen Bedingungen klar; Polemik bis an ihren Ziel- und Zweckpunkt. Und das in einer Thätigkeit, in einer Schnelligkeit, die mir noch nie vorkam. Dabei den kühnsten Denkmuth, und jedes Resultat davon willig — wenn auch verzweifelt — angenommen. Nun denken Sie sich eine solche unter Leuten. Unter reinen Menschen müßte ich wenigstens sein. Nur ein Punkt Mensch im Menschen, und ich hebe uns wie mit dem berühmten Hebel nach allen Welten. Sprechen müßte ich Sie können: und in zwei Worten kennten Sie auch meine politisch-gesellige Lage. Ich rücke und rühre an nichts mehr: seit vielen Jahren; und da fällt, was nicht hält: wie Blätter von einem gegendbeherrschenden Baum; den ich immer, im Reisen, einen Fürsten nenne; oft mit Familie, Volk; oft allein. Der große Todesgedanke — das viele Sterben aller Bekannten, das man im Alter erlebt — ist das ganze vollständige Gegengewicht dieser Phantasmagorie, dieser gezwungenen Anleihe von Illusion. Dieser, der Tod, ist Eins mit dem Leben; wir werden's in diesem nicht los. Dieses Räthsel, diese Aufgabe des Denkens und des künftigen Seins, löscht mir alle Vorfallenheiten des Lebens, außer Blindheit, Kerker, Martern, überhaupt Schmerzen, ganz aus. Ich verachte nicht das Leben; das Gefühl von Dasein, die Denk- die Fühlfähigkeit, das große, heilige, amüsante Räthsel: diese Zerstückelung ist zu kolossal, zu augenscheinlich: auch für solche Augen, mit denen wir hier hausen und unsern Verkehr treiben. Ich habe Momente von wahrem Erschauen, wo mir blitzlang alles klar ist; wo ich weiß, was das ist, heilig. Eins ist gewiß, und das kann man hier mit den Jahren schon ergründen und finden. Es steigert sich das Schlechte und Gute: und da das Schlechte doch nur eine Negation ist: so tritt es zurück: und selbst w ä h l e n würden wir so die Steigerung. Ganz gut kann nichts werden: warum — da es eigentlich keine Zeit giebt — wäre es nicht j e t z t schon g a n z gut? — Das alles humainement vu. Wir können ja ein neues Begreifungsvermögen bekommen, oder werden! — Schon längst bin ich so durchdrungen, so übersättigt von Geduld und Abscheu: daß ich Abends dem Himmel danke für d a s, was ich n i c h t weiß: und s o mich auf die einzig mögliche Weise der Unschuld freue. (All sich hierauf Beziehendes habe ich längst aufgeschrieben.) So steht's mit mir: s o hatte ich die Influenza, wie nur fünf in Berlin; a c h t Wochen schwach und elend davon: dann die Cholera = F u r c h t!!! Die Sperre, die Diät: dann ein Augenübel bei a l l meinen andern. Und doch nicht unglücklicher als sonst. Mein Augenübel ist nervös, und leidet wohl Lesen, aber nicht schreiben. Deßhalb aber schwieg ich n i c h t. Sondern weil Sie nie a n t w o r t e n, wenn Sie auch Einmal so gnädig sind zu schreiben. Ich bedarf Antwort. Aber „Ich mache mir wohl noch was aus Ihnen!" Liebe ist Überzeugung, w i e Abscheu: unvertilgbar. Aber was thut's! Ich kann Sie ja nicht lieben; ohne daß S i e danach Nachfrage thun: noch ich selbst in mir. Was M e n s c h e n lernen können, habe ich gelernt: und Großes durch Sie. Ich habe auch Sie missen gelernt: seit Prag. Getrennt sind wir ohnehin. Kindisch habe ich mich vorvorgestern mit Fanny gefreut; und mit dem Schwan. Armer Freund. Armer Glücklicher; dem noch s o l c h Glück entzogen werden kann. Sehn Sie, daß Wunder möglich sind; noch in diesem Erdengefängniß. — Und was kann n o c h k o m m e n.

Waren Sie je in der Jugend so b e glückt: so g l ü ck l i ch in der Seele? —

✳

AN ERNESTINE ROBERT

Wie sonderbar ist es: daß die Menschen im Einzelnen weiter sind, als ihre Gesamtheiten, die Staaten, die uns regiren sollten, und uns wirklich beherrschen! Wenn sich zwei schlagen, so werden sie schon ganz allgemein für roh, unmenschlich, sittenlos, und dem Gesetz verfallen, gehalten: und derselbe Staat, der Heere aussendet, bringt sie zur Ruhe und Haft. Und diesen Zustand lassen wir uns gefallen: und nur Wenigen fällt er auf! Dieser aber scheint mir der wahre Maßstab, an welchem wir, wie wir sind, gemessen werden müssen: dann haben wir, wie die Franzosen sagen, notre vraie mesure. Vor vieler Zeit schrieb ich schon: „Sie haben noch Sklaven und Krieg; und wundern sich noch." Wundern sich über Versuche! —

Freitag, den 3. Februar 1832.
Abends 11 Uhr.

www.ingramcontent.com/pod-product-compliance
Lightning Source LLC
Chambersburg PA
CBHW030821020726
47499CB00006B/2016